高职高专工程安全类规划教材

公路工程施工安全技术

张艳红　主　编
张振旺　副主编
邹永超　主　审

中国建材工业出版社

图书在版编目（CIP）数据

公路工程施工安全技术 / 张艳红主编. —北京：中国建材工业出版社，2014.4（2024.1 重印）
高职高专工程安全类规划教材
ISBN 978-7-5160-0777-8

Ⅰ. ①公… Ⅱ. ①张… Ⅲ. ①道路施工—安全技术—高等职业教育—教材 Ⅳ. ①U415.12

中国版本图书馆 CIP 数据核字（2014）第 044463 号

内 容 摘 要

本书为全国高职高专道路桥梁工程技术专业系列教材之一，全书共分为十个单元：分别为绪论；公路工程施工安全职责；道路施工安全技术；桥梁施工安全技术；隧道施工安全技术；公路工程主要工序与特殊季节施工安全技术；交通安全设施施工安全技术；人身安全；案例与实务（事故篇）；案例与实务（施工方案篇）。

本书具有极强的可换作性，所有内容均按照施工工艺顺序进行讲解，既有实际施工安全技术，又有施工安全案例，目的是便于与施工生产相结合，易于读者掌握和实际使用。

本书可作为高职高专道路桥梁工程技术专业的教材，也可作为成人教育培训教材及道桥工程安全技术人员学习参考。

公路工程施工安全技术
张艳红 主编

出版发行：中国建材工业出版社
地　　址：北京市海淀区三里河路 11 号
邮　　编：100831
经　　销：全国各地新华书店
印　　刷：北京雁林吉兆印刷有限公司
开　　本：787mm×1092mm　1/16
印　　张：13.5
字　　数：332 千字
版　　次：2014 年 4 月第 1 版
印　　次：2024 年 1 月第 6 次
定　　价：36.00 元

本社网址：www.jccbs.com，微信公众号：zgjcgycbs
请选用正版图书，采购、销售盗版图书属违法行为
版权专有，盗版必究。 本社法律顾问：北京天驰君泰律师事务所，张杰律师
举报信箱：zhangjie@tiantailaw.com　举报电话：（010）57811389
本书如有印装质量问题，由我社市场营销部负责调换，联系电话：（010）57811387

前　言

本教材为高职高专工程安全类规划教材，是高职高专学生的必修课程。安全生产是党和国家的一贯方针和基本国策，特别是公路工程建设，因其具有面广线长、施工工期长、流动性大等特点，施工安全技术就尤为重要。这就要求本教材从公路工程施工工艺入手，着重讲解施工中的安全技术，使学生掌握扎实的理论知识和实践技能，防止安全事故的发生。

本书由黑龙江建筑职业技术学院张艳红主编。黑龙江建筑职业技术学院邹永超主审。具体：单元一由黑龙江省建工集团有限责任公司嵇琦编写、单元四、单元六由张艳红编写；单元二、单元八由营口港务集团有限公司张振旺编写；单元三由黑龙江省龙建路桥第三工程有限公司刘东彬编写；单元五由黑龙江建筑职业技术学院沈义编写；单元七由黑龙江省龙建路桥第四工程有限公司李伟编写；单元九由黑龙江建筑职业技术学院王策、沈义共同编写；单元十由黑龙江交通发展股份有限公司哈大高速公路养护分公司王德武编写。

本书参考了国内外有关专著、研究报告和文献，也借鉴了国内一些相关的施工安全技术和论文，虽然列出了主要参考文献，但挂一漏万，在此，我们对相关作者表示衷心感谢。

在本书编写过程中，黑龙江省龙建路桥第四工程有限公司李伟为本书的编写提供了大量资料；黑龙江建筑职业技术学院吴士超进行了图表的制作及文字的校核，为教材编写付出了辛勤劳动。

限于编写人员水平，书中定有不妥之处，恳请广大读者批评指正。

编者
2013 年 12 月

目　　录

单元一　绪论 ··· 1
单元二　公路工程施工安全职责 ··· 4
　　任务一　公路工程施工企业职能部门安全生产职责 ······································ 4
　　任务二　公路工程施工企业岗位人员安全生产职责 ······································ 7
　　任务三　项目部各工种及机械设备操作人员安全生产职责 ···························· 12
　　小结 ··· 30
单元三　道路施工安全技术 ··· 31
　　任务一　施工准备阶段施工安全技术 ·· 31
　　任务二　路基工程施工安全技术 ··· 35
　　任务三　爆破施工安全技术 ··· 38
　　任务四　基层施工安全技术 ··· 41
　　任务五　水泥混凝土路面施工安全技术 ·· 42
　　任务六　沥青混凝土路面施工安全技术 ·· 44
　　任务七　施工机械设备安全技术 ··· 48
　　小结 ··· 53
单元四　桥梁施工安全技术 ··· 54
　　任务一　一般规定 ··· 54
　　任务二　施工准备及临时工程施工安全技术 ·· 54
　　任务三　混凝土预制场安全技术 ··· 57
　　任务四　预制构件运输安全技术 ··· 60
　　任务五　基础施工安全技术 ··· 61
　　任务六　墩台施工安全技术 ··· 65
　　任务七　上部工程施工安全技术 ··· 66
　　任务八　涵洞施工安全技术 ··· 74
　　任务九　施工机械设备安全技术 ··· 75
　　小结 ··· 82
单元五　隧道施工安全技术 ··· 83
　　任务一　隧道施工安全管理总的要求 ·· 83
　　任务二　隧道施工准备工作 ··· 86
　　任务三　隧道开挖施工 ··· 90
　　任务四　装卸渣与运输 ··· 97
　　任务五　隧道支护施工 ··· 101
　　任务六　隧道衬砌 ··· 108

任务七　洞口、明洞与浅埋段施工 ·· 114
　　　任务八　辅助坑道施工 ·· 117
　　　任务九　道床施工 ·· 124
　　　任务十　隧道改建、加固与靠行车线施工 ····································· 126
　　　小结 ·· 129
单元六　公路工程主要工序与特殊季节施工安全技术 ·························· 130
　　　任务一　模板 ·· 130
　　　任务二　木工机械 ·· 131
　　　任务三　支架 ·· 133
　　　任务四　脚手架 ··· 133
　　　任务五　钢筋 ·· 134
　　　任务六　焊接 ·· 134
　　　任务七　锅炉 ·· 135
　　　任务八　水上作业 ·· 135
　　　任务九　高处作业 ·· 137
　　　任务十　特殊季节 ·· 137
　　　小结 ·· 139
单元七　交通安全设施施工安全技术 ··· 140
　　　任务一　标志牌加工安全技术 ·· 140
　　　任务二　标志结构件加工安全技术 ·· 142
　　　任务三　标志基础施工安全技术 ··· 143
　　　任务四　标志安装施工安全技术 ··· 145
　　　任务五　护栏施工安全技术 ··· 147
　　　任务六　标线施工安全技术 ··· 148
　　　小结 ·· 150
单元八　人身安全 ··· 151
　　　任务一　人的不安全行为的分析与控制 ······································· 151
　　　任务二　人失误的分析与预防 ·· 154
　　　任务三　控制人的不安全行为的途径 ·· 155
　　　小结 ·· 157
单元九　案例与实务（事故篇） ·· 158
　　　案例一　兰新二线小平羌隧道坍塌 ··· 158
　　　案例二　湖南凤凰堤溪沱江大桥垮塌事故 ···································· 161
　　　案例三　贵开公路小尖山大桥垮塌事故 ······································· 165
　　　案例四　甘肃平凉9.1架桥机事故 ·· 167
　　　案例五　某路基施工中发生的压路机倾翻事故 ······························ 171
　　　案例六　WH公路大桥工程中的翻船事故 ···································· 172
　　　案例七　某桥梁工程大梁支架坠落事故 ······································· 174
　　　案例八　重庆江津某桥梁工程高处坠落事故 ································· 175

案例九　湖北省襄樊市某桥梁工程火灾事故 …………………………… 176
案例十　安徽省全椒县某道路工程触电事故 …………………………… 178
案例十一　安徽省天长市某道路工程压路机倾翻事故 ………………… 179
案例十二　广东省揭阳市某桥梁工程挂篮坠落事故 …………………… 180
小结 ……………………………………………………………………… 182

单元十　案例与实务（施工方案篇） ……………………………………… 183
案例一　路基开挖施工安全专项方案 …………………………………… 183
案例二　桥涵工程高空作业专项安全施工方案 ………………………… 190
案例三　隧道工程安全技术专项施工方案 ……………………………… 195
小结 ……………………………………………………………………… 205

参考文献 ………………………………………………………………………… 206

单元一 绪 论

安全生产是党和国家的一贯方针和基本国策,是保护劳动者的安全和健康,促进社会生产力发展的基本保证,也是保证社会主义经济发展、进一步实行改革开放的基本条件。安全生产的目的是保障从事公路工程施工生产人员的安全,预防事故发生,促进公路交通事业的发展。

安全技术,是指在生产过程中为防止各种伤害,以及火灾、爆炸等事故,并为职工提供安全、良好的劳动条件而采取的各种技术措施。安全技术有别于一般其他各种技术,它是以最基础、最本质、最直接的方法,来保证安全生产的,安全技术对于安全生产是十分重要的。

一、公路工程产品的特点

1. 产品的固定性

公路工程构造物一经建成,其地点固定不变,不能移动。

2. 产品的多样性

由于公路的具体使用目的、技术标准、技术等级、自然条件、结构形式、主体功能的不同,而使公路的组成部分、形体构造千差万别和复杂多样。

3. 产品形体的庞大性

公路工程是线性构造物,其组成部分的形体庞大,占用土地及空间多。

4. 产品部分结构的易损性

公路工程由于受行车荷载的作用和自然因素的影响,所以经常损坏,尤其是暴露于自然的部分以及直接受行车作用的部分。

二、公路工程施工的特点

1. 施工流动性大

公路是线形人工构筑物,点多线长,工程分布极为分散,既有集中工程,又有线形分布工程,其产品在建造过程中和建成后都无法移动,并且有严格的施工顺序,因而要组织各类工作人员和各种机械围绕这一固定产品,在同一工作面不同时间,或同一时间不同工作面上进行施工活动,因此需要科学地解决这种空间上的布置和时间上的安排两者之间的矛盾。此外,当一个工程竣工后,还要解决施工队伍向新的施工现场转移问题,因此在公路建设过程中施工流动性大。

2. 施工工期长

由于公路工程产品具有多样性,形体庞大性、固定性而又具有不可分割性,使施工周期长,在较长时间内大量占用和耗费人力、物力和财力,直到整个施工周期完结,才能出产品,因此要求我们进行科学合理的施工组织。

3. 施工协作性高

公路工程类型多,施工环节多,工序复杂,产品具有单件性,不仅要进行个别设计,而且要采用不同的施工方法，分别组织施工。为了保质保量按期完成施工任务，每项工程都需要建设单位、设计单位、施工单位、监理单位及材料、动力、运输等各个部门的通力协作，因此要有严密的计划和科学管理。

4. 受外界干扰及自然因素影响大，需要不断的养护

公路工程施工主要是在野外露天作业，路线通常要经过不同地区，地理环境、地质情况复杂，受外界干扰及自然因素影响大，如特殊地区及气候冷暖、地质条件、设计变更、物资供应等因素，而且公路的部分结构具有易损性，不进行正常的养护就不能维持正常的运输生产。

三、公路工程施工技术的特点

1. 线长点多，工种复杂
2. 构造物形式多种多样，包括道路、桥梁、涵洞、隧道和交通工程设施等。
3. 特种作业多，包括陆地、水上、水下、高空和爆破等各种作业。
4. 施工作业的非标准化，作业技术含量相对较低，且需要大量的劳动力资源，是典型的劳动密集型行业，其较低的技术含量使得从业人员的素质普遍较低，从业人员安全风险意识和防范能力较差，使得施工现场危险因素增多。

四、公路工程安全生产特点

公路工程产品的特点、公路工程施工的特点和公路工程施工技术的特点要求公路工程施工必须建立健全各级人员的安全生产责任制，掌握公路工程施工安全技术，做好各项生产工作的安全技术交底工作，保证公路工程施工的安全，保证人民的财产和生命的安全。

五、公路工程施工安全技术

公路工程施工安全技术，是在公路工程施工项目生产活动中，根据工程特点、规模、结构复杂程度、工期、施工现场环境、劳动组织、施工方法、施工机械设备等，为了控制或消除施工生产现场，包括施工生产区、办公区和生活区的可能对相关人员构成危害的各种危险因素，进而有效地防止事故发生，保证各项施工生产任务安全完成。

六、公路工程施工安全技术措施

1. 公路工程施工安全技术措施，是指为防止工伤事故和职业病的危害，从技术上采取的措施。

2. 公路工程施工安全技术措施编制的要求

（1）新项目在开工前应编制安全技术措施，并在开工前及工程图纸会审时一并加以讨论。

（2）应针对每项工程特点，制定安全技术措施。

（3）安全技术措施均应贯彻于全部施工工序之中，力求细致全面、具有针对性，严禁模式化。

（4）对大型群体工程或结构复杂的重点工程，除必须在施工组织设计中编制施工安全技术总体措施外，还应编制分部分项工程安全技术措施，详细地制定出有关安全方面的防护要求和措施，确保该分部分项工程的安全施工。

（5）爆破、吊装、水下、高空、深坑、支模、拆除等特殊施工项目，都要编制专项安全技术施工方案。

3. 公路工程施工安全技术措施内容上的要求

（1）基础施工，根据挖土方深度和土质类型，选择取土及基坑开挖方法，确定边坡的

坡度或采取哪种护坡支撑和护地桩，以防土方塌方。水中基础施工，应选择切实可行的施工方法及充足的抽水机械，确保水下施工的安全。

（2）脚手架、挂篮、架桥机等要有组拼及安装方案和安全防护措施。

（3）高处作业要设上下安全通道及安全防护。

（4）安全网的架设、范围、段落须符合安全要求。

（5）对施工用的龙门架等设备，搭设位置、稳定性、安全装置等要进行安全论证，并将论证结果报有关部门批准。

（6）要编制临时用电的组织设计和绘制临时用电图纸。

（7）特种作业场所或场地要有防火、防毒、防爆、防雷等安全措施。

（8）在建工程与周围人行通道及民房要有防护隔离设置。

（9）夏季施工应在防暑降温上采取必要的安全措施。

（10）雨季施工应在防触电、防雷击、防坍塌、防汛等方面制定有效的安全技术措施。

4. 公路工程施工安全技术措施的贯彻与执行

（1）要认真进行安全技术措施的交底。开工前，对安全技术措施中的具体内容和施工要求，现场负责人、工长应向施工人员进行详细交底和告知，并应有书面记录，有双方的签字和交底日期。

（2）加强安全技术措施实施情况的检查。相关人员要经常深入工地检查安全技术措施的实施情况，及时纠正违反安全技术措施的行为。

（3）工程施工期间项目部或相关人员，应有针对性地对安全技术措施进行及时补充，使之更加完善、有效。

（4）安全管理部门要经常性地对各施工现场进行检查及抽查，并监督及指导各项安全措施的落实。

七、公路工程施工安全技术交底

公路工程施工安全技术交底，是生产负责人在生产作业前对直接生产作业人员进行的该作业的安全操作规程和注意事项的培训，并通过书面文件方式予以确认。公路工程施工项目中，分部（分项）工程在施工前，项目部应按批准的施工组织设计或专项安全技术措施方案，向有关人员进行安全技术交底。安全技术交底主要包括两个方面的内容：一是在施工方案的基础上按照施工的要求，对施工方案进行细化和补充；二是要将操作者的安全注意事项讲清楚，保证作业人员的人身安全。安全技术交底工作完毕后，所有参加交底的人员必须履行签字手续，施工负责人、生产班组、现场专职安全管理人员三方各留执一份，并记录存档。

单元二　公路工程施工安全职责

教学目标
1. 熟悉各岗位人员安全生产职责。
2. 了解项目部各工种及机械设备操作人员安全生产职责。
3. 了解各职能部门安全生产职责。

安全生产职责是根据我国的安全生产方针"安全第一，预防为主，综合治理"和安全生产法规建立的各级领导、职能部门、工程技术人员、岗位操作人员在劳动生产过程中对安全生产层层负责的制度。安全生产职责是企业岗位责任制的一个组成部分，是企业中最基本的一项安全制度，也是企业安全生产、劳动保护管理制度的核心。实践证明，凡是建立、健全了安全生产职责的企业，各级领导重视安全生产、劳动保护工作，切实贯彻执行党的安全生产、劳动保护方针、政策和国家的安全生产、劳动保护法规，在认真负责地组织生产的同时，积极采取措施改善劳动条件，工伤事故和职业性疾病就会减少。反之，就会职责不清，相互推诿，而使安全生产、劳动保护工作无人负责，无法进行，工伤事故与职业病就会不断发生。

任务一　公路工程施工企业职能部门安全生产职责

一、安全管理部门

1. 负责监督、检查安全生产管理制度，安全技术操作规程及安全生产责任制的执行情况。
2. 负责职业安全健康管理体系的内部审核和指导。
3. 组织实施本单位职业病防范措施和监督落实情况。
4. 负责本单位轻伤、重伤事故的调查与处理。
5. 负责编制本单位有关安全生产方面的业务培训需求计划，上报相关部门并组织实施。
6. 负责制定本单位生产安全事故应急救援预案并实施。
7. 按国家有关规定，负责劳动保护用品、保健食品和防暑饮料的采购和发放工作，并督促检查有关部门按规定按时发放和合理使用。
8. 建立并有效运行 OHSMS（Occupation Health Safety Management System，职业健康安全管理体系），通过内部审核及管理审核，不断采取纠正措施做到持续改进。

二、工程技术部门

1. 负责编制新建工程项目《施工组织设计》中的"职业安全健康篇"。
2. 负责对本部门自行设计、推广的施工机具进行验收，对其职业安全健康性能作出论证和评价，并对设计的安全性能负责。

3. 负责监督与检查国家明令淘汰、禁止使用的工艺在本单位的落实情况，发现问题及时上报主管领导。

4. 在编制施工生产计划时，必须根据企业生产能力、设备情况，编制相适应的安全措施计划。

5. 负责安全生产新技术的引进和应用。负责制定施工中所采用的新工艺、新技术的安全防护措施。

三、设备机械部门

1. 负责辨识和评价本部门风险因素，制定机械设备及场内运输管理程序并组织实施。

2. 负责对本单位所购特种设备生产厂家的资质进行审核，对所购特种设备的符合性负责。

3. 负责对本单位特种设备的安全性能进行定期检测与检验。

4. 负责对本单位特种设备的持证或者安全标志情况，进行定期或不定期的检查与监督。

5. 负责监督与检查国家明令淘汰、禁止使用的设备的落实情况，发现问题，及时上报主管领导。

6. 负责各种机械、设备如电气、动力、仪表、管道、采暖、通风装置及建筑物的安全管理。避免设备等环境的不安全状态。

7. 负责组织施工生产中筑路机械和桥用设备、起重机械、机具、锅炉、压力容器及安全附件，气瓶、防尘、防毒、防静电装置、机械和电气连锁装置的定期安全检查和校验。

四、物资部门

1. 负责辨识和评价本部门风险因素，制定材料管理程序并组织实施。

2. 负责监督、检查本单位危险物品在运输、储存、使用或者处置时，执行法律、法规和标准的情况。

3. 对易燃、易爆、有毒、剧毒等各类物资分类保管并严格控制使用。

4. 负责对部门的危险、危害提出治理方案和计划，并认真组织实施。

5. 对施工中所需的安全材料、工具、设备和采购负责质量控制，杜绝伪劣产品的购入，负责新的安全设备、工具、材料的引进和应用。

五、人力资源部门

1. 负责安全培训的实施工作。

2. 负责编制安全生产方面的年度培训计划。

3. 参与本单位发生的轻伤、重伤事故的调查与处理，参加工伤鉴定工作。

4. 会同安全部门对新入场的人员技术组织安全教育和考核，做好职工的安全技术教育和特种作业人员的培训、考核工作。

5. 认真贯彻《中华人民共和国劳动法》，保障职工应得到的劳动保护用品和应该有的权力，搞好女工和未成年的特殊保护。

6. 按照国家规定，从质量和数量上保证安全技术人员的配备。

六、财务部门

1. 负责保证安全生产条件所必需的资金和资源的投入。

2. 对职业安全健康应急资金给予重点保证。

3. 按照规定保证危险、危害治理费用，安全教育费用。

4. 保证劳动保护用品、保健食品和防暑降温饮料的费用。

5. 每年按计划拨给安全管理经费,并专款专用。

七、企业管理部门

1. 负责法律、法规及其他要求的获取、更新、识别、汇总。

2. 负责本单位组织机构及职责管理。

3. 重点抓好基层单位建设,对企业内部承包招标,要坚持标准,严格考核,执行安全一票否决权。

八、经营部门

1. 负责向客户宣传职业安全健康方针,收集相关方对职业安全健康方面的反馈。

2. 负责各种经济活动中经济合同有关职业安全健康条款的评审。

九、公安管理部门

1. 负责应急预案与响应,消防管理,易燃、易爆、化学危险品控制制度的制定并组织实施。

2. 健全安全保卫制度,负责外来人员的证件检查、登记,负责关键要害部门安全保卫工作。

3. 负责企业内有毒、有害、易燃、易爆物品的管理和审批。

4. 负责交通事故的调查、处理,上报并及时通报公安部门,会同车辆管理部门进行交通安全管理、监督,参加有关事故的调查处理。

5. 负责安全防火工作。

十、办公室

1. 负责本部门,生活设施,建筑物的安全卫生管理。

2. 负责本部门危险源的辨识和评价工作。

3. 负责对职业安全健康有关文件的修改及日常管理工作。

十一、党委工作部门

1. 对本单位贯彻党和国家的安全生产方针、法律法规起保证监督作用,并积极提出建议和要求。

2. 协助行政部门落实安全生产规章制度并开展宣传教育工作,提高职工的安全的意识。

3. 发挥各级党组织在企业安全生产中的监督保证作用,教育党员起到模范带头作用。

4. 协助行政部门总结推广安全工作的先进经验,在评选先进党支部和优秀党员时,要把安全工作业绩作为一项考核内容。

5. 支持工会开展群众性的劳动保护和安全生产竞赛活动。

6. 深入生产一线,掌握职工的思想动态,做好思想政治工作,解决影响安全工作的各种思想问题,做到防患于未然。事故发生后,要做好稳定职工情绪和及时恢复生产的思想工作。

十二、工会

1. 负责女工及未成年工的劳动保护工作,建立劳动保护用品管理制度并组织实施。

2. 负责参与职业安全健康方针的制定,风险因素的辨识与评价,作业文件更改评审。

3. 负责监督职业安全健康运行过程中的不符合发生。

4. 贯彻国家及总工会有关安全文明、劳动保护和职工卫生的法律、法规,并充分发挥群众监督安全生产的作用。监督其执行。

5. 加强对 OHSMS 的监督，对于任何单位和个人违反安全生产法律法规的行为，有权检举和控告。开展文明生产的宣传工作，进行舆论监督。

6. 组织职工开展履行职责、遵守规程、预防事故的群众性活动。

7. 会同有关部门认真开展安全文明生产、安全知识竞赛和合理化建议活动。

8. 不断改善职工劳动条件，加强文明施工管理，保护职工在劳动中的安全与健康。组织从事有毒、有害作业人员进行预防性疗养，做好女工劳动保护工作。

9. 参加重大事故的调查处理，协助行政部门做好伤亡事故的善后处理工作。

10. 参与职工工伤的鉴定工作。

任务二　公路工程施工企业岗位人员安全生产职责

一、企业法人代表

1. 认真贯彻执行国家和省市县有关安全生产的政策和法规，掌握本企业安全生产动态，定期研究安全工作，对本企业安全生产负全面领导责任。

2. 领导编制和实施本企业中、长期整体规划及年度、特殊时期安全工作实施计划。建立健全和完善本企业的各项安全生产管理制度及奖惩办法。

3. 建立健全安全生产的保证体系，保证安全技术措施经费的落实。

4. 领导并支持安全管理人员或部门的监督检查工作。

5. 在事故调查组的指导下，领导、组织本企业有关部门或人员，做好特大、重大伤亡事故调查处理的具体工作，负责监督防范措施的制定和落实，预防事故重复发生。

二、企业技术负责人

1. 贯彻执行国家和上级有关安全生产的方针、政策，协助法定代表人做好安全方面技术领导工作，在本企业施工安全生产中负技术领导责任。

2. 领导制定年度和季节性施工计划时，要确定指导性的安全技术方案。

3. 组织编制和审批施工组织设计。特殊复杂工程项目或专业性工程项目施工方案时，应严格审查是否具备安全技术措施及其可行性，并提出决定性意见。

4. 领导安全技术攻关活动，确定劳动保护研究项目，并组织鉴定验收。

5. 对本企业使用的新材料、新技术、新工艺从技术上负责，组织审查其使用和实施过程的安全性，组织编制或审定相应的操作规程，重大项目应组织安全技术交底工作。

6. 参加特大、重大伤亡事故的调查，从技术上分析事故原因，制定防范措施。

三、企业主管生产负责人

1. 对本企业安全生产工作负直接领导责任，协助法定代表人认真贯彻执行安全生产方针、政策、法规，落实本企业各项安全生产管理制度。

2. 组织实施本企业中长期、年度、特殊时期安全工作规划、目标及实施计划，组织落实安全生产责任制。

3. 参与编制和审核施工组织设计、特殊复杂工程项目或专业性工程项目施工方案。

4. 领导组织本企业安全生产宣传教育工作，确定安全生产考核指标。领导、组织劳务外包人员的培训、考核与审查工作。

5. 领导组织本企业定期和不定期的安全生产检查，及时解决施工中的不安全生产问题。

6. 认真听取、采纳安全生产的合理化建议，保证本企业安全生产保障体系的正常运转。

7. 在事故调查组的指导下，组织特大、重大伤亡事故的调查、分析及处理中的具体工作。

四、项目经理安全生产职责

1. 对承包项目工程生产经营过程中的安全生产负全面领导责任。

2. 贯彻落实安全生产方针、政策、法规和各项规章制度，结合项目工程特点及施工全过程的情况，制定本项目工程安全生产管理办法，或提出要求，并监督其实施。

3. 在组织项目工程业务承包，聘用业务人员时，必须本着安全工作只能加强的原则，根据工程特点确定安全工作的管理体制和人员，并明确各业务承包人的安全责任和考核指标，支持、指导安全人员的工作。

4. 健全和完善用工管理手续，录用外包队伍必须及时向有关部门申报，严格用工制度与管理，适时组织上岗安全教育，要对外包工队的健康与安全负责，加强劳动保护工作。

5. 组织落实施工组织设计中的安全技术措施，组织并监督项目工程施工中安全技术交底制度和设备、设施验收制度的实施。

6. 领导、组织施工现场定期的安全生产检查，发现施工生产中不安全问题，组织制定措施，及时解决。对上级提出的安全生产与管理方面的问题，要定时、定人、定措施予以解决。

7. 发生事故，做好现场保护与抢救工作，及时上报、组织、配合事故的调查，认真落实制定的防范措施，吸取事故教训。

五、项目工程技术负责人安全生产职责

1. 对项目工程生产经营中的安全生产负技术责任。

2. 贯彻、落实安全生产方针、政策、严格执行安全技术规程、规范、标准。结合项目工程特点，主持项目工程的安全技术交底。

3. 参加组织编制施工组织设计，编制、审查施工方案时，要制定、审查安全技术措施，保证其具有可行性与针对性，并随时检查、监督、落实。

4. 主持制定技术措施计划和季节性施工方案的同时，制定相应的安全技术措施并监督执行。及时解决执行中出现的问题。

5. 项目工程应用新材料，新技术、新工艺，要及时上报，经批准后方可实施，同时要组织上岗人员的安全技术、教育。认真执行相应的安全技术措施与安全操作工艺、要求，预防施工中因化学物品引起的火灾、中毒或在新工艺实施中可能造成的事故。

6. 主持安全防护设施和设备的验收。发现设备、设施的不正常情况应及时采取措施。严格控制不合标准要求的防护设备、设施投入使用。

7. 参加安全生产检查，对施工中存在的不安全因素，从技术上分析事故原因，提出整改意见和办法予以消除。

8. 参加、配合因工伤亡及重大未遂事故的调查，从技术上分析事故原因，提出防范措施和意见。

六、工长安全生产职责

1. 认真执行上级有关安全生产规定，对所管辖班组（特别是外包队伍）的安全生产负

直接领导责任。

2. 认真执行安全技术措施及安全操作规程，针对生产任务特点，向班组（包括外包队）进行书面安全技术交底，履行签认手续，并对规程、措施、交底要求执行情况经常检查，随时纠正作业违章。

3. 经常检查所辖班组（包括外包队伍）作业环境及各种设备、设施的安全状况，发现问题及时纠正解决。对重点、特殊部位施工，必须检查作业人员及各种设施技术状况是否符合安全要求，严格执行安全技术交底，落实安全技术措施，并监督其执行，做到不违章指挥。

4. 定期和不定期组织所辖班组（包括外包队伍）学习安全操作规程，开展安全教育活动，接受安全部门或安全员的监督检查，及时解决提出的不安全问题。

5. 对分管工程项目应用的新材料、新工艺、新技术严格执行申报、审批制度、发现问题及时停止使用，并上报有关部门或领导。

6. 发生因工伤亡及未遂事故要保护现场，立即上报。

七、项目部安全员安全生产职责

1. 认真贯彻执行劳动保护、安全生产的方针、政策、法令、法规、规范标准，做好安全生产的宣传教育和管理工作，推广先进经验。对本项目的安全生产负检查、监督的责任。

2. 深入施工现场，指导下级安全技术人员的工作，掌握安全生产情况，调查研究生产中的不安全问题，提出改进意见和措施，并对执行情况进行监督检查。

3. 协助项目经理组织安全活动和安全检查。

4. 参加审查施工组织设计（施工方案）和安全技术措施计划，并对执行情况进行监督检查。

5. 组织本项目新上岗人员的安全技术培训、考核工作。

6. 制止违章指挥、违章作业。遇有险情有权暂停生产，并报告领导处理。

7. 进行工伤事故统计分析和报告，参加工伤事故调查、处理。

8. 负责本项目部的安全生产文明施工，劳务手续的办理及治安保卫的管理工作。

八、技术人员安全生产职责

1. 负责做好本职范围内的安全生产工作，确保各项技术工作安全可靠性。

2. 负责编制本专业的安全技术规程及管理制度，在编制开、停工或设备检修、技术改造方案时，要有可靠的安全卫生技术措施，并检查执行情况。

3. 在本专业范围内对员工进行安全操作技术与安全生产知识培训，组织技术练兵活动，定期考核。

4. 经常深入现场检查安全生产情况，发现事故隐患及时提出措施予以消除。制止违章作业，在紧急情况下对不听劝阻者，有权停止其工作，并立即请示领导处理。

5. 参加车间新建、扩建工程设计审查、竣工验收，参加设备改造、工艺条件变动方案的审查，使之符合安全技术要求。

6. 参加有关事故调查、分析、查明原因，分清责任，提出预防措施，并及时向领导或主管部门报告。

7. 制订装置检修、停工、开工方案，做好开工前的交底工作。

九、施工员安全生产职责

1. 遵守国家法律、法规，学习熟悉安全技术措施，在组织施工过程中同时安排落实安全生产技术措施。

2. 对施工现场的安全工作负责，对施工生产中各项安全设施进行检查，发现不符合规范要求的，及时调整，并汇报项目经理。

3. 在施工过程中，发现违章现象或冒险作业，协同安全员共同处理、阻止和纠正，必要时停止施工，及时采取措施，防患于未然。

4. 在施工过程中，生产与安全发生矛盾时，必须服从安全，停止施工，待安全整改和落实安全措施后，方可施工。

5. 在施工过程中，发现安全隐患，及时报告安全员和项目经理采取措施，协同整改，确保施工全过程的安全生产。

十、质量员安全生产职责

1. 遵守国家法令，执行上级有关安全生产规章制度，熟悉安全生产技术措施。

2. 在质量监控的同时，顾及安全设施的状况与使用功能，发现隐患及时通知安全员，落实整改。

3. 悬空结构的支撑，应充分考虑安全系数，防止由于支撑力不足引起坍塌，造成安全事故。

4. 在施工中，结构安装的预制构件的质量应严格控制与验收，避免因构件不合格造成断裂坍塌，带来安全事故。

5. 在质量监控过程中，发现安全隐患，立即通知安全员或项目经理，同时有权责令停止施工，待处理好安全隐患后，再行施工。

十一、资料员安全生产职责

1. 遵守国家法令，熟悉安全生产技术操作规程和安全资料的编制要求。

2. 按时、按规定整理好安全技术资料，做到真实、完整。

3. 深入施工现场，配合安全员检查安全生产，做好记录，使安全资料符合施工现场实际。

4. 如实整理好资料，不准不了解施工现场实际情况便做记录，导致不安全资料空虚不切实际。

5. 坚持原则，杜绝作假，发现虚假资料可报告上级处理。

十二、材料员安全生产职责

1. 熟悉安全技术规范，遵守国家法令、法规，执行上级部门关于安保方面的有关规定。

2. 在采购安全设施、材料物品、劳动保护用品时，应保证产品质量，决不能以次充好和让伪劣产品采购入库。

3. 购买安全设施、劳保用品及防护材料时，应认准国家批准的设施和物品，同时取得合格品证件。

4. 对于上门销售的安全设施和劳保防护物品，必须严格检查，除国家及有关部门认可的外一律不准采购，以防伪劣产品危害安全。

5. 应廉洁奉公，不贪小利，坚持原则，保证设施与物品的质量，有权拒绝指令性购买的次品与伪劣物品，并报告上级处理。

十三、设备员安全生产职责

1. 贯彻国家及上级部门关于设备制造、检修、维护保养及施工方面的安全规定，做好主管业务范围内的安全工作。

2. 负责组织制订和修订重要设备的操作规程和设备管理制度。

3. 负责审定全厂继电保护，防雷、防静电等设备的安全保护方案，定期检查考核有关单位实施情况。对设备及工业建筑物进行全方位管理监督，使其符合安全技术要求。

4. 负责组织本厂吊机月度、季度、年度安全技术检查，负责本厂压力容器登记取证工作和安全设施的定期检查，以保证特种设备的安全可靠度。

5. 在制订或审定有关设备制造、改造方案和设备检修计划时，应有相应的职业安全卫生措施内容，并确保实施。

6. 组织本专业的安全大检查，对查出的有关问题，要有计划地及时安排修复更换，按期实现安全技术措施计划和监督落实设备事故隐患的整改项目。

7. 负责设备、动力事故和检修质量事故的调查处理和统计上报，参加有关上报事故的调查处理。

8. 使用外借人员包括检修队伍和民工，应组织好安全教育及施工中的安全管理工作，负责贯彻有关施工纪律的管理规定。

9. 签订施工合同必须要有安全责任条款。

十四、仓库管理员安全生产职责

1. 健全各种物资进出仓库登记制度，要按规定设立物资台账及进出仓库凭证，做到实物与账本相符。

2. 各种设备、工具、用具及劳保用品须经厂（公司）批准，才能办理出库手续。

3. 对进出库物资要每月清点一次，月终列表送财会结账，对种积压物资要及时反映和处理。

4. 仓库内物资放置要安全、整齐、有序，保持库内清洁、卫生。

5. 库内严禁生火、吸烟，每天下班时要关闭库内电源。

6. 配备消防器材并经常检查。保持良好状态。

十五、班组长安全生产职责

1. 认真执行安全交底，组织班组安全活动，开好班前安全生产会，有权拒绝违章指挥。

2. 经常组织本班组工人认真学习安全操作规程和安全管理制度，教育本班组人员遵章守纪和正确使用个人防护用品。

3. 经常检查本班组作业现场安全生产情况，发现问题及时解决，不能解决的要采取临时控制措施，并及时上报。

4. 对新工人（包括调换工种的工人）进行岗位安全操作规程和安全知识培训，新工人未经考核合格不得上岗。

5. 支持、接受专职安全员的监督检查和指导，对提出的改进措施要及时组织贯彻落实。

6. 领导并支持班组安全员开展日常工作，及时采纳安全员的正确意见，发动全班组职工共同搞好安全生产。

7. 发生工伤事故、未遂事故要保护现场并立即上报，积极配合本工种工伤及其他事故的调查处理。

十六、职工安全生产职责

1. 遵守国家法令和安全生产操作规程与规章制度，不违章作业，有权拒绝违章指挥和在安全设施不完善的危险区域施工。无有效安全措施的有权停止作业，汇报项目经理提出整改意见。

2. 正确使用劳动保护用品和安全设施，爱护机械电器等施工设备，不准非本工种人员操作机械、电器。

3. 熟悉安全技术操作规程和上级安全部门的规章制度，遵守安全生产"六大纪律"和十项安全技术措施，提高自我保护意识，增强自我保护能力。

4. 职工之间应相互监督，制止违章作业和冒险作业，发现隐患及时报告项目经理和安全员立即整改，在确保安全的前提下安全作业。

5. 发生工伤事故及时抢救，并立即报告领导，保护现场，如实反映情况。

十七、民工带队负责人职责

1. 对管辖民工的人身安全负责。

2. 认真贯彻落实国家有关职业安全健康管理体系法律法规，遵守各项规章制度，负责所管辖民工的安全培训。

3. 严格检查各岗位安全技术操作规程执行情况。民工不懂、不会操作规程者责令重新培训，发现违章作业行为应立即制止。

4. 配合项目部负责对民工日常安全知识教育，提高民工自我防范意识和执行操作规程能力。

5. 协助项目部安全员检查、整改事故危害，控制事故的发生。

6. 负责民工收工后在生活区内的人身安全，遵章守纪，防止各类伤亡事故的发生。

任务三　项目部各工种及机械设备操作人员安全生产职责

一、架子工

1. 必须持证上岗。

2. 在搭设架子之前，严格检查使用工具和脚手杆、踏板斜道、靠梯等防护设施进行检查。不符合质量标准及规格标准的不得使用。

3. 凡绑扎或拆除脚手架，超过3步架以上，必须系好安全带，安全带要挂在牢固的地方。

4. 高杆底端需埋入地下50cm，并应夯实，如土质过松或无法挖坑时，需绑扫地杆子。

5. 高杆的接头不准在同一水平线上，必须错开绑接。

6. 六尺杠子插入墙内不得少于25cm，在主要环节处将6尺杠子绑上，遇脚手板不平时，应用木块垫牢，如门窗口过大应绑扎吊杆。

7. 六尺杠子加垫地方，禁止使用砖石等易碎和滑动物品，应用坚固木块垫实绑扎牢固。

8. 脚手板的接头须搭好，不准有探头板，探头板不得超过门尺杠子15cm。

9. 脚手架子出入口地方应垫平，不用的出入口应立即用六尺杠子封闭上。

10. 超过3步架子以上的脚手架，必须绑扎十字杆和压栏子，压栏子底端需要钉木桩子顶牢。

11. 每八根高杆，必须绑一个十字架，马道和平台下部必须绑扎剪子股支撑。

12. 翻脚手板时，必须先把脚手板上的碎料和杂物清除干净后工作。

13. 马道板和飞桥板必须钉防滑条，间距不大于30cm；板条厚度1.5cm，宽度3cm。

14. 脚手架子距离街道太近或四周条件不允许设压栏子时，可将架子用铁线连接在建筑物上或使用反压栏子。

15. 凡跨越电线的位置必须搭设防护架子或使用套胶皮管防护措施等。

16. 凡杨、柳、椴、桦、油松等木材和其他易腐朽、折裂、枯节、弯曲等易折木杆一律禁止使用。

17. 绑架子用的铁丝必须符合标准且经过火后，方可使用。

18. 架杆均以剥皮杉松为标准，小头直径不能小于7cm，6尺杠子以柞木和坚韧的硬木为标准，小头直径不能小于8cm。

19. 脚手板以红白松木为标准，标准长度2、4、6m，宽度不得窄于20cm，厚度为5cm。

20、凡超过12步架，无法绑压栏子时，须将架子连接在建筑物上，每隔2步架用8号线或6mm钢筋连接。

21. 在3步架上翻板时，每隔1步架绑1根6尺杠子，并应交错绑在立杆或横杆上。

22. 钢管脚手应用外径48～51mm，壁厚3～3.5mm为宜。对有严重锈蚀、弯曲、压扁或裂纹的钢管不得使用。

23. 钢管脚手架的立杆应垂直稳放在金属底座上。

24. 拆除脚手架，周围应设围栏或警戒标志，并设专人看管，禁止无关人员入内。拆除应按顺序由上而下，一步一清，不准上下同时作业。

25. 折下的脚手杆、脚手板、钢管、扣件、钢丝绳等材料，应向下传递或用绳吊下，禁止往下投扔。

26. 凡拆带钉子的脚手杆、板、应将钉子起掉或打弯并应堆放在安全地点。

27. 凡拆除高处各种脚手架时，必须带好安全带并要挂在牢固地方。

28. 在下暴雨、大雾和刮6级以上大风的时候，应停止露天高处作业。

29. 在高处作业前，严禁喝酒，有心脏病、高血压、癫痫等症的工人不准从事高处作业。

30、高处作业的工人应穿软底鞋，不许穿皮鞋或塑料凉鞋。

二、起重工

1. 起重工经专业训练，考试合格持有效操作证，方能参加起重操作，并做到定期接受业务考核。

2. 现场用电动力设备必须接地可靠，绝缘良好，移动灯具要使用安全电压（36V以下）。

3. 多人操作时要有专人负责指挥，统一信号，交底清楚，严格按照指挥命令或信号工作。如遇操作者看不清手势时应设中转助手，以保证准确传递信号（操作人员必须熟知信号）。

4. 工作前必须戴好安全帽，将帽带系牢，检查各种设备、工具、索具是否完好可靠，要进行试吊，看捆缚是否牢固，绳索经过有棱角快口处应设垫衬，然后试吊，吊离地面0.5m，不准超负荷使用，经检查确认稳妥可靠后，方可起吊。

5. 使用起重扒杆定位要准确，封底要牢固，不许在受力后产生弯曲沉斜等现象。

6. 操作卷扬机必须听从指挥，看清信号，严格做到信号不明、钢丝绳子跑偏、超负荷、刹车不灵不开车。用卷扬机作牵引时中间不经滑轮不准作业。

7. 使用千斤顶时，底基要坚实、平稳顶盖与重物间应垫木块缓带顶升，随顶随垫，多台顶升时要动作一致。

8. 使用缆风绳应不少于3根，固定位置要牢靠，不准系绳索在电线杆，机电设备和管道支架上。风缆绳与地面夹角应小于45°。

9. 卧式滚移重物时，地面要平整，枕木垫要硬，钢管要圆直，物前后不准站人。

10. 吊物悬空时，严禁在吊臂上下逗留或通过，在卷扬机滑轮前及牵引钢丝绳边不准站人。起重区周围应设警戒线，严禁非工作人员通行，六级风时，严禁露天起重吊装。

三、木工

1. 操作场所的木屑杂物等要及时清除并放在统一地点，场内严禁吸烟和用火。

2. 人工凿眼时，不得两人对面工作，两人之间距离应保持1.2m。

3. 刨削、锯割旧木材，应先将钉子或石子等清除干净。用钉起子起钉，用力不可过猛，以防钉子弹起击伤面部。

4. 堆积木材时，不得超过1.2m高并应交错堆垛，垛底应垫20cm厚的垫木，四周要立杆。

5. 登高作业时戴好安全帽，系好安全带并挂实，配工具袋，禁止将斧子掖在腰上或砍在木方上。

6. 用斧、锤作业时（应检查斧、锤头是否牢固），防止误伤他人。斧头刃口处应配刃口皮套。

7. 制作模板时应细致选料。制作钢模或选用木料严禁使用扭曲严重、螺丝孔过多、腐朽、扭裂和大横节疤、开裂等材料。

8. 在基坑或围堰内支模时，应检查基坑有无塌方，围堰上下通道，确认无误后，方可操作。模板要捆绑结实，基坑内的操作人员要避开吊送的料具。

9. 用人工搬运，支立较大模板时，应有专人指挥，底部固定后再进行支立，防止滑动体倾覆。

10. 拆除模板要制定安全措施，操作时应按顺序分段进行，严禁硬砸或用机械大面积拆除。

11. 拆除模板不得进行双层作业。3m以上模板拆除时，应用绳索拉住或用起吊设备拉紧，缓慢运送。

12. 钢模板支拆、运送需要有操作规程。

四、混凝土工

1. 搬运水泥应戴好口罩，遇风天应戴好风镜。

2. 向基坑下送料时，应设滑槽或漏斗，并应与基坑人员联系，通知躲开，操作人员须戴安全帽。

3. 用推车运料时，卸料要双手扶牢车柄倒料，严禁双手脱把，防止翻车伤人。

4. 用吊车、料斗浇筑混凝土时，指挥操纵料斗人员要与吊车驾驶员密切配合，运料、放料时，料斗正下方严禁站人。

5. 后张预应力孔道压浆时，应戴防护眼镜，以防灰浆喷出射伤眼睛。

6. 浇筑离地面2m以上的桥面或盖梁时，应搭设脚手架，并设专人指挥。操作人员必须系好安全带。

7. 龙门吊浇筑混凝土时，吊斗要到位，不准用人强行推拉。

五、钢筋工

1. 钢筋工操作应戴手套、防护镜、着三紧工作服，严禁穿拖、凉鞋。

2. 拉直钢筋，卡头要卡牢固，拉筋沿线2m内禁止行人。人工绞磨拉直，不准用胸、肚接触推扛，要缓慢松解，不得一次松开。

3. 展开盘圆钢筋要一头卡牢，防止回弹，切断时先用脚踩。

4. 人工断料，工具必须牢固。打锤人和把剁子人应站成斜角，注意打锤区域内的人和物体。切断小于30cm的短钢筋，应用钳子夹牢，禁止用手把扶，并在外侧设置防护箱笼罩。

5. 人工锯断钢筋时，需使锯路顺直，垂直且勿歪扭，以免锯条断裂伤人。

6. 多人合运钢筋，起、落、转、集动作要一致，人工上下传送不得在同一垂直线上。钢筋堆放要分散、稳当、防止倾倒和滑落。

7. 制好钢筋骨架入模时，须使用足够的吊装设备。起吊钢筋骨架，下方禁止站人，必须待骨架降落离地1m以内时靠近，应位支撑好后方可摘钩。

8. 安放钢筋骨架或搬运钢筋时，附近有电线时，要事先将电源关闭，以防意外伤人。

9. 高空绑扎柱子和无平台的梁时，要站在脚手架上操作，系挂好安全带，戴好安全帽。

10. 绑扎基坑钢筋时，要站在铺好的脚手板上操作，进入基坑时应使用梯子上下。禁止在支撑或横板上工作，并不得利用支撑或模板攀登上下。

六、电焊工

1. 必须经培训取得有效合格证方准上岗。应配戴工作帽、帆布手套，防护镜和穿三紧工作服、防护鞋等。

2. 电焊机应安设在干燥、通风良好的地点，周围严禁存放易燃、易爆物品。

3. 电焊机外壳，必须接地良好，其电源的装卸应由电工进行。

4. 电焊机要设单独的开关，开关应放在防雨的闸箱内，拉合时应戴绝缘手套侧向操作。施焊完毕，拉闸上锁，遇雨雪天或6级风时，应停止露天作业。

5. 焊钳与把线必须绝缘良好，连接牢固。在潮湿地点工作，作业人员应站在绝缘胶板或木板上。

6. 严禁在带压力的容器或管道上施焊，焊接带电设备时，必须先切断电源。

7. 焊接储存过易燃、易爆、有毒物品的容器或管道，必须将残存物质清除干净，并将所有孔、口打开。

8. 在密闭金属容器内施焊时，容器必须可靠接地，通风良好，并应有人监护，容器内照明电压不得超过36V。焊工身体应用绝缘材料与容器壳体隔离开。严禁向容器内输入氧气。

9. 焊接预热工件时，应有石棉布挡板等隔热措施。

10. 把线、地线、禁止与钢丝绳接触，更不得用钢丝或机电设备代替零线，所有地线接头，必须连接牢固。

11. 更换场地移动电焊机时，必须切断电源，检查现场，清除焊渣。

12. 在高处焊接时，必须系好安全带，焊接点周围应备有消防设备。

13. 焊接模板中的钢筋、钢板时，施焊部位下面应垫石棉板或铁板。

14. 工作结束，应切断电焊机电源，并检查操作地点，确认无火险隐患后，方可离开。

七、气焊工

1. 必须经过培训，取得有效合格证方可上岗工作；工作前应戴防护镜、着三紧工作服和防护鞋。
2. 乙炔瓶必须设有防止回火的安全装置，橡皮管连接处须用轧头固定。
3. 乙炔瓶与氧气瓶不得同放一处，距易燃易爆物品和明火的距离，不得少于 10m，严禁用明火检验是否漏气。
4. 氧气瓶应有防震胶圈，并旋紧安全帽，氧气瓶、乙炔瓶、氧气表及气焊工具上，严禁沾染油脂，避免碰撞、剧烈振动和强烈阳光暴晒。
5. 气焊枪操作按着"点火时，先开乙炔；停火时，先关乙炔闸门的顺序作业"。点火时，焊枪口不准对人，正在燃烧的焊枪不得放在工作面或地面上。焊枪带有乙炔和氧气胶管时，不准放在金属容器内，以防气体溢出发生燃烧、爆炸事故。
6. 不得手持连接胶管的焊枪爬梯、登高。
7. 严禁在带有压力的容器或管道上焊、割，对带电设备应先切断电源，再进行焊割。
8. 在储存易燃、易爆及有毒物品的容器或管道上焊、割时，应先将残存物质清除干净，并将容品和管道的孔、口全部打开。
9. 在高处进行焊接时应使用安全带、周围 10m 设防护标志，禁止作业和通行，下方要采取防火措施，并指定专人监护。
10. 乙炔瓶内的气体不准用尽，应保持 $0.5 \sim 1 kg/cm^2$ 表压，防止其他气体进入。
11. 两人一起作业时火焰不准朝向对方。

八、电工

1. 一般要求

（1）电工必须经培训取得有效合格证方可上岗并定期验证。工作时要按规定穿戴好防护用品，不准喝酒。女工必须戴工作帽。操作时应戴绝缘手套，穿绝缘靴，并有人监护。挂好警示标牌。

（2）所有绝缘、检验工具，应妥善保管，严禁他用，并应定期检查。

（3）线路上禁止带负荷接电或断电，并禁止带电作业。必要时经批准并设专人监护方可作业。

（4）雷雨时，禁止用仪表进行测量工作。

（5）电工要学会紧急救护法。有人触电应立即切断电源，进行急救。电气着火，应立即将有关电源切断，使用干粉灭火器或干砂灭火。

（6）接线、配线、设置开关，接用设备都要按规定操作，电线、电气设备运行中要经常检查运行情况，发现隐患立即进行整改，确保安全用电。

2. 设备及内线安装

（1）安装高压开关、自动空气开关等有返回弹簧的开关设备时，应将开关置于断开位置。

（2）多台配电箱并列安装时，手指不得放在两箱的接合处，也不得触摸连接螺孔。

（3）修理电器设备时，首先要用验电笔试验是否有电，确认无电方可操作。

（4）大修设备时，要把保险取下来，由操作者保管。

（5）电气设备周围 2m 的地方不准堆放任何东西。用电设备电源开关周围 1m 处不得有任何障碍物。高压设备和开关设备应设防护栏。

（6）各种电气设备试车前，必须经过检查，确保电气主件、线路、接地、接零，刀闸开关都处于良好状态之后，方可试车。

（7）剔槽打眼时，锤头不得松动，铲子应无卷边、裂纹，戴好防护眼镜，楼板砖墙打透眼时，板下、墙后不得有人靠近。

（8）人力弯管器弯管，应选取好场地，防止滑倒和坠落，操作时面部要避开。

3. 外线

（1）人工立杆，要用叉木固定完好，操作时互相配合，用力均衡。机械立杆，两侧应设溜绳。立杆时坑内不得有人，基坑夯头后，方准拆叉木或溜绳。

（2）登杆前，杆根应夯实牢固。旧木杆杆根一侧腐朽深度超过杆根直径 1/8 以上时，应经加固后，方能登杆。

（3）登杆操作脚扣应与杆径相适应并设监护人。脚踏板、钩子应向上。安全带应拴于安全可靠处，扣环扣牢，不准拴于瓷瓶或横担上。工具、材料应用绳索传递，禁止上下抛扔。

（4）杆上紧线应侧向操作，并将夹紧螺拴拧紧。紧有角度的导线，应在外侧作业。调整拉线时，杆上不得有人。

（5）紧线用的铁丝或钢丝绳，应能承受全部拉力，与导线的连接必须牢固。紧线时，导线下方不得有人。单方向紧线时反方向应设置临时拉线。

（6）电缆盘上的电缆端头，应绑扎牢固。放线架、千斤顶应设置平衡，试盘应缓慢转动，防止脱杠。电缆敷设至拐弯处，应站在外侧操作。木盘上钉子应拔掉或打弯。

4. 变电所

（1）值班人员不许单独在高压设备上工作。

（2）不许打开或进入高压开关柜遮栏门，只许在外面巡视。如果要移开遮栏进入高压开关隔离室，必须有人监护。

（3）高压设备发生接地事故，不许进入室内故障点 4~5m，不许接近室外故障点 8~10m。切断电源之后才可进行维修。

（4）用绝缘棒拉合刀闸，或经转动机构拉合刀闸、高压开关均应戴绝缘手套。在室外操作时，应穿绝缘靴子，阴雨天必须站在绝缘合上。

（5）进入停电的电气设备上工作前必须验明电源确实无电后，并挂有"有人工作，禁止合闸"标示牌，防止误送电。

（6）如高压掉闸，值班员应和电气维修人员取得联系，查明原因后，方可送电。低压出故障需停高压时，必须经电气维修人员到变电所签字后，方可送电。

（7）进户电缆处隔离开关漏电，必须先将厂内负荷全部停电。维修人员穿好防护品，先关掉电缆上的高压开关后再进行维修。

5. 现场电工

（1）施工现场原则上要远离高压线。电工必须接近高压电进行局部操作时。操作人员或工作物与导电部分应保持一定的安全距离。

（2）施工现场架设的低压线路不得用裸导线，所架设的高压线与建筑物应保持一定的安全距离做防护区。在防护区内严禁建房屋、搭设工棚、种植树木等。

（3）凡是施工工程的工期超过 3 个月者，所安装电气设备，线路应按正式工程要求架设，不准架设临时线路。架设临时线路时，其高度应考虑车辆装载通行。

（4）现场装设变压器应符合供电部门要求标准，做好重复接地，接地电阻不应大于 4Ω，地面装设变压器一定要设防护栏，设门架锁，专人负责，并设有"注意有电""切勿靠近"的标志牌。

（5）各种电器开关、设备的金属外壳均应确定接地或接零，同时要注意在同一供电系统的一致性。不能有的接地，有的接零。

（6）各种电气设备均应安装专用开关插销不许随便搭挂导线使用，露天使用的开关插销应装防护木箱，箱内禁止存放杂物，门应加锁。

（7）现场敷设临时线路时，必须用绝缘支持物。不得随便把电线缠绕在钢筋、角钢龙门架、树木和钢管脚手架等上面。

（8）行灯电压不得超过 36V，如在金属容器内或特别潮湿的地方工作时，电压不许超过 12V。变压器金属外壳和二次线端需保持接地或接零。

（9）使用碘钨灯、高压水银灯、200W 以上的白炽灯，距易燃物品应在 3m 以上，一般灯泡距易燃物品应不小于 60cm，易燃、易爆场所应用防爆灯，室外照明灯应装防雨罩。

（10）施工现场夜间时照明灯具高度应不低于 2.5m。

（11）凡属流动的电气机具设备的电线跨过路面时，应埋入地下或穿入硬管内。

（12）照明灯泡大于 100W 的必须用磁灯头。潮湿环境的照明需用防水灯头。但灯泡不得大于 100W。

九、养生工

1. 在对混凝土构件进行养生前，必须先将现场带钉子的杂物清除，以防扎脚伤人。
2. 薄膜养护的溶剂，具有毒性和易燃等特性，应做好储运装卸的安全工作。穿戴好防护用品。喷洒应站在上风头。
3. 蒸气养生时，应设护送管道，并采取必要的措施，防止被蒸气或配气设备烫伤。
4. 使用电热养生时，应注意防火。
5. 如不架设专用跳板和脚手台时，不准在已接电线的电热地带内行走或运送混凝土。
6. 高处构造物养生要有安全可靠的登高设施并随时注意检查设施是否安全可靠，确认可靠后方可使用。上高时要踏稳、抓牢，确保作业过程安全。

十、张拉工

1. 预应力钢束（钢丝束、钢绞线）张拉施工前，应遵守下列规定：

（1）张拉作业区，无关人员不得进入。

（2）检查张拉设备、工具（如千斤顶、油泵压力表、油管、顶楔器及液控顶压阀等）是否符合施工及安全的要求。压力表应按规定周期进行校定。

（3）锚环及锚塞使用前应经检验，合格后方可使用。

（4）高压油泵与千斤顶之间的连接点，各接口必须完好无损。油泵操作人员要戴防护镜。

（5）油泵开动时，进、回油速度要与压力表指针升降相符，应平稳、均匀一致。安全阀要保持灵敏可靠。

（6）张拉前，操作人员要确定联络信号。张拉两端相距较远时，宜设对讲机等通讯工具。

2. 在已拼装或悬浇的箱梁上进行张拉作业，其张拉作业平台、拉伸机支架要搭设牢固，平台四周应加设护栏。高处作业时，应设上下扶梯及安全网。施工的吊篮应安挂牢固，并备有安全设施。张拉时千斤顶的前后面严禁站人，作业人员应站在千斤顶的两侧。

3. 张拉操作中若出现异常现象（如油表振动剧烈、发生漏油、电机声音异常、发生断丝、滑丝等）应立即停机进行检查。

4. 张拉钢束完毕，退销时应采取安全防护措施。人工拆卸销子时，不得强击。

5. 张拉完毕后，对张拉施锚两端，应妥善保护，不得压重物。管道尚未灌浆前，梁端应设围护和挡板。严禁撞击锚具、钢杯及钢筋。

6. 先张法张拉施工时，除按本节有关规定施工外，还应做到：

（1）张拉前，对台座、横梁等进行检查；

（2）先张法张拉中和未浇混凝土之前，周围不得站人和进行其他作业。浇筑混凝土时，振捣器不得撞击钢丝（钢束）。用卷扬机滑轮组张拉小型构件时，张拉完成后应切断电源和卡固钢丝绳。

7. 精轧螺纹筋张拉前，除对张拉台座检查外，还应对锚具、连接器进行检查、试验。

8. 顶应力钢筋冷拉时，在千斤顶的端部及非张拉端部，均不得站人。

9. 钢筋张拉时，螺丝端杆、套筒螺丝必须有足够的长度；夹具应有足够的夹紧能力，防止锚夹不牢而滑出。

10. 管道压浆时，应严格按规定压力进行。施压前应调整好安全阀。关闭阀门时，作业人员应站在侧面。

十一、发电机司机

1. 发电机司机，必须持效培训合格证方可上岗工作。

2. 发电机和配电盘用的导线，必须绝缘良好，接头牢固，并架设在绝缘支柱上，不准拖在地面上。要经常检查送电线路状况。

3. 司机不得随意拆卸电气设备，发生故障时应找电工检修。

4. 发电机运转时，应经常检查油温、水温、油压等，如运转声音异常，应速报有关人员。

5. 发电机作业房内严禁非工作人员进入，不准吸烟。

6. 工作时间不准喝酒。

十二、平地机操作手

1. 在公路上行驶时，应遵守交通规则，刮刀和松土器应提起，刮刀不得伸出机侧，速度不得超过20km/h。夜间不宜作业。

2. 作业中刮刀升降量差不得过大。

3. 遇到坚硬土质需要齿耙翻松时，应缓慢下齿。宜使用耙翻松坚硬旧路面。

4. 在坡道停放时，应使车头向下坡方向，并将刀片或松土器压入土中。

十三、化验工

1. 试验室内应保持空气流通，环境清洁、安静。

2. 凡进行有毒有害物质的操作，要戴防毒面具并在通风橱内进行。

3. 配制强酸、碱、腐蚀试剂时，必须戴上防护手套、护目镜，并防止与皮肤接触。

4. 配制完的各种试剂应贴有标签，注明试剂名称、浓度，不准将容器内再倒入与标签不相符合的药品。

5. 化验人员不得自行存放、保管各种药品、试剂。
6. 化验室内一切电气设备必须绝缘良好，并有良好接地线。
7. 工作完毕后，应关闭电气设备和电源开关，药品、试剂、仪器放回原处后，才能离开工作室。

十四、试验工

1. 试验中要有专人保管有毒试验品，防止丢失。自身要防止毒品感染，必要时要佩戴防毒保护用具。
2. 做试验时，操纵机械要按技术规范进行，防止碰伤，压伤。
3. 试验室的机械电路安装一定要符合安全用电规程。
4. 试验室使用的电炉子，必须经安全检查工作人员批准，不准擅自挪作它用。

十五、沥青工

1. 沥青操作工应穿三紧工作服、戴口罩、防护镜，并将脖、腿用毛巾围上，并配备滴眼药水。
2. 沥青操作工均应定期时行体检，凡患有结膜炎、皮肤病及对沥青过敏者，不宜从事沥青作业。
3. 沥青的加热及混合料拌制，宜设在人员较少，场地空旷比较安全的地方。产量较大的拌和设备、有条件的应增设防尘设施。
4. 块状沥青搬运一般宜在夜间和阴天进行，尤应避开炎热季节，搬运时宜采用小型机械装卸，不宜用手直接装卸。
5. 沥青场地应设消防设备。

十六、机械修理工

1. 工作环境应干燥整洁，维修设备需留出通道，各种用具良好。多人操作的工作台，中间应设防护网，对面操作时应错开。
2. 清洗用油、润滑油脂及废油脂，废棉纱等必须指定地点存放。
3. 扁铲、锉子等尾部不准淬火，出现卷边裂纹时应及时处理，剔铲工件时应防止铁屑飞溅伤人；活动扳手不准反向使用；打大锤时不准戴手套，在大锤甩转方向上不准有人。
4. 用台钳夹工件时，应夹紧夹牢，所夹工件不得超过钳口最大夹距的 2/3。
5. 机械解体要用支架，架稳垫实，有回转装置者要卡死。修理机械，应选择平坦坚实地点停放，支撑牢固和楔紧；使用千斤顶时，必须用支架垫稳。
6. 对架空试车和已发动的车辆，不准人员在车辆下面工作，车辆前方不准站人。
7. 检查有毒、易燃、易爆物的容器或设备时，应先严格清洗，经检查合格后，并打开空气通道，方可操作。在器内操作，必须通风良好并指定专人监护。
8. 检修中的机械，应有"正在修理，禁止开动"的标志示警，不准将手伸进齿轮箱或用手指找正对孔。
9. 试车时，应随时注意各种仪表、声响等，发现不正常情况，应立即停车。

十七、喷漆工

1. 工作前要穿戴好规定的防护用品。

2. 工作地点禁止吸烟、明火、开启漆桶应用铜制工具。
3. 工作地点禁止安装非防爆的易产生火花的电气设备。
4. 工作地点必须备有适量的灭火器，并经常检查，保证消防器材的状态良好。
5. 操作地点要注意通风，禁止用汽油或其他易燃溶液刷地面。
6. 各类油漆和其他易燃、有毒材料，应存放在专用库房内，挥发性油料应装入密闭容器内。
7. 喷涂用的机泵安全阀、压力表必须灵敏可靠，气管与喷枪、喷嘴要连接牢固，操作时，禁止喷嘴对人。
8. 喷嘴接头要牢固，喷嘴堵塞应停机消除压力后，方可进行修理。喷漆作业周围不准有火种，要保持通风良好。
9. 使用喷浆机，手上沾有浆水时，不准开关电闸，以防触电。喷嘴堵塞，疏通进不准对人。
10. 使用喷枪，加油不得过满，打气不应过足，使用时间不宜过长。
11. 喷漆所用的喷枪、毛刷、工具等，使用完擦洗干净，放在指定地点。

十八、碎石机操作人员

1. 工作前必须配戴防护用品。
2. 开机前要检查好机械周围及传动部位有人和物件。防护装置是否良好。经检查确认安全无误时方可开机生产。
3. 进料要均匀，不要过大，严防金属块等混入，出料口上方应有挡板。
4. 严禁在传动皮带正面站人或攀登、钻、跨机械以及用手触摸运转设备。
5. 严禁从上方向碎石机内窥视。
6. 若有石块卡住进口，应用铁钩翻动，严禁用手搬动。
7. 检修时，必须切断电源，挂警示牌，不准钻入下面拆卸牙板，防止突然脱落伤人。
8. 上下碎石机一定要按指定安全路线上下，不准走捷径。

十九、测工

1. 在密林丛草间进行施测量时，应遵守森林防火规定，严禁烟火，并需预防有害动、植物伤人，夏季应戴防蚊帽和扎紧裤角。
2. 测量钉标桩要注意周围行人的安全，不得对面使锤。钢钎和其他工具不得随意抛掷。
3. 测量人员在高压线附近工作时，必须注意让塔尺或花杆与高压线保持足够的安全距离。遇雷雨时不得在高压线及大树下停留。
4. 在陡坡及危险地段测量时应系安全带，脚穿软底轻便鞋。在桥墩上测量时应有上下桥墩的设施及防止人体坠落的安全措施。
5. 在公路、街道、交通繁忙的道路上测量时必须有专人警戒，防止交通事故。
6. 水文测量人员应穿求生衣。在陡峻的河沿进行观测时，应有简易便道和防护措施。在通航河流上测量应有信号设备，在江中抛锚时应按港航监督部门的规定设置信号并有专人负责瞭望。夜间进行水文测量时，必须配备足够的照明设备。
7. 冰上测量时应向当地有关部门了解冰封情况，确认无危险后，方可作业。遇有封冰不稳定的河段及春季冰融期间，不得在冰上进行测量。

二十、沥青拌合站操作工

1. 沥青拌合站作业人员应根据规定穿戴好防护用品。
2. 沥青混合料拌合站的各种机、电设备和安全装置，在运转前均需由机工、电工、电脑操作人员进行详细检查，确认正常后才能合闸运转。
3. 机组投入正常后，各部门、各工种都要随时监视各部位运转情况，不得擅离岗位。
4. 运转过程中，如发现异常情况，应报告机长，并及时排除故障。停机前应首先停止进料，待各部位（拦鼓、烘干筒等）卸完料后，方可停机。再次启动时，不得带负荷启动。
5. 运转中严禁人员靠近各种运转设备。
6. 搅拌机运行中，不得使用工具伸入滚筒内掏挖或清理。需要清理时必须停机。如需人员进入搅拌鼓内工作时，鼓外要有人监护。
7. 机动车辆运料时应有专人指挥车辆。料斗升起时，严禁有人在斗下工作或通过。检查料斗时应将保险链挂好。
8. 拌合站机械设备需经常检查的部位应设铁爬梯，采用皮带机上料时储料仓应加安全罩。
9. 配有湿式除尘系统的拌和设备，除尘系统的水泵应完好，保证喷水量稳定且不中断。
10. 拌合机启动、停机，必须按规定程序进行。点火失效时，应及时关闭喷燃器油门，待充分通风后再进行点火。需要调整点火时，必须先切断高压电源。
11. 拌和设备的燃烧器熄火时应立即停止喷射沥青。当烘干拌合筒着火时，应立即关闭燃烧器鼓风机及排风机，停止供给沥青，再用含水量高的细骨料投入烘干拌合筒，并在外部卸料口用干粉或泡沫灭火器进行灭火。
12. 关机后应清除皮带上各供料斗及除尘装置内外的残余积物，并清洗沥青管道。

二十一、水暖工

1. 使用滑车和绞磨前吊放管子，必须检查一切工具，如有破损时，应即时修理。
2. 搬运已装好的管子时，应使用铁线、棕绳等绑扎抬运，设专人指挥。
3. 割铁管子时，要注意铁管子锯口，在铁管要断时，不要用力过猛。
4. 用代丝刮口时，必须将管子卡牢，操作时要注意开刀跑刀。
5. 往高处吊 2 寸以上的管子时，须使用滑车吊运，不准使用麻绳搭挂起吊，起吊下方禁止通行。不准站人。
6. 在高处安装管子时，要使用脚手架子，不准利用窗口或木箱单梯等代替。
7. 在高处连接 2 寸以下的管子时，需使用链钳子操作，不准使用管钳子。
8. 打墙眼时，要戴防护镜，快要打透时，应轻打，并在眼的斜对面设专人看管。
9. 在高处吊挂滑车捣链时，应系好安全带。
10. 在地沟内安装管子时，要检查地沟两侧的土质是否有坍塌现象，如果有应在支撑后再进行工作，禁止在沟沿两侧 1m 内堆放管子。
11. 往地沟内下较大物件时，必须在上面用绳子绑牢，用足够的力量慢慢向下放，其下方禁止站人。
12. 在下井坑之前，要检查有否毒气，在排出毒气后，方可进行工作；下井时，应系好安全带，并设有监护人。
13. 熔化铅块时，须先擦干净，禁止熔化带湿气的铜块，投铅块时，必须用钳子，不准用手扔投。

14. 灌铅口时，要保持管内的干燥，要戴防护镜、鞋盖等防护用品。

15. 打压工作应由熟练技术人员操作，并检查压力表与试验物，确保其良好状况，否则停止操作。

16. 在暗沟内进行配管时，要用36V以下的灯具或用手电筒。

17. 往地沟内搬管子时，通道要用草袋子等防滑物铺好，防止滑倒。

18. 使用代丝回力时，操作人员需躲开，如两人一组必须分上下手工作，防止跑刀伤人。

19. 管子搣弯时，下层调砂子人员要系好安全帽。

20. 配合电焊工操作时，必须戴防护镜。

二十二、摊铺机操作工

1. 随机人员必须按工种规定穿戴好防护用品，检查各个部件是否良好后方可上机作业。
2. 滑模式水泥混凝土摊铺机摊铺时，应遵守下列规定：
（1）停机处应平坦、坚实，并用牢固的木块垫起机体，待履带垫离地面后方可进行调整、安装工作。
（2）调整机器高度时，工作踏板及扶梯等处不得站人。作业期间严禁碰撞引导线。
（3）摊铺机应避免紧急转向，防止与预置钢筋、路基缘石等碰撞。
（4）摊铺机不得牵引其他机械。其他机械牵引摊铺机时应使用刚性拖杆。
（5）摊铺机停放在通车道路上时，周围必须设置明显的安全标志。夜间应以红灯示警，其能见度不得小于150m。
3. 沥青混合料摊铺作业，应遵守下列规定：
（1）驾驶台及作业现场要视野开阔，清除一切障碍物。作业时，不得有人在机上逗留。驾驶员不许擅离岗位。
（2）运料车向摊铺机卸料时，应协调动作，同步行进，防止互撞。
（3）换挡必须在摊铺机完全停止时进行，严禁强行挂挡、在坡道上换挡和空档滑行。
（4）熨平板预热时，应控制热量，防止因局部过热而变形。严禁使用换向离合器作制动用。
（5）驾驶力求平稳，不得急剧转向，弯道作业时，熨平装置的端头与路缘石的间距不得小于10cm，以免发生碰撞。
（6）用柴油清洗推铺机时，不得接近明火。

二十三、装卸工

1. 搬运工在搬运前必须熟知操作规程，并制定相应的安全措施，使所有作业人员通晓安全措施的内容，并由班组长负责实施。
2. 起重搬运的工具在使用前必须进行检查，不符合安全规定的不许使用。
3. 车辆未停稳前严禁在车辆上作业或上下扒车，物件堆放要平稳。车辆行驶时，禁止坐在护栏板上或车顶高处、物件的顶头，防止急刹车时物件往前突然移动而轧伤人。装运构件，必须先垫好垫木，挂好紧线器，防止物件倒坍造成事故。
4. 装运各种材料、物件时严禁超载、超高、超宽、超长。
5. 密切配合驾驶员在车辆倒车、转弯时做好领车工作，并注意正常行驶时左右公路上的动态。

6. 装卸乙炔、氧气瓶时应轻拿轻放，防止撞击、摩擦、摔碰。禁止滚动、踩踏，堆放时不可倒置、倾斜、振荡；严禁与其他货物混装，并严禁在装卸场地及车上吸烟；装卸气瓶严禁从高处向下滑动或在地面滚动，避免剧烈振动、冲击，以防气体膨胀爆炸；盛夏季节运送气瓶应适当加以覆盖，防止暴晒。

二十四、力工

1. 应根据从事的工作性质，按规定发给防护用品。
2. 一般工作

（1）通过基坑或上下搭设的跳板，不准用横板代替，跳板要钉好防滑条，中部要用顶柱顶好。

（2）所用的工具（锹、镐、绳索等）要随时检查是否安全可靠，操作时防止工具碰伤人。

（3）往基坑运料时，基坑上下人员应取得联系，上下呼应，在下边人躲开后，再进行运送。

（4）在砌筑后，清理地沟时，首先检查土方是否有坍塌危险，确认安全后再下去工作。

（5）一般清理，应先清除草袋子，水泥袋和带钉子的横板等，如在高处清理，应将清除的废料用溜放槽送到下面，禁止由空中向下倾倒。下方人员必须戴好安全帽。

（6）在脚手架子上工作时要穿软底鞋，如超过 2m 应系安全带。

（7）在搬运时，前后距离保持 2m 以外，上下脚手架时，禁止跑和跳。

3. 挖土工作

（1）挖土方时，如发现不能辨认的物品，要立即报告领导处理，禁止随意敲击。

（2）挖土时，首先检查工具，注意周围人员，人与人间距不得小于 3m，应沿同一方向工作，不准对面挖掘。

（3）挖土方必须由上往下挖，禁止掏洞和挖空底角。

（4）进入深度在 2m 以上的沟槽或井坑时，必须戴好安全帽，使用辘轳或滑车放土时，当土篮或土斗被吊起时，下方严禁站人。

（5）上下沟槽井坑时，必须设有梯子，禁止攀登固壁支架上下。

（6）扶持钎子时，要用钳子夹住，不准用手直接扶持，打锤人应和扶钎子人站成斜面，不准对面打。

（7）堆土应距坑边不得小于 0.8m，高度不得超过 1.5m，堆积坡不得陡于 1∶1，防止塌下伤人。

4. 运土工作

（1）人工由深坑堆运土时，应搭设 0.6m 宽的上下跳板，并钉好防滑条，挑运时不准蹦跳。

（2）使用辘轳或滑车吊运土时，要安设牢固并要经常检查，要听从下方人员信号，上面往下送土篮或工具时，应通知下面人员躲开。

（3）运冻土时，应将道路上的冰雪清除干净，要采取防滑措施，禁止搬运较大的土块。

5. 回填工作

（1）因填土拆除固壁支架时，应由下往上拆，禁止一次全部拆掉，要采取随填随拆的方法。

（2）回填土打夯时，要有专人喊口号，打夯时，精神要集中，用力要均匀协调，落夯时脚要躲开。

（3）挖堆土时，如堆土过高，应由上而下取土。

（4）灰土在拌合时，施工人员要保持一定距离，防止互相伤及对方。筛石灰时，筛子要支放牢固，现场人员必须戴口罩和防护眼镜。

6. 抬石工作

（1）抬石料前，应仔细检查使用的扁担、石托、绳子等，确认安全后，再进行搬运。

（2）往地槽子下放石料时，必须注意下方是否有人操作，如基础较深须设溜放槽，不准直接向下投扔。

（3）用手推车或单轮车推车运石时，应检查车子各部位是否完好，通道、跳板是否安全牢固，确认安全后方准进行工作。

二十五、自卸汽车司机

1. 做好启动前的一切部件检查，发动机启动后检查起翻装置，确保良好；严禁在驾驶室外进行操作，自卸汽车的车箱内严禁载人。

2. 配合挖土机装料时，自卸汽车就位后，拉紧手刹车。如挖斗必须越过驾驶室顶时，驾驶室内不得有人。

3. 当装载高度越过车厢拦板时，应平衡行驶，不得猛力加速，也不得紧急制动。

4. 卸料时，应选取好地形，并检视高空和周围有无电线、障碍物以及行人。卸料后，车斗应及时复原，不得边走边落。

5. 向坑洼地卸料时，必须和坑边保持适当的安全距离，防止边坡坍塌。

6. 检修自卸装置时，应撑牢车箱，以防车箱突然下落伤人。

二十六、铲运机操作工

1. 作业前，应检查钢丝绳，轮胎气压，铲土斗及卸土板回缩弹簧、拖把方向接头，撑架以及各部滑轮等。液压式铲运机还应检查各液压管接头、控制阀等，确认正常后，方可启动。

2. 作业时，严禁任何人上下机械、传递物件，以及在铲斗内、拖把或机架上坐立。

3. 两台铲运机同时作业时，拖式铲运机前后距离不得少于10m，自行式铲运机不得少于20m，平行作业时两机间隔不得小于2m，在狭窄地区不得强行超车。

4. 铲运机上下坡道时，应低速行驶，不得途中换挡，下坡时严禁脱挡滑行，行驶的横向坡度不得超过6°。坡宽应大于机身2m，在新填筑的路堤作业时，离坡边缘不得小于1m。

5. 需要在斜坡横向作业时，顺序挖填，使机身保持平稳。作业中不得倒退。

6. 在不平场地上行驶及转弯时，严禁将铲运斗提升到最高位置。

7. 在坡道上不得进行保修作业，在陡坡上严禁转弯、倒车和停车，在坡上熄火时将铲斗落地，制动牢靠后，方可再行起动。

8. 铲土时，应直线行驶，助铲时应有助铲装置，正确掌握斗门开启的大小，不得切土过深。两机要相互配合，尽量做到平稳接触，等速助铲。

9. 自行式铲运机的差速器锁，只能在直线行驶的泥泞路面上短时间使用，严禁在差速器锁住时转弯。

10. 铲运机作业行驶时，铲斗必须用锁链条挂牢在运输行驶位置上，机上任何部位均不得载人或装载易燃易爆等物品。

11. 修理斗门或在铲斗下检修作业前，必须把铲斗升起后用销子或锁紧链条固定，再用垫木把斗身顶住，并制动住轮胎。

12. 作业结束后，应将铲运机停放在平坦地面，并将铲斗落在地面上。对有液压操纵装置的应将液压缸缩回，将操纵杆放在中间位置。

二十七、装载机司机

1. 作业前，要检查液压系统有无渗漏，液压油箱油量是否充足，轮胎气压应符合规定，制动器和安全阀灵敏可靠。作业区内不得有障碍物及无关人员。

2. 起步前，应先鸣声示意，不得在倾斜度超过规定的场地上作业。收铲斗提升须离地面0.5m左右。作业时，应使用低速挡。用高速挡行驶时，不得进行升降和翻转铲斗动作。严禁铲斗载人。

3. 装载机运送距离不宜过大，行驶道路应平坦。在石方施工场地作业时，轮式装载机应在轮胎上加装保护链条。

4. 在松散不平的场地作业，应把铲臂放在浮动位置，使铲斗平稳地推进，如推进时阻力过大，可稍稍提升铲臂；装料时，铲斗应从正面铲入，防止铲斗单边受力。

5. 装堆积的砂土时，铲斗宜用低速铲入，逐渐提高发动机转速向前推进。

6. 在给运输车辆装料时应缓慢作业，铲斗前翻和回位时不得碰撞车箱。

7. 铲臂向上或向下动作到最大限度时，应将操纵杆回到空挡位置，防止液压系统油压过高而引起故障。作业时应注意各仪表和指示信号，发动机及其他各部的情况，发现异常，应立即停车检查，不准带病作业。

8. 作业后，应将铲斗平放在地面上，将操纵杆放在空挡位置，拉紧手制动器。

二十八、挖掘机司机

1. 工作位置必须选取在平坦稳固的场地。工作前履带应制动，轮胎式挖掘机应顶好支腿，车身方向应与挖掘工作面延伸方向一致，操作时进铲不应过深，提斗不得过猛。

2. 发动机起动后，铲斗内、臂杆、履带和机棚上严禁有人。

3. 在高陡的工作面上挖掘含有石块的土方时，应将较大的石块和杂物除掉。如果土体挖成悬空而不能自然塌落时，则需用人工处理，严禁用铲斗将悬空土方砸下。

4. 严禁铲斗从运土车的驾驶室顶上越过，给运土车辆装土时，应降低铲斗高度，防止偏载或砸坏车厢，铲斗回转半径区域内严禁站人。

5. 行驶时，臂杆应与履带平行，要制动住回转机构，铲斗应离地1m左右。行驶坡度不应超过20°。

6. 对吊杆顶端的滑轮和钢丝绳进行保养，检修拆换时，应将铲斗和吊杆放落地面，停车后再进行维修。

二十九、压路机司机

1. 作业前，检查管路及接头有无裂纹、松动和泄漏，滚轮的刮泥板平整良好，紧固螺栓无松动，方可起动。

2. 开动前，应确认机械周围无障碍和人员。禁止用拖动方法使发运机启动，禁止把压路机横在路上。严禁职工民工在压路机下乘凉、睡觉。

3. 在运行中，不得进行修理或加油，需要在机械底部修理时，应将内燃机熄火，用制动器刹住机械，并有支垫三角木揳住滚轮。

4. 压路机应停放在平坦、坚实并对交通施工无妨碍的地方，不准靠近机身休息或乘凉。停放在坡道上，前后轮应置垫三角木。

5. 压路机变换前进或后退方向，必须设置明显的安全标志。夜间应以红灯示警。其能见度不得小于150m。

6. 压路机靠近中边缘作业时，应根据路堤高度留有必要的安全距离，碾压傍山道路时，必须由里向外侧碾压。上坡时变速应在制动后进行，下坡时严禁脱挡滑行。

7. 两台以上压路机同时作业，其前后间距离不得少于3m，在坡道上纵队行驶时，其间距不得小于20m。

8. 压路机转移工地距离较远时，应用汽车或平板拖车装运，不得用其他车辆拖拉牵运。轮胎压路机作业时，轮胎气压应符合要求，避免在大块石基础层上作业。

9. 振动压路应遵守下列规定：

（1）起振和停振必须在压路机行走时进行，在坚硬路面行走时，严禁振动。

（2）碾压松软路基时，应先在不振动的情况下碾压1~2遍，然后再用振动碾压。严禁在尚未起振的情况下，调节振动频率。

（3）换向离合器，起振离合器和制动器的调整，必须在主离合器脱开后进行。不得在急转弯时用快速挡行驶。

三十、推土机司机

1. 推土机上下坡时，其坡度不得大于30°，在横坡上作业，其横坡度不得大于10°，下坡时严禁空挡滑行，必要时可放下刀片作辅助制动。

2. 在陡坡、高坎上作业时，必须有专人指挥，严禁铲刀超过边坡的边缘。送土终了，应先换成倒车挡后再提铲刀倒车。

3. 在垂直边坡的沟槽作业，其沟槽深度，对大型推土机不得超过2m，对小型推土机不得超过1.5m。推土机不得推坡壁上高于机身的孤石或大土块。

4. 多机在同一作业面作业时，前后两机相距应小于8m，左右相距应大于1.5m。两台或两以上推土时，两推土机刀片之间应保持20~30cm间距。推土前进必须以相同速度直线行驶；后退时，应分先后，防止碰撞。

5. 用推土机伐除大树或消除残墙断壁时，应提高着力点防止其上部反向倒下。

6. 推土机发生故障时，不准停在斜坡上进行检修。

7. 工作完毕后，应将车辆刹稳并摘挡熄火，把推土机刀片放至地面。

8. 夜间作业，场地有足够的照明。

9. 推土时要注意地下的构造物或各种设施，避免造成破损事故。

10. 用推土机牵引重物，要注意前后照顾，使用钢丝绳牵引重物时，必须有专人指挥，其他人避开后，方可行驶。

11. 换摘链轨板、销子时，必须戴防护眼镜。

12. 推土机下严禁坐卧休息。

三十一、平板拖车司机

1. 出车前要将刹车气管接头、电线插头插接好。钢板支架，牵挂装置，安全防护网要符合要求。

2. 装载大型物件时,要先察好路线,制定运输方案。

3. 大型预制构件平板拖车运输,时速宜控制在 5km/h 以内。简支梁的运输,除在横向加斜撑防倾覆外,平板车上的搁置点必须设有转盘。

4. 运输超高、超宽、超大、超长构件时,必须向有关部门申报,经批准后,在指定路线上行驶。牵引车上应悬挂安全标志。超高的部件应有专人照看,并配备适当工具,保证在有障碍物情况下安全通过。

5. 平板拖车运输构件时,除一名驾驶员外,还应指派一名助手协助瞭望,平板拖车上不得坐人。

6. 重车下坡应缓慢行驶,并应避免紧急刹车。驶至转弯或险要地段时,应降低车速,同时注意两侧行人和障碍物。

7. 装卸车时要停放在坚实平坦,周围无障碍物的地方,拖车应制动,车轮应搂牢固。

8. 搭设跳板与地面的夹角一般不大于 15°。

9. 大雨、雪、雾天通过陡坡时,必须提前采取安全措施,确保行车安全。

10. 穿越各种道口时要注意瞭望,过铁道口时要一停、二看、三通过。

三十二、洒布车司机

1. 行驶前必须检查灯光、仪表、刹车和洒布各部机件良好后方可行驶。
2. 必须备有消防用具。
3. 水罐不准漏水,使用胶管应挂牢固不准拖地。
4. 洒布车上不准载人,踏板上不准站人,洒布时要均匀慢行与路边应保持一定的安全距离。
5. 行驶铁路道口时应一停二看三通过,洒布时要经常鸣笛引起施工人员的注意。
6. 不准酒后驾车,不准超速行驶。

三十三、油罐车司机

1. 行驶前必须检查灯光、仪表、刹车、油罐等各部机件良好后方可行驶。
2. 必须备有消防用具。
3. 不准在易燃易爆和明火处停留。
4. 油罐车上不准载人,不准有漏油现象,不准靠近油罐车吸烟。
5. 行驶过铁路道口时,应一停、二看、三通过。满载时要做到平衡行驶。
6. 停车后要及时放油。
7. 不准酒后驾车,不准超行驶。

三十四、通勤车辆司机

1. 司机上班前不准喝酒,行驶中不准吸烟或与他人闲谈。施工现场行车不准超速行驶,不准超过时速 30km。

2. 车辆各部机件及灯光要做到经常检查,保持良好,并备有消防用具。

3. 通勤车辆不准载运易燃、易爆、有毒物品。客车内不准吸烟。

4. 施工现场必须用板车载人时,应配备护栏安全栏和挂梯,并指定专人负责安全。严禁翻斗车载人。

5. 车辆行驶中脚踏板、车顶、大箱板、护栏上不准站、坐人,严禁扒车跳车。

6. 机件、工具与人同时运载时,应先将机件、工具捆牢,以防急刹车时被挤伤,工具装车后再上人；停车后应先下人后搬运物品。严禁上下人与装卸货同时进行。

7. 行驶时遇有危险路段或桥梁时，乘车人员应全部下车，车辆通过险区后再按顺序上车。

8. 安装车棚时，要求大型车棚不得高于 1.75m，小型车棚不得高于 1.65m。

9. 车辆入库时应倒入，车头在库门方向。

10. 上下车要与车上负责人共同配合，稳上稳下，不要拥挤，不准拖上拖下，更不准跳下。一律通过挂梯上下。

11. 起车前的信号一定要明显，鸣笛三声后起车。

12. 通过铁路道口时要一停、二看、三通过。

三十五、小车司机

1. 小车司机必须持有正式驾驶执照并随身携带。认真做好出车前的准备工作，搞好行车过程控制，确保安全行车。

2. 小车司机必须严格遵守道路交通管理条例和公安部门、交通部门所颁布的法令。

3. 出车前应检查汽车的安全状况是否良好，手、脚制动器及转向机构是否灵活灵靠，各部照明、灯光、雨刷、各仪表是否正常，有无漏水、漏气、漏油现象，轮胎气压是否符合标准。

4. 驾驶室内不准超员乘坐，行车中司机不准吸烟、闲谈。

5. 严禁酒后驾驶，严禁带病开车。

6. 出车前或工作中，如发现车辆有故障或不正常现象，应及时停车检修，待故障排除后方可行驶，不准开带病车。

7. 出入厂或车间大门时；汽车起步、倒车、调车、转弯、超车时；穿过十字路口；行人多，道路视线受到影响时，必须鸣喇叭。

8. 行驶中通过铁路时必须减速度。一停、二看、三通过，火车道口横栏放下时，不准抢道，应依次停车候行。

9. 通过危险路段，狭窄路段应先查看，将车速降低到能保证安全的速度。

10. 在十字路口、转弯、调头、倒车、浓雾天或通过交通繁华的街道时，车速不准超 5km/h。

11. 在转弯、交叉路口、道路狭窄、人烟稠密的地段，严禁超车。

12. 工作后应把车辆停放在指定位置，拉紧制动器，取下开关钥匙，关闭车灯并锁好车门。经检查确认安全后方可离开。

13. 在施工现场行车严禁超速行驶，车速不准超 40km/h，复杂路段，桥梁施工较多路段，不准超过 20 km/h。

三十六、拉水车司机

1. 行驶前必须检查灯光、仪表、刹车、转向等各部机件良好后方可行驶。

2. 必须备有消防用具。

3. 水罐车上不准载人，水罐水门不准漏水，水装满后应加盖，并做到平衡行驶。

4. 行驶过铁路道口时，应一停、二看、三通过。

5. 停车后要及时放水。

6. 不准酒后驾车，不准超速行驶。

小 结

本单元对涉及到公路工程施工项目的各岗位和工种及操作手的安全职责进行讲解,为进一步保证安全施工技术的实施做好组织准备。

单元三 道路施工安全技术

教学目标

1. 熟悉施工准备阶段施工安全技术。
2. 掌握路基工程施工安全技术。
3. 掌握爆破施工安全技术。
4. 掌握基层施工安全技术。
5. 掌握水泥混凝土路面施工安全技术。
6. 掌握沥青混凝土路面施工安全技术。
7. 了解施工机械设备安全技术。

任务一 施工准备阶段施工安全技术

一、一般规定

1. 工程开工前,施工单位必须详细核对设计文件,根据施工地段的地形、地质、水文、气象等资料,在编制施工组织设计的同时,制定相应的安全技术措施。
2. 参加施工的人员,必须接受安全技术教育,熟知和遵守本工种的各项安全技术操作规程,并应定期进行安全技术考核,合格者方准上岗操作。对于从事电气、起重、建筑登高架设作业、锅炉、压力容器、焊接、车辆驾驶、机动船艇驾驶、爆破、瓦斯检验等特殊工种的人员,应经过专业培训,获得合格证书后,方准持证上岗。
3. 施工单位均应按国家规定建立健全各级安全管理机构和设立专职或兼职安全检查人员。
4. 施工现场要设置足够的消防设备。施工人员应熟悉消防设备的性能和使用方法,并应组织一支经过训练的义务消防队伍。
5. 施工单位应加强与气象、水文等部门的联系,及时掌握气温、雨雪、风暴和汛情等预报,做好防范工作。
6. 施工中采用新技术、新工艺、新设备、新材料时,必须制定相应的安全技术措施。
7. 操作人员上岗前,必须按规定穿戴防护用品。施工负责人和安全检查员应随时检查劳动防护用品的穿戴情况,不按规定穿戴防护用品的人员不得上岗。
8. 施工所用的各种机具设备和劳动保护用品,应定期进行检查和必要的检验,保证其经常处于完好状态;不合格的机具设备和劳动保护用品严禁使用。
9. 下挖工程,施工前应根据设计文件复查地下构造物(电缆、管道等)的埋置位置及走向,并采取防护措施;施工中如发现有危险品及其他可疑物品时,应即停止下挖,报请有关部门处理。

10. 重要的安全设施必须执行与主体工程"三同时"的原则，即：同时设计、审批，同时施工，同时验收，投入使用。

二、施工准备

1. 施工现场

（1）施工现场应有利于生产，方便职工生活，符合防洪、防火等安全要求，具备文明生产、文明施工的条件。

（2）施工现场的临时设施，必须避开泥沼、悬崖、陡坡、泥石流、雪崩等危险区域，选在水文、地质良好的地段。施工现场内的各种运输道路、生产生活房屋、易燃易爆仓库、材料堆放，以及动力通讯线路和其他临时工程，应按照有关安全的规定，并制定出合理的平面布置图。

（3）施工现场的生活生产房屋、变电所、发电机房、临时油库等均应设在干燥地基上，并应符合防火、防洪、防风、防爆、防震的要求。

（4）施工现场应设置安全标志，并不得擅自拆除。

（5）施工现场内的沟、坑、水塘等边缘应设安全护栏。场地狭小，行人和运输繁忙的路段应设专人指挥交通。

（6）生产生活房屋应按防火规定保持必须的安全净距，一般情况下活动板房不小于7m，铁皮板房不小于5m，临时的锅炉房、发电机房、变电室、铁工房、厨房等与其他房屋的间距不小于15m。

（7）易燃易爆品仓库、发电机房、变电所，应采取必要的安全防护措施，严禁用易燃材料修建。炸药库的设置应符合国家有关规定。工地的小型临时油库应远离生活区50m以外，并外设围栏。

（8）工地上较高的建（构）筑物、临时设施及重要库房，如炸药库、油库、发（变）电房、塔架、龙门吊架等，均应加设避雷装置。

（9）对环境有污染的设施和材料应设置在远离人员居住的较为空旷的地点。污染严重的工程场所应配有防污染的设施。

2. 施工测量

（1）密林丛草间进行施工测量时，应遵守护林防火规定，严禁烟火，并需预防有害动、植物伤人。

（2）测量钉桩要注意周围行人的安全，不得对面使锤。钢钎和其他工具不得随意抛掷。

（3）测量人员在高压线附近工作时，必须保持足够的安全距离。遇雷雨时不得在高压线、大树下停留。

（4）在陡坡及危险地段测量时应系安全带，脚穿软底轻便鞋。在桥墩上测量时应有上下桥墩及防止人体坠落的安全措施。

（5）在公路、街道、交通繁忙的道路上测量时，必须有专人警戒，防止发生交通事故。

（6）水文测量人员应穿救生衣。在陡峻的河岸进行观测时，应有简易便道和防护措施。在通航河流上，测量船应有信号设备。在江中抛锚时应按港航监督部门的规定设置信号并有专人负责瞭望。夜间进行水文测量时，必须备有足够的照明设备。

（7）冰上测量时应向当地有关部门了解冰封情况，确认无危险后，方可作业。遇有封冰不稳定的河段及春季冰融期间,不得在冰上进行测量。

3. 场内交通及水电设施

(1) 场内道路应经常维护,保持畅通。载重车辆通过较多的道路,其弯道半径一般不小于15m,特殊情况不得小于10m。手推车道路的宽度不小于1.5m。急弯及陡坡地段应设置明显交通标志。与铁路交叉处应有专人看管,并设信号装置和落杆。

(2) 靠近河流和陡壁处的道路,应设置护栏和明显警告标志。

(3) 场内行驶斗车、平车的轨道应平坦顺直,纵坡不得大于3%,车辆应装制动闸,铁路终点应设置倒坡和车挡。

(4) 生产生活用水应进行鉴定,其水质必须符合国家现行标准。水源应采取保护措施,防止水质污染。

(5) 场内架设的电线应绝缘良好,悬挂高度及线间距必须符合电业部门的安全规定。

(6) 现场架设的临时线路必须用绝缘物支持,不得将电线缠绕在钢筋、树木或脚手架上。

(7) 电工在接近高压线操作时,其安全距离为:10kV以下不得小于0.7m,20~35kV不得小于1m,44kV不得小于1.2m,否则必须停电后方可操作。

(8) 各种电气设备应配有专用开关,室外使用的开关、插座应外装防水箱并加锁,在操作处加设绝缘垫层。

(9) 在三相四线制中性点接地供电系统中,电气设备的金属外壳应做接零保护;在非三相四线制供电系统中,电气设备的金属外壳应做接地保护,其接地电阻应不大于4Ω,并不得在同一供电系统上有的接地,有的接零。

(10) 各种电气设备的检查维修,一般应停电作业;如必须带电作业时,应有可靠的安全措施并派专人监护。

(11) 工地安装变压器必须符合电业部门的要求,并设专人管理。施工用电要尽量保持三相平衡。

(12) 现场的变(配)电设备处,必须备有灭火器材和高压安全用具。非电工人员严禁接近带电设备。

(13) 使用高温灯具,要防止失火,其与易燃物的距离不得小于1m,一般电灯泡距易燃物品不得小于50cm。

(14) 移动式电气机具设备应用橡胶电缆供电,并经常注意理顺;跨越道路时,应埋入地下或做穿管保护。

(15) 遇有雷雨天气不得爬杆带电作业;在室外无特殊防护装置时必须使用绝缘拉杆拉闸。

(16) 施工现场的临时照明

① 室内照明线路应用瓷夹固定。

② 电线接头应牢固,并用绝缘胶带包扎。

③ 保险丝应按用电负荷量装设。

(17) 能产生大量蒸气、气体、粉尘等工作场所,应使用密闭式电气设备。有爆炸危险的工作场所应使用防爆型电气设备。

(18) 电气设备的传动带、转轮、飞轮等外露部位必须安设防护罩。

（19）检修电气设备时应按下列要求进行：

① 电气设备的检修必须由电工进行，他人不得任意操作；

② 工作中如遇停电应拉下开关，切断电源；检修结束必须仔细检查各项设备的情况，没有异常，方可合闸；

③ 大型电气设备检修应在切断电源、设好防护后进行，并在开关处设置警示标牌，工作完成后方可拆除；如需进行送电试验时，必须在认真检查并与有关部门联系后，方可进行。

（20）大型桥梁施工现场、隧道和预制场地，应有自备电源，以免因电网停电造成工程损失和出现事故。自备电源和电网之间，要有连锁保护。

4. 砂、石采集及堆放

（1）人工沿河采集砂石料，宜在河滩采集或在浅水处打捞，采集时应注意水情变化。使用机械在深水处采挖砂石，集料船、采挖船应锚固牢靠，但不得阻碍通航。长期定点采挖时应取得港航监督部门的同意，并设置警示标志。

（2）石料开采应由上而下逐层采取，并根据石崖高低，修成阶梯。如有松动石块应先予以清除，上下层不得重叠作业。

（3）有关石料开采的凿眼、爆破和搬运应符合有关规定。

5. 施工机械

（1）操作人员在工作中不得擅离岗位，不得操作与操作证不相符合的机械，不得将机械设备交给无本机种操作证的人员操作。

（2）操作人员必须按照本机说明书规定，严格执行工作前的检查制度和工作中注意观察及工作后的检查保养制度。工作前应检查：

① 工作场地周围有无妨碍工作的障碍物；

② 油、水、电及其他保证机械设备正常运转的条件是否完备；

③ 安全、操作机构是否灵活可靠；

④ 指示仪表、指示灯显示是否正常可靠；

⑤ 油温、水温是否达到正常使用温度。

工作中应观察：

① 指示灯和仪表、工作和操作机构有无异常；

② 工作场地有无异常变化。

工作后应进行检查保养：

① 工作机构有无过热、松动或其他故障；

② 参照例行保养规定进行例保作业；

③ 做好下一班的准备工作；

④ 填写好机械操作履历表。

（3）驾驶室或操作室内应保持整洁，严禁存放易燃、易爆物品，严禁酒后操作机械，严禁机械带故障运转或超负荷运转。

（4）机械设备在施工现场停放时，应选择安全的停放地点，关闭好驾驶室（操作室），要拉上驻车制动闸。坡道上停车时，要用三角木或石块抵住车轮。夜间应有专人看管。

（5）用手柄启动的机械应注意手柄倒转伤人，向机械内加油时附近应严禁烟火。

（6）柴、汽油机的正常工作温度应保持在 60～90℃ 之间，温度在 40℃ 以下时不得带负荷工作。

（7）对用水冷却的机械，当气温低于 0℃ 时，工作后应及时放水，或采取其他防冻措施，以防冻裂机体。

（8）放置电动机的地点必须保持干燥，周围不得堆放杂物和易燃品。启动高压电开关及高压电机时，应戴绝缘手套，穿绝缘胶鞋。

6. 临时码头

（1）临时码头位置应选在河流两岸比较开阔，河床比较稳定，水流顺直，地质较好的河段。两岸引道应保持坚固稳定。

（2）临时码头应按设计施工，并应配备相应的安全防护设施。

（3）渡船、拖轮应配有安全设施，按规定核定其载甲量、车数、人数，严禁超载、超高、超宽。遇有上下船舶通过，不得横越抢渡。

（4）码头的附属设备，如跳板、支撑、船环、柱桩等应牢固可靠。

（5）搭设的栈桥必须坚固可靠，两侧入行道、轨道中间应铺满木板。栈桥临水端应设置靠船的靠帮和系缆设施。通过栈桥的电线、电缆要绝缘良好，并固定在栈桥的一侧。

（6）栈桥码头应有抗洪水、流冰及其他漂浮物的能力，工作人员应对各种设施经常维修。

任务二　路基工程施工安全技术

一、路基的定义、分类

1. 路基是路面的基础，是道路结构层的重要组成部分，是公路工程的主体，其质量的好坏直接影响到结构物的排水稳定性以及公路的使用品质。

2. 高于原地面的填方路基称为路堤，低于原地面的挖方路基称为路堑。路面地面以下 80cm 范围内的路基部分称为路床。路基的主要形式包括：填方路基、挖方路基以及半填半挖路基。路基通过的地带类型多，技术条件复杂，受地形和气候等条件的影响，施工过程中，要经常进行挡土墙等施工，为避免事故的发生，应进行严格的安全控制和管理。

二、路基工程

1. 清理场地

（1）砍伐树木需用刀、锯子等工具截断树木，清除树根的作业过程，如果施工线中有影响施工的杂草，树木就要进行清除杂草、砍伐树木的工作，清除的丛草、树木严禁放火焚烧，以防引起火灾。

（2）砍伐树木必须遵守下列规定：

① 伐树前，应将周围有碍砍伐作业的灌木和藤条砍除，并选好安全躲避的退路；

② 伐树范围内应布置警戒，非工作人员不得逗留、接近；

③ 为使树木按预定方向倾倒，要在树木下部倒树方向砍一剁口，其深度为树干直径的 1/4，然后再从剁口上边缘的对面开锯，最后应留 2～3cm 安全距离；

④ 在陡坡悬岩处砍伐树木，应有防止树木伐倒后顺坡溜滑和撞落石块伤人的安全措施；在山坡上严禁在同一地段的上下同时作业；

⑤ 截锯木料时，三叉马和树干垫撑必须稳固；

⑥ 大风、大雾和雨天不得进行伐树作业。

（3）拆除建（构）筑物前，应制定安全可靠的拆除方案。先将与拆除物有连通的电线、水、气管道切断，并在四周危险区域内围设安全护栏，非工作人员不得进入。拆除工序应由上而下，先外后里，严禁数层同时作业。操作人员应站在脚手架或稳固的结构部位上作业。对有倒坍危险的结构物应予以临时支撑加固。拆除某部位时要防止其他部位发生坍塌。拆除梁柱之前应先拆除其承托的全部结构物，严禁采用掏空、挖切和大面积推倒的拆除方法。

当采用控爆法拆除大型建（构）筑物时，必须有经批准的控制爆破设计文件。

（4）清除淤泥时，应先排除积水，并制定出相应的安全措施后方可清淤。

三、土方工程

1. 人工挖掘土方必须遵守下列规定：

（1）开挖土方的操作人员之间，必须保持足够的安全距离：横向间距不小于2m，纵向间距不小于3m；

（2）土方开挖必须按自上而下顺序放坡进行，严禁采用挖空底脚的操作方法。

2. 在靠近建筑物、设备基础、电杆及各种脚手架附近挖土时，必须采取安全防护措施。

3. 高陡边坡处施工必须遵守下列规定：

（1）作业人员必须绑系安全带；

（2）边坡开挖中如遇地下水涌出，应先排水，后开挖；

（3）开挖工作应与装运作业面相互错开，严禁上、下双重作业；

（4）弃土下方和有滚石危及范围内的道路，应设警告标志，作业时坡下严禁通行；

（5）坡面上的操作人员对松动的土、石块必须及时清除，严禁在危石下方作业、休息和存放机具。

4. 设有支挡工程的地质不良地段，在考虑分段开挖的同时，应分段修建支挡工程。

5. 施工中如发现山体有滑动、崩坍迹象危及施工安全时，应暂停施工，撤出人员和机具，并报上级处理。

6. 滑坡地段的开挖，应从滑坡体两侧向中部自上而下进行，严禁全面拉槽开挖，弃土不得堆在主滑区内。开挖挡墙基槽也应从滑坡体两侧向中部分段跳槽进行，并加强支撑，及时砌筑和回填墙背，施工中应设专人观察，严防塌方。

7. 在落石与岩堆地段施工，应先清理危石和设置拦截设施后再行开挖。其开挖面坡度应按设计进行，坡面上松动石块应边挖边清除。

8. 岩溶地区施工，应认真处理岩溶水的涌出，以免导致突发性的塌陷。泥沼地段施工，应有必要的防范措施，避免人、机下陷。挖出的废土应堆置在合适的地方，以防汛期造成人为的泥石流。

9. 采用人工挑、抬、运土，应检查箩筐、土箕、抬扛、扁担、绳索等的牢固程度。

10. 会车时应轻车让重车。通过窄路、十字路口、交通繁忙地段及转弯时，应注意来往行人及车辆。重车运行，前后两车间距必须大于5m；下坡时，间距不小于10m，并严禁车上乘人。车道应有专人维修，悬崖陡壁处应设防护栏杆。

11. 轨道翻斗车运土时，轨道应铺设平顺，防止死弯，坡度不应大于3‰。双线的净间距不得小于1m，平交道两侧的轨道应设长度不小于20m的直线，卸车地段应有10~15m的反坡，并在尽头设车挡。

操作时必须遵守下列规定：

（1）斗车及制动装置必须完好，装车前应先插牢锁销；装车不得超载、偏载；

（2）车辆宜在平道上装土，如在坡道上装土时，必须在下坡方向车轮下加楔，以防车辆滑溜；

（3）推车人员必须掌好车闸，车速不宜过快，前方有人时应鸣号示意避让；多车同行时，前后间距不得小于20m；

（4）卸土时，在下方的作业人员应避开，并应防止车辆倾覆，严禁在行走中卸土，卸土后应将锁销插好；

（5）数车同时卸土，应设专人指挥，两车间距不得小于2m，其间严禁站人。

12. 电动蛙式打夯机的电源线必须完好无损，并应安装漏电保护器。操作时应戴绝缘手套，一人操作、一人扶持电缆进行辅助。辅助与操作人员必须紧密配合，严禁在夯机前方隔机扔电缆和背线拖拉前进。电缆线不应扭结和缠绕，不得夯及电源线，也不得在斜坡上夯打。停用或搬运打夯机时应切断电源。

13. 大型机械进场前，应查清所通过道路、桥梁的净宽和承载力是否足够，否则应先予拓宽和加固。

14. 施工单位应为进场机械提供临时机棚或停机场地。机械在停机棚内启动时，必须保持通风；棚内严禁烟火，机械人员必须掌握所备灭火器材的使用方法。

15. 在电杆附近挖土时，对于不能取消的拉线地垄及杆身，应留出土台。电杆为 1～1.5m，拉线 1.5～2.5m，并视土质决定边坡坡度。土台周围应插标杆示警。

16. 机械在危险地段作业时，必须设明显的安全警告标志，并应设专人站在操作人员能看清的地方指挥。驾机人员只能接受指挥人员发出的规定信号。

17. 机械在边坡、边沟作业时，应与边缘保持必要的安全距离，使轮胎（履带）压在坚实的地面上。

18. 配合机械作业的清底、平地、修坡等辅助工作应与机械作业交替进行。机上、机下人员必须密切配合，协同作业。当必须在机械作业范围内同时进行辅助工作时，应停止机械运转后，辅助人员方可进入。

19. 施工中遇有土体不稳、发生坍塌、水位暴涨、山洪暴发或在爆破警戒区内听到爆破信号时，应立即停工，人机撤至安全地点。当工作场地发生交通堵塞，地面出现陷车（机），机械运行道路发生打滑，防护设施毁坏失效，或工作面不足以保证安全作业时，亦应暂停施工，待恢复正常后方可继续施工。

四、实训

1. 坍塌事故

（1）事故经过：2005年3月22日10时12分，由石家庄市环路市政建设工程有限公司施工石家庄市天元工程建设监理有限责任公司监理的天然气利用工程长兴街次高压天然气管道工程。刘某、李某等4人人工挖掘顶管管沟时，管槽侧壁坍塌，将刘某、李某二人埋住，经现场人员抢救，30分钟后将二人挖出，送往医院，经抢救无效死亡。该工程建设单位为石家庄新奥燃气有限公司。

（2）事故原因初步分析：① 作业人员未严格按施工方案施工，开挖管沟时未放坡，且挖出的余土堆在沟旁,危机是清理,造成沟槽侧壁坍塌。② 企业各级责任制落实不到位,工人安全意识淡薄,自我保护能力差。

2. 高边坡施工塌方事故

(1) 事故经过:××路桥公司负责施工的××高速公路×合同段左侧上边坡发生坍塌,将8名正在施工的民工埋入土体中,造成7人死亡、1人受伤的重大事故。

(2) 事故原因:

① 直接原因:黄土含水量增大,边坡失稳,造成坍塌;

② 未及时进行临时支挡;

③ 缺乏完整的安全管理体系,雨季未进行监测;

④ 违规作业,管理、监督机构未到场。

3. 某公路路基坍塌事故

(1) 工程背景及事故经过

×高速公路分4个阶段施工,其中软基段长达14km,该段软基处理采用清除鱼塘淤泥及田地杂物,回填河砂至地表,再铺设60cm厚的砂砾垫层,打塑料板间距1.2m,长度为11m,其上铺两层土工布,土工布之间是50cm砂,第二层土工布上仍是填砂。

施工单位自×年3月底开始施工到×年10月底填砂已达到设计标高。路基填筑高度为4m左右,后因邻近的季华路立交桥标高提高,线路纵坡重新调整,12月底,路基填筑高度增加2.32~2.85m,施工单位接到变更设计图纸后继续施工,到×年12月底,路基填筑高度高达5.8m。次年元旦,该段路基产生了滑坍,路基平均下沉2m,工人L、H正在此段路基填筑土,L及时跳离逃生,H则随路基滑下,后被救起,经医院抢救1h后死亡。

(2) 事故原因分析

技术方面:

① 该段路基由于变更设计,路基标高平均提高2.5cm左右,使填土高达7m多,设计单位对此段路基,仍按打塑料板加铺土工布的排水固结方法处理,而未增设反压护道,这在设计上是不安全的。

② 施工单位在施工中,未能严格按照××高速公路技术规范关于软基段路基填筑时,路基竖向沉降每日不能超过1.5cm,坡角水平位移每日不能超过0.5cm的要求控制填土速率和进行沉降监测。

管理方面:

① 设计单位对设计方案考虑欠周全;

② 施工方案未经严格审核,更没有按规范编制专项的工程安全施工组织设计;

③ 缺乏专门的管理人员进行现场指挥和监管。

任务三 爆破施工安全技术

一、石方爆破要求和注意事项

1. 石方爆破作业,以及爆破器材的管理、加工、运输检验和销毁等工作均应按国家现行的《爆破安全规程》(GB 6722—2003)执行。

2. 锻制钢钎时,锻工应按规定穿戴防护用品,煊钎和淬火支架必须牢固。截断钎子时,开锤及停锤用力应轻。热钎和冷钎应分开放置并以标志识别。

3. 选择炮位时，炮眼口应避开正对的电线、路口和构造物。

4. 凿打炮眼时，坡面上的浮岩危石应予以清理。凿眼所用工具和机械要详加检查，确认完好。严禁在残眼上打孔。

5. 用人力冲击法打松软岩眼时，应清理现场的障碍物。双人、多人冲钎时动作应协调一致。

6. 人工打眼时，使锤人应站立在掌钎人侧面，严禁对面使锤。

7. 机械扩眼，宜采用湿式凿岩或带有捕尘器的凿眼机。凿岩机支架要支稳，严禁用胸部和肩头紧顶把手。风动凿岩机的管道要顺直，接头要紧密，气压不应过高。电动凿岩机的电缆线宜悬空挂设，工作时应注意观察电流值是否正常。空压机必须在无荷载状态下起动。开启送气阀前，应将输气管道联接好，不得扭曲。在征得凿眼机操作人员同意后方可送气，出气口前方不得有人工作或站立。储气瓶内压力不得超过规定值，安全阀应灵敏有效。运转中应注意检查是否有异常情况，不得擅离岗位。

8. 爆破器材应严格管理，必须实施实销实报，剩余的爆破材料必须当日退库，严禁私自收藏，乱丢乱放。更不得用爆炸物品炸鱼、炸兽。发现爆破器材丢失、被盗要立即报告，等待处理。

9. 作业人员在保管、加工、运输爆破器材过程中，严禁穿着化纤衣服。

10. 爆破器材应按规定要求进行检验，对失效及不符合技术条件要求的不得使用。

11. 爆破器材应由专人领取，炸药与雷管严禁由一人同时搬运。电雷管严禁与带电物品一起携带运送。爆破器材运送，应避开人员密集地段，并直接送往工地，中途不得停留，并不得随地存放或带入宿舍。

12. 制作起爆药包（柱），应在专设的加工房或爆破现场的专用棚内进行。棚内不准有电气、金属设备，无关人员不得入内。导火索要用刀切齐，轻轻插入雷管，不得猛插、旋转或摩擦。管口要用安全铰钳夹紧，严禁用牙咬。纸壳雷管应用胶布包扎严密。药卷应用和雷管同样直径的竹、木锥子扎一个深为 1.5 倍雷管长度的小孔，然后放入接好引线的雷管，封闭扎口。雷管不得露在药柱外面。加工的起爆药包（柱），不应超过当班爆破作业的需要量。

13. 扩药壶时，孔口的碎石、杂物必须清除干净。装药量应随扩壶次数、扩壶的大小和石质而定，不得盲目加大药量。扩药壶时，起焊药柱送下孔底后，不得使用炮棍在炮眼内捣插。导火索点燃后，人应迅速远离。严禁采用先点燃导火索再将药柱抛入孔底的危险操作方法。需要多次扩壶时，每次爆破后 15min（硝化纤维炸药应经过 30min），等孔壁岩石冷却后，方可再次装药扩壶。

14. 超过 5m 的深孔不得使用导火索起爆。

15. 装炮工作必须遵守下列规定：

（1）装药前应对炮眼进行验收和清理；对刚打成的炮眼应待其冷却后装药，湿炮眼应擦干后才能装药。

（2）严禁烟火和明火照明；无关人员应撤离现场。

（3）应用木质炮棍装药，严禁使用金属器皿装药，深孔装药出现堵塞时，在未装入雷管、起爆药柱前，可采用铜和木制长杆处理。

（4）装好的爆药包（柱）和硝化纤维类炸药，严禁投扔或冲击。

（5）不得采用无填塞爆破（扩壶除外），也不得使用石块和易燃材料填塞炮孔；不得捣固直接接触药包的填塞材料或用填塞材料冲击起爆药包。也不得在深孔装入起爆药包后直接用木楔填塞；填塞炮眼时不得破坏起爆线路。

16. 已装药的炮孔必须当班爆破，装填的炮孔数量应以一次爆破的作业量为限。

17. 爆破工作必须由专人指挥。确定危防区边界应有明显的标志，警戒区四周必须派设警戒人员。警戒区内的人、畜必须撤离，施工机具应妥善安置。预告、起爆、解除警戒等信号应有明确的规定。

18. 爆破时，个别飞散物对人员的安全距离不得小于表3－1的规定。

表3－1　个别飞散物对人员的安全距离表

爆破类型及方法	个别飞散物对人员的安全距离（m）
1. 破碎大块岩矿	
裸露药包爆破法	400
浅眼爆破法	300
2. 浅眼爆破法	200（复杂地质条件下未修成台阶工作面时不小于300）
3. 浅眼药壶爆破法	300
4. 蛇穴爆破	300
5. 深孔爆破	按设计，但不小于200
6. 深孔药壶爆破	按设计，但不小于300
7. 浅眼眼底扩壶	50
8. 深孔孔底扩壶	50
9. 峒室爆破	300

19. 导火索起爆应采用一次点火法点火，其长度应保证点完导火索后人员能搬至安全地点，但不得短于1.2m，不得在同次爆破中使用不同燃速的导火索。

露天爆破，一人连续点火的导火索报数不得超过10根，严禁使用明火点燃，严禁脚踩和挤压已点燃的导火索。多人同时点炮时，每人点炮数应大致相等。必须先点燃信号管，信号管响后无论导火索点完与否，人员必须立即撤离。

信号管的长度不得超过该次被点导火索中最短导火索长度的1/3。

20. 爆破时，应点清爆炸数与装炮数量是否相符。确认炮响完，并过5min后，方准爆破人员进入爆破作业点。如图3－1所示。

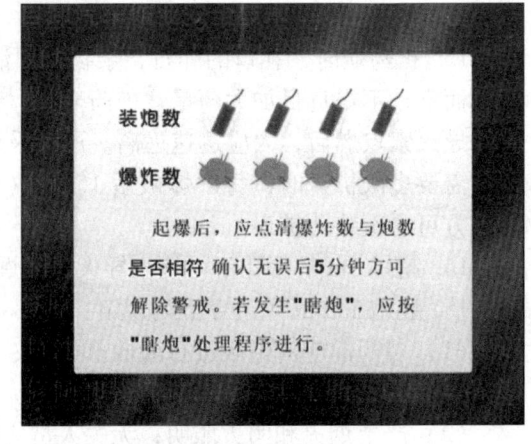

21. 电力起爆必须遵守下列规定：

（1）在同一爆破网路上必须使用同厂、同型号的电雷管，其电阻值不超过规定值（应控制在±0.2Ω以内）。

（2）爆破网路土线应绝缘良好，并设中间开关，与其他电源线路应分开敷设。

(3) 必须严格检查主线、区域线、端线、电源开关和插座等的断通与绝缘情况,在联入网络前各自的两端应短路。

(4) 爆破网路的联接必须在全部炮孔装填完毕,无关人员全部撤至安全地点后进行;联接应由工作面向起爆站依次进行,两线的接点应错开 10cm,接点必须牢固,绝缘良好。

(5) 用动力或照明电源起爆时,起爆开关必须放在上锁的专用起爆箱内,起爆开关箱和起爆器的钥匙在整个爆破作业时间里,必须由爆破工作的负责人严加保管,不得交给他人。

(6) 装好炸药包后,必须撤除工作面的一切电源;雷雨季节应采用非电起爆法。

22. 裸露爆破必须保证先爆的药包不致破坏其他药包,否则应用齐发起爆。严禁用石块覆盖裸露药包,不应将炸药包插入石缝中进行爆破,特殊情况使用时,必须采用可靠的安全措施。

23. 各种类型的"盲炮"处理应按国家现行的《爆破安全规程》(GB 6722—2003)有关规定办理。

24. 大型爆破必须按审批的爆破设计书,在征得当地县(市)以上公安部门同意后,由成立的现场指挥机构组织人员实施。大型爆破的安全距离,除考虑个别飞散物的因素外,还应考虑因爆破引起地震及冲击波对人员、设施及建筑物的影响,按规定经计算后确定安全距离。

25. 石方地段爆破后,必须确认已经解除警戒,作业面上的悬岩危石也经检查处理后,清理石方人员方准进入现场。

26. 动岩石必须由上而下逐层撬(打)落,严禁上下双重作业,不得将下面撬空使其上部自然坍落。撬棍的高度不宜超过人的肩膀,不得将棍端紧抵腹部,也不得把撬棍放在肩上施力。

27. 抬运石块的铁链或绳索应理顺并拴牢,抬运时应同起同落、步调一致。

任务四 基层施工安全技术

一、基层

基层材料必须具有足够的强度、水稳定性、扩散荷载的性能,按照现行规范基层可分为无机结构料稳定类和粒料类。无机结合料稳定类包括:水泥稳定土、石灰稳定土、石灰工业废渣稳定土以及综合稳定土,粒料类分级配型和嵌锁型、改配型有级配碎石(砾石)、嵌锁型有填隙碎石等。

二、基本要求

1. 消解石灰,不得在浸水的同时边投料、边翻拌,人员应远避,以防烫伤。

2. 装卸、晒铺及翻动粉状材料时,操作人员应站在上风侧,轻拌轻翻减少粉尘。散装粉状材料宜使用粉料运输车运输,否则车厢上应采用蓬布遮盖。装卸尽量避免在大风天气下进行。

3. 碎石机作业

(1) 进料要均匀,不得过大,严防金属块等混入。出料口上方应有挡板。

(2) 不得从上方向碎石机口内窥视。

（3）若石料卡住进口，应用铁钩翻动，严禁用手搬动。

4. 稳定土拌和机作业

（1）应根据不同的拌和材料，选用合适的拌合齿。

（2）拌和作业时，应先将转子提起离开地面空转，然后再慢慢下降至拌和深度。

（3）在拌和过程中，不能急转弯或原地转向，严禁使用倒挡进行拌和作业。遇到底层有障碍物时，应及时提起转子，进行检查处理。

（4）拌和机在行走和作业过程中，必须采用低速，保持均速。液压油的温度不得超过规定。

（5）停车时应拉上制动，将转子置于地面。

5. 场拌稳定土机械作业

（1）皮带运输机应尽量降低供料高度，以减轻物料冲击。在停机前必须将料卸尽。

（2）拌和机仓壁振动器在作业中铁芯和衔铁不得碰撞，如发生碰撞应立即调整振动体的振幅和工作间隙。仓内不出料时，严禁使用振动器。

（3）拌和结束后给料斗、储料仓中不得有存料。

（4）搅拌壁及叶浆的紧固状况应经常检查，如有松动应立即拧紧。

6. 碎石撒布机作业

（1）自卸汽车与撒布机联合作业，应紧密配合，以防碰撞。

（2）撒布碎石，车速要稳定，不应在撒布过程中换挡。严禁撒布机长途自行转移。

（3）在工地作短距离转移，必须停止拨料辊及皮带运输机的传动，并注意道路状况以防碰坏机件。

（4）作业时无关人员不得进入现场，以防碎石伤人。

（5）石料的最大粒径不得超过说明书中的规定。

7. 洒水车作业

（1）洒水车在公路上抽水时，不得妨碍交通。

（2）在有水草和杂物的水道中抽水，吸水管端应加设过滤网罩。

（3）洒水车在上下坡及弯道运行中，不得高速行驶，并避免紧急制动。

（4）洒水车驾驶室外不得载人。

任务五　水泥混凝土路面施工安全技术

水泥混凝土路面是一种高级路面，是以水泥、碎石、砂、水，按一定比例，经拌合、摊铺、振捣、成型和养护的路面，也称刚性路面，具有强度高、耐久性能好等特点，所以应用广泛，用于城市道路、机场、码头等。

1. 混凝土拌和及运送

（1）水泥混凝土的拌和，应按有关规定办理：

① 人工手推车上料时，手推车不得松手撒把。运输斜道上，应设有防滑设施；

② 机械上料时，在铲斗（或拉铲）移动范围内不得站人。铲斗下方严禁有人停留和通过；

③ 向搅拌机内倾倒水泥，宜采用封闭式加料斗。为减少进出料口的粉尘飞扬应加设防护板；

④ 作业结束时，应将料斗放下，落入斗坑或平台上。

（2）手推车或小型翻斗车装运混凝土，车辆之间应保持一定的安全距离。

（3）水泥混凝土运辅车运送混凝土拌和物时，应遵守下列规定：

① 液压泵、液压马达、阀件应紧固，并与管道连接牢固，密封良好。各泵旋转时应无卡阻和异常声响；

② 当传动系统出现故障，液压油输出中断而导致滚筒停转，并一时无法修复时，要利用紧急排出系统快速排出混凝土拌和物；

③ 严禁用手触摸旋转中的搅拌筒和随动轮。

（4）自卸汽车运送混凝土拌和物，不得超载和超速行驶。车停稳后方准顶升车厢卸料。车厢尚未放下时，操作人员不得上车清除残料。

2. 人工摊铺

（1）装卸钢模时，必须逐片轻抬轻放，不得随意抛掷。

（2）使用振动器时，应遵守下列规定：

① 操作人员要配戴安全防护用品。配电盘（箱）的接线宜使用电缆线；

② 在大体积混凝土中作业时，电源总开关应放置在干燥处；多台振捣器同时作业，应设集中开关箱，并由专人负责看管；

③ 风动振捣器的连接软管不得有破损或漏气，使用时要逐渐开大通气阀门；

（3）使用木模时，拆下的木模应及时起钉，堆放整齐。

3. 机械摊铺

轨模式水泥混凝土摊铺机摊铺时，应遵守下列规定：

① 布料机与振平机之间应保持 5~8m 的安全距离。

② 布料机传动钢丝的松紧要适度。不得将刮板置于运行方向垂直的位置，也不得借助整机的惯性冲击料堆；

③ 作业中严禁驾驶员擅自离开驾驶台。无关人员不得在驾驶台上停留或上下摊铺机。在弯道上作业时，要注意防止摊铺机脱轨。

④ 滑模式水泥混凝土摊铺机摊铺时，应遵守下列规定：

a. 停机处应平坦、坚实，并用支垫牢固的木块垫起机体。履带垫离地面后方可进行调整、安装工作；

b. 调整机器高度时，工作踏板及扶梯等处不得站人。作业期间严禁碰撞引导线；

c. 摊铺机应避免紧急转向，防止与预置钢筋、路机缘石等碰撞；

d. 摊铺机不得牵引其他机械。其他机械牵引摊铺机时应用刚性拖杆；

e. 摊铺机停放在通车道路上时，周围必须设置明显的安全标志。夜间应以红灯示警，其能见度不得小于 150m。

f. 真空吸水作业时，严禁操作人员在吸垫上行走或将物件置压在吸垫上。

g. 使用水泥混凝土抹平机时，应确保抹平机的叶片光洁平整，并处于同一水平面，其联接螺栓应紧固不松动，并在无负荷状态下起动。电缆要由专人收放，确保不打结，不砸压，如发现有异常现象应立即停机检查。

4. 切缝、养生

（1）切缝机锯缝时，刀片夹板的螺母应紧固，各联接部位和安全防护罩应完好正常。

切缝前应先打开冷却水,冷却水中断时应停止切缝。切缝时刀片要缓缓切入,并注意割切深度指示器,当遇有较大切割阻力时,应立即升起刀片检查。停止切缝时应先将刀片提离板面后才可停止运转。

(2) 薄膜养护的溶剂,一般具有毒性和易燃等特性,应做好储运装卸的安全工作。喷洒时应站在上风,穿戴安全防护用品。

5. 机械碾压

压路机作业:

① 严禁在压路机没有熄火、下无支垫三角木的情况下,进行机下检修。

② 压路机应停放在平坦、坚实并对交通及施工作业无妨碍的地方。停放在坡道上时,前后轮应置垫三角木。

③ 压路机前后轮的刮板,应保持平整良好。碾轮刷油或洒水的人员应与司机密切配合,必须跟在碾轮行走的后方,要注意压路机转向。

6. 旧路面凿除

(1) 旧路面凿除宜分小段进行,以免妨碍交通。

(2) 用镐开挖旧路面时,应并排前进,左右间距应不少于2m,不得面对面使镐。

(3) 大锤砸碎旧路面时,周围不得有人站立或通行。锤击钢钎,使锤人应站在扶钎人的侧面,使锤者不得戴手套,锤柄端头应有防滑措施。

(4) 风动工具凿除旧路面,应遵守下列规定:

① 各部管道接头必须紧固,不漏气。胶皮管不得缠绕打结,并不得用折弯风管的办法作断气之用,也不得将风管置于胯下;

② 风管通过过道,须挖沟将风管下埋;

③ 风管联接风包后要试送气,检查风管内有无杂物堵塞。送气时,要缓慢旋开阀门,不得猛开;

④ 风镐操作人员应与空压机司机紧密配合,及时送气或闭气;

⑤ 钎子插入风动工具后不得空打。

(5) 利用机械破碎旧路面时,应由专人统一指挥,操作范围内不得有人,铲刀切入地面不宜过深,推刀速度应缓慢。

任务六 沥青混凝土路面施工安全技术

一、沥青路面

路面是由各种不同的材料,按一定的厚度与宽度分层铺筑在路基顶面上的层状构造物。沥青路面指的是用沥青做结合料铺筑面层的路面系统,是在柔性基础、半刚性基础上,铺筑一定厚度的沥青混合料面层的路面结构,沥青路面分为沥青混合料、乳化沥青碎石、沥青贯入式、沥青表面处置等4种类型,由于沥青具有很强的黏结性,所以施工过程特别要注意安全。

二、基本要求

1. 沥青操作人员均应进行体检。凡患有结膜炎、皮肤病及对沥青过敏反应者,不宜从事沥青作业。

2. 从事沥青作业人员，皮肤外露部分均须涂抹防护药膏。工地上应配有医务人员。
3. 沥青操作工的工作服及防护用品，应集中存放，严禁穿戴回家和进入集体宿舍。
4. 沥青的加热及混合料拌制，宜设在人员较少、场地空旷的地段。产量较大的拌和设备，有条件的应增设防尘设施。
5. 块状沥青搬运一般宜在夜间和阴天进行，尤应避免炎热季节。搬运时宜采用小型机械装卸，不宜用手直接装运。
6. 液态沥青宜采用液态沥青车运送，使用时应遵守下列规定：
（1）用泵抽送热沥青进出油罐时，工作人员应避让；
（2）向储油罐注入沥青时，当浮标指标达到允许最大容量时，要及时停止注入；
（3）满载运行时，遇有弯道、下坡时要提前减速，避免紧急制动。油罐装载不满时要始终保持中速行驶。
7. 采用吊车吊装桶装沥青时，应遵守下列规定：
（1）吊装作业应由专人指挥．沥青桶的吊索应绑扎牢固；
（2）吊起的沥青桶不得从运输车辆的驾驶室上空越过，并应稍高于车厢板，以防碰撞；
（3）吊臂旋转半径范围内不得站人；
（4）沥青桶未稳妥落地前，严禁卸、取吊绳。
8. 人工装卸桶装沥青时，应遵守下列规定：
（1）运输车辆应停放在平坡地段，并拉上手闸；
（2）跳板应有足够的强度，坡度不应过陡；
（3）沥青桶不得漏油，否则应先堵漏，后搬运；
（4）放倒的沥青桶经跳板向上（下）挪动装（卸）车时，要在露出跳板两侧的铁桶上各套一根绳索，收放绳索时要缓慢，并应两端同步上下。
9. 人工运送液态沥青，装油量不得超过容器的2/3。
10. 沥青的预热与熬制应采用蒸汽、导热油、太阳能及远红外等加工工艺。
11. 蒸汽加温沥青时，其蒸汽管道应连接牢固，严加保护，在人员易触及的部位，必须用保温材料包扎。
12. 太阳能电池上面的工作梯必须具有防滑措施，严禁非作业人员攀登。
13. 远红外加热沥青，应遵守下列规定：
（1）使用前应检查机电设备和短路过载保安装置是否良好，电气设备有无接地，确认符合要求后方可合闸作业；
（2）沥青油泵应进行预热，当用手能转动联轴器时，方可启动油泵送油。输油完毕后将电机反转，使管道中余油流回锅内，并立即用柴油清洗沥青泵及管道。清洗时必须关闭有关阀门，严防柴油流入油锅。
14. 导热油加热沥青，应遵守下列规定：
（1）加热炉使用前必须进行耐压试验，水压力应不低于额定工作压力的两倍；
（2）对加热炉及设备应作全面检查，各种仪表应齐全完好。泵、阀门、循环系统和安全附件应符合技术要求，超压、超温报警系统应灵敏可靠；
（3）必须经常检查循环系统有无渗漏、振动和异声，定期检查膨胀箱的液面是否超过规定，自控系统的灵敏性和可靠性是否符合要求，并应定期清除炉管及除尘器内的积灰；

(4) 导热油的管道应有防护设施。

15. 明火熬制沥青

(1) 锅灶设置

① 支搭的沥青锅灶,应距建筑物至少 30m,距电线垂直距离在 10m 以上,周围不得有易燃易爆物品,并应备用锅盖、灭火器等防火用具;

② 沥青锅上应搭设的防雨棚,严禁使用易燃材料;

③ 沥青锅的前沿(有人操作的一面)应高出后沿 10cm 以上,后延高出地面 0.8~1.0cm。

④ 舀、盛热沥青的勺、桶、壶等不得锡焊。

(2) 沥青预热

① 打开沥青桶的大小盖。当只有一个桶盖时,应在其相对方向另开一孔,以便通气卸油。桶内如有积水必须先干排除;

② 操作人员应注意沥青突然喷出,如发现沥青从桶的砂眼中喷出,应在桶外的侧面,应以湿泥涂封,不得用手直接涂封;

③ 烤青中如发现沥青桶堵塞时,操作人员应站在侧面用热铁棍疏通;

④ 烤青时必须用微火,不能用大火猛烤;

⑤ 卧桶烤油的油槽应搭设牢固。流向储油锅的通道要畅通。

(3) 沥青熬制

① 熬油锅内不得有水和杂物,沥青投入量不得超过油锅容积的 2/3,块状沥青应改小并装在铁勺、瓢内下锅,不得直接向锅内抛掷,严禁烈火加热空锅时加入沥青;

② 预热后的沥青宜用溜槽流下油锅,如用油桶直接倒入油锅时,桶口应尽量放低,防止被热沥青溅伤;

③ 在熬制沥青时,如发现油锅漏油,必须立即熄灭炉火;

④ 舀沥青时应用长柄勺,并要经常检查其联接是否牢固;

⑤ 油料脱水应缓慢加热,经常搅动,严禁猛火导致沥青溢锅;如发现有漫油迹象时,应立即熄灭炉火;

⑥ 熬青工应随时掌握油温变化情况,当白色烟转为红、黄色烟时,应立即熄火炉火;

⑦ 熬油现场临时堆放的沥青及燃料不应过多,堆放位置距沥青锅炉应在 5m 以外。

⑧ 洒布车(机)工作地段应有专人警戒。施工现场的障碍物应清除干净,晒油时作业范围内不得有人。施工现场严禁使用明火。

16. 沥青洒布车作业

(1) 检查机械、洒布装置及防护、防火设备是否齐全有效。

(2) 采用固定式喷灯向沥青箱的火管加热时,应先打开沥青箱上的烟囱口,并在液态沥青淹没火管后,方可点燃喷灯。加热喷灯的火焰过人或扩散蔓延时应立即关闭喷灯,待多余的燃油烧尽后再行使用。喷灯使用前,应先封闭吸油管及进料口,手提喷灯点燃后不得接近易燃品。

(3) 满载沥青的洒布车应中速行驶。遇有弯遭、下坡时应提前减速,尽量避免紧急制动。行驶时严禁使用加热系统。

(4) 驾驶员与机上操作人员应密切配合,操作人员应注意自身的安全。作业时在喷洒沥青方向 10m 以内不得有人停留。

17. 沥青洒布机作业

（1）工作前应将洒布机车轮固定，检查高压胶管与喷油管联接是否牢固，油嘴和节门是否畅通，机件有无损坏。检查确认完好后，再将喷油管预热，安装喷头，经过在油箱内试喷后，方可正式喷洒。

（2）装载热沥青的油桶不得漏油，其装油时要低下桶口，向洒布机油箱注油时，油桶要靠稳，往油箱里缓慢向下倒油不得猛倒。

（3）喷洒沥青时，手握的喷油管部分应加缠旧麻袋或石棉绳等隔热材料。操作时，喷头严禁向上。喷头附近不得站人，不得逆风操作。

（4）压油时，速度要均匀，不得突然加快。喷油中断时，应将喷头放在洒布机油箱内，固定好喷管，不得滑动。

（5）移动洒布机，油箱中的沥青不得过满。

（6）喷洒沥青时，如发现喷头堵塞或其他故障，应立即关闭阀门，等修理完好后再行作业。

（7）人工拌和作业时应使用铁布或长柄勺倒油，壶嘴或勺口不应提得过高，防止热油溅起伤人。

18. 沥青混合料拌和设备作业应遵守下列规定：

（1）作业前，热料提升斗，搅拌器及各种称斗内不得有存料；

（2）配有湿式除尘系统的拌和设备其除尘系统的水泵应完好，并保证喷水量稳定且不中断；

（3）卸料斗处于地下底坑时，应防止坑内积水淹没电器元件；

（4）拌合机启动、停机，必须按规定程序进行。点火失效时，应及时关闭喷燃器油门，待充分通风后再行点火。需要调整点火时，必须先切断高压电源；

（5）液化气点火时，必须有减压阀及压力表。燃烧器点燃后，必须关闭总阀门；

（6）连续式拌和设备的燃烧器熄火时应立即停止喷射沥青。当烘干拌和筒着火时，应立即关闭燃烧器鼓风机及排风机，停止供给沥青，再用含水量高的细骨料投入烘干拌和筒，并在外部卸料口用干粉或泡沫灭火器进行灭火。

（7）关机后应清除皮带上，各供料斗及除尘装置内外的残余积物，并清洗沥青管道。

（8）沥青混合料拌和站的各种机电（包括使用微电脑控制进料的）设备，在运转前均需由机工、电工、电脑操作人员进行详细检查，确认正常完好后才能合闸运转。

（9）机组投入正常运转后，各部门、各工种都要随时监视各部位运转情况，不得擅离岗位。

（10）运转过程中，如发现有异常情况，应报告机长，并及时排除故障。停机前应首先停止进料，等各部位（拌鼓、烘干筒等）卸完料后，才可提前停机。再次启动时，不得带负荷启动。

（11）运转中严禁人员靠近各种运转机构。

（12）搅拌机运行中，不得使用工具伸入滚筒内掏挖或清理。需要清理时必须停机。如需人员进入搅拌鼓内工作时，鼓外要有人监护。

（13）料斗升起时，严禁有人在斗下工作或通过。检查料斗时应将保险链挂好。

（14）拌和站机械设备需经常检查的部位应设置铁爬梯。采用皮带机上料时储料仓应加防护。

19. 沥青混合料摊铺机摊铺作业，应遵守下列规定：

（1）驾驶台及作业现场要视野开阔，清除一切有碍工作的障碍物。作业时无关人员不得在驾驶台上逗留。驾驶员不得擅离岗位；

（2）运料车向摊铺机卸料时，应协调动作，同步行进，防止互撞；

（3）换挡必须在摊铺机完全停止时进行，严禁强行挂挡和在坡道上换挡或空挡滑行；

（4）熨平板预热时，应控制热量，防止因局部过热而变形。加热过程中，必须有专人看管；

（5）驾驶力求平稳，不得急剧转向。弯道作业时，熨平装置的端头与路缘石的间距不得小于10cm以免发生碰撞；

（6）用柴油清洗摊铺机时，不得接近明火。

任务七 施工机械设备安全技术

一、挖掘机作业安全技术

1. 工作位置必须选在平坦稳固的场地。工作前履带应制动，轮胎式挖掘机应顶好支腿，车身方向应与挖掘工作面延伸方向一致，操作时进铲不应过深，提斗不得过猛。

2. 发动机起动后，铲斗内、臂杆、履带和机棚上严禁有人。

3. 在高陡的工作面上挖掘含有石块的土方时，应将较大的石块和杂物除掉。如果土体挖成悬空状态而不能自然塌落时，则需用人工处理，严禁用铲斗将悬空土方砸下。

4. 严禁铲斗从运土车的驾驶室顶上越过，给运土车辆装土时，应降低铲斗高度，防止偏载或砸坏车厢，铲斗回转半径区域内，严禁站人。

5. 行驶时，臂杆应与履带平行，要制动住回转机构，铲斗应离地1m左右。行驶坡度不应超过20°。

6. 对吊杆顶端的滑轮和钢丝绳进行保养，检修拆换时，应将铲斗和吊杆放落地面，停车后再进行维修。

二、自卸汽车作业安全技术

1. 做好启动前的一切部件检查，发动机启动后检查起翻装置，确保良好；严禁在驾驶室外进行操作，自卸汽车的箱内严禁载人。

2. 配合挖土机装料时，自卸汽车就位后，拉紧手刹车。如挖斗必须越过驾驶室顶时，驾驶室内不得有人。

3. 当装载高度越过车厢拦板时，应平稳行驶，不得猛力加速，也不得紧急制动。

4. 卸料时，应选好地形，并检查高空和周围有无电线、障碍物以及行人。卸料后，车斗应及时复原，不得边走边落。

5. 向坑洼地卸料时，必须和坑边保持适当的安全距离，防止边坡坍塌。

6. 检修倾卸装置时，应撑牢车厢，以防车箱突然下落伤人。

三、推土机作业安全技术

1. 推土机上下坡时，其坡度不得大于30°，在横坡上作业，其横坡度不得大于10°，下坡时，宜采用后退下行，严禁空挡滑行，必要时可放下刀片作辅助制动。

2. 在陡坡、高坎上作业时，必须有专人指挥，严禁铲刀超过边坡的边缘。送土终了，应先换成倒车挡后再提铲刀倒车。

3. 在垂直边坡的沟槽作业，其沟槽深度，对大型推土机不得超过 2m，对小型推土机不得超过 1.5m。推土机不得推坡壁上高于机身的孤石或大土块。

4. 多机在同一作业面作业时，前后两机相距不应小于 8m，左右相距应大于 1.5m。两台或两台以上推土机并排推土时，两推土机刀片之间应保持 20~30cm 间距。推土机前进必须以相同速度直线行驶；后退时，应分先后，防止互相碰撞。

5. 推土机在摘卸推土刀片时，必须考虑下次挂装的方便。摘刀片时辅助人员应同司机密切配合，抽穿钢丝绳时应带帆布手套，严禁将眼睛挨近绳孔窥视。

6. 用推土机伐除大树或消防残墙断壁时，应提高着力点，防止其上部反向倒下。

7. 推土机发生故障时，不准停在斜坡上进行检修。

8. 工作完毕后，应将车辆刹稳并摘挡熄火，把推土机刀片放至地面。

9. 夜间作业，场地应有足够的照明。

10. 推土时要注意地下的构造物或各种设施，避免造成伤人或破损事故。

11. 用推土机牵引重物，要注意前后照顾，使用钢丝绳牵引重物时，必须有专人指挥，其他人避开后，方可行驶。

12. 串摘链轨板、销子时，必须带防护眼镜。

13. 推土机下严禁坐卧休息。

四、平地机作业安全技术

1. 在公路上行驶时，应遵守道路交通规则，刮刀和松土器应提起刮刀不得伸出机侧，速度不得超过 20km/h，夜间不宜作业。

2. 刮刀的回转与铲土角的调整以及向机外倾斜都必须在停机进行。作业中刮刀升降量差不得过大。

3. 遇到坚硬土质需要齿耙翻松时，应缓慢下齿。不宜使用齿耙翻松坚硬旧路面。

4. 在坡道停放时，应使车头向下坡方向，并将刀片或松土器压入土中。

五、压路机作业安全技术

1. 作业前，检查管路及接头有无裂纹、松动和泄漏，滚轮的刮泥板平整良好，紧固螺栓无松动，方可起动。

2. 开动前，应确认机械周围无障碍和人员。禁止用拖动方法使发动机启动，禁止把压路机横在路上。严禁职工民工在压路机下乘凉、睡觉。

3. 在运行中，不得进行修理或加油，需要在机械底部修理时，应将内燃机熄火，用制动器刹住机械，并用支垫三角木楔住滚轮。

4. 压路机应停放在平坦、坚实并对交通施工无妨碍的地方。不准靠近机身休息乘凉，停放在坡道上，前后轮位置垫三角木。

5. 压路机变换前进或后退方向，必须设置明显的这全标志。夜间应以红灯示警。其能见度不得小于 150m。

6. 压路机靠近中边缘作业时，应根据路堤高度留有必要的安全距离，碾压傍山道路时，必须由里向外侧碾压。上坡时变速应在制动后进行，下坡时严禁脱挡滑行。

7. 两台以上压路机同时作业，其前后间距离不得少于 3m，在坡道上纵队行驶时，其间距不得小于20m。

8. 压路机转移工地距离较远时，应用汽车或平板拖车装运，避免在大块石基础层上作业。

9. 振动压路应遵守下列规定：

（1）起振和停振必须在压路机行走进行，在坚硬路面行走时，严禁振动。

（2）碾压松软路基时，应先在不振动的情况下碾压1~2遍然后再用振动碾压。严禁在尚未起振的情况下，调节振动频率。

（3）换向离合器、起振离合器和制动器的调整，必须在主离合器脱开后进行。不得在急转弯时用快速挡行驶。

六、装载机作业安全技术

1. 作业前，要检查液压系统有无渗漏，液压油箱油量是否充足，轮胎气压应符合规定，制动器和安全阀灵敏可靠。作业区内不得有障碍物及无关人员。

2. 起步前，应先鸣声示意，不得在倾斜度超过规定的场地上作业。收铲斗提升须离地面0.5m左右。作业时，应使用低速挡。用高速挡行驶时，不得进行升降和翻转铲斗动作。严禁铲斗载人。

3. 装载机运送距离不宜过大，行驶道路应平坦。在石方施工场地作业时，轮式装载机应在轮胎上加装保护链条或钢质链板直边轮胎。

4. 在松散不平的场地作业，应把铲臂放在浮动位置，使铲斗平稳推进，如推进时阻力过大，可稍稍提升铲臂；装料时，铲斗应从正面铲入，防止铲斗单边受力。

5. 装堆积的砂土时，铲斗宜用低速铲入，逐渐提高内燃机转速向前推进。

6. 在给运输车辆装料时应缓慢作业，铲斗前翻和回位时不得碰撞车厢。

7. 铲臂向上或向下动作到最大限度时，应速将操纵杆回到空挡位置，防止液压系统油压过高而引起故障。作业时应注意各仪表和指示信号、内燃机及其他各部的运转情况，发现异常，应立即停车检查，不准带病作业。

8. 作业后，应将铲斗平放在地面上，将操纵杆放在空挡位置，拉紧手制动器。

七、轮式拖拉机作业安全技术

1. 拖拉机和拖斗之间严禁站人。

2. 作业时不得在陡坡上转弯、倒车或停车。通行道路的纵坡不得超过20°，横坡不得超过6°。

3. 作业时严禁向驾驶员传递物品；驾驶室内不得超员坐人。

4. 在斜坡横向卸土时，严禁倒退。坡度较大，车身左右偏斜过甚时，不得卸土。

八、沥青摊铺机安全作业技术

1. 驾驶员的要求

① 摊铺机驾驶员必须经过专门的培训上岗，熟悉机械性能和操作规程，经过考试合格后，方可准予驾驶操作。

② 摊铺机驾驶员必须认真学习和严格执行交通规则，服从交通民警的指挥。不准违章驾驶，不准将机车交给无证人员驾驶，驾驶台上不准超员坐人。

③ 摊铺机驾驶员必须认真执行"六不"出车的规定，即教育不到位不出车、资质不合格不出车、休息不充分不出车、检测不过关不出车、责任不到人不出车、隐患不排除不出

车。在行驶和作业中做到集中思想，注意机车周围情况，防止发生事故。严禁酒后驾驶和作业。

2. 摊铺作业要求

① 摊铺机每班必须进行认真保养，对继续部件进行认真检查，确保机件的紧固和完好。保养摊铺机时，必须使发动机停止转动，禁止用汽油清洗机械，并注意排气管道及电路接头勿靠近油类、易燃物品。

② 进行摊铺作业前应检查各操作部件是否灵活可靠。与沥青砂接触部分涂擦柴油。

③ 行驶前应确认前方无人，并鸣笛示警。

④ 棒式传输带必须在倒料前提前启动，并注意门开启大小程度，冬天作业时应预先加热熨平板。

⑤ 摊铺机作业必须做严格按照设计允许速度进行，不得擅自提高速度。向熨平装置送料时要密切注意后面螺旋传输器中的料量，不得超量输送。

⑥ 摊铺机如需较长距离的移动，必须由平板车托运，并绑扎牢固。

⑦ 进行摊铺作业时，必须在发动机运转正常后方可挂上传动箱带动油泵转动。

⑧ 摊铺机移动时，熨平板必须用钢丝绳吊挂。在行驶过程中，禁止人员上下或攀登。

⑨ 摊铺机停用后，应切断电源，随带钥匙。冬季放掉发动机和水箱内的冷却水，以防冻裂。

⑩ 摊铺机应停放在安全地带，不要停放在路中妨碍交通和坡面上。夜间停放路边应在机旁挂设红灯，醒目警示。

⑪ 使用燃气加热熨平板时，管道应正确连接，无泄漏；使用人工点火的加热装置，应使用专用器具，点火时，人员应保持一定的安全距离，加热时应设专人看护。

⑫ 自卸车向摊铺机料斗卸料时，必须设专人在侧面指挥，料斗与自卸车之间不得有人，作业人员应协调配合，动作一致。

⑬ 清洗摊铺机工作装置必须使用工具，清洗料斗及螺旋器输送器时，必须停机，并严禁烟火。

九、油罐车作业安全技术

1. 行驶前必须检查灯光、仪表、刹车、油罐等各部机件良好后方可行驶。
2. 必须备有消防用具。
3. 不准在易燃易爆和明火处停留。
4. 油罐车上不准载人，不准有漏油现象，不准靠近油罐车吸烟。
5. 行驶过铁路道口时，应一停二看三通过。满载时要做到平稳行驶。
6. 停车后要及时放油。
7. 不准酒后驾车，不准超速行驶。

十、水车作业安全技术

1. 行驶前必须检查灯光、仪表、刹车、转向等各部机件良好后方可行驶。
2. 必须备有消防用具。
3. 水罐车上不准载人，水罐水门不准漏水，水装满后应加盖，并做到平稳行驶。
4. 行驶过铁路道口时，应一停二看三通过。
5. 停车后要及时放水。

6. 不准酒后驾车，不准超速行驶。

十一、平板拖车作业安全技术

1. 出车前要将刹车气管接头、电线插头插接好。钢板支架，拖挂装置，安全防护网要符合要求。

2. 装载大型物件时，要先察看路线，制定运输方案。

3. 大型预制构件平板拖车运输，时速宜控制在5km/h以内。简支梁的运输，除在横向加斜撑防倾覆外，平板车上的搁置点必须设有转盘。

4. 运输超高、超宽、超长构件时，必须向有关部门申报，经批准后，在指定路线上行驶。牵引车上应悬挂安全标志，超高的部件应有专人照看，并配备适当工具，保证在有障碍物情况下安全通过。

5. 平板拖车运输构件时，除一名驾驶员外，还应指派一名助手协助瞭望，平板拖车上不得坐人。

6. 重车下坡应缓慢行驶，并应避免紧急刹车。驶至转弯或险要地段时，应降低车速，同时注意两侧行人障碍物。

7. 装卸车时要停放在坚实平坦，周围无障碍物的地方，拖车应制动，车轮应揳牢固。

8. 搭设跳板与地面的夹角一般不大于15°。

9. 在雨、雪、雾天通过陡坡时，必须提前采取安全措施，确保行车安全。

10. 穿越各种道口时要注意瞭望，过铁道口时要一停二看三通过。

十二、实训

2006年"6.18"搅拌机致人死亡事故（图3-2）

2006年6月18日，某公司桥梁工地，电焊工黄某在没有关闭配电盘空气开关、没有挂"有人作业、禁止合闸"警示牌的情况下，进入搅拌机内进行电焊作业，工地聘用的维修工韩某误认为搅拌机已修好，在没有检查是否有人在维修搅拌机的情况下，就启动了搅拌机上的开关，这时听到有人呼喊："搅拌机内有人"！韩某急忙关掉开关，这时黄某已被绞在搅拌筒内，胸部严重受挤压伤，多处肋骨骨折，急性呼吸循环衰竭，在送往医院途中死亡。

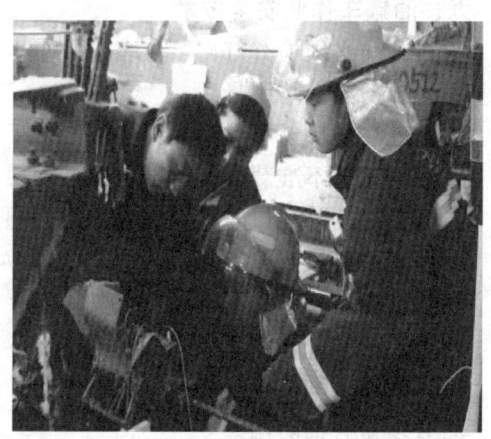

(a)　　　　　　　　　　　(b)

图3-2　搅拌机致人死亡事故

小 结

本章节按照道路施工顺序，分别讲解了施工准备阶段施工安全技术、路基工程施工安全技术、爆破施工安全技术、基层施工安全技术、水泥混凝土路面施工安全技术和沥青混凝土路面施工安全技术，并讲解了道路施工中主要施工机械设备安全技术。

单元四　桥梁施工安全技术

教学目标

1. 掌握桥梁施工安全一般规定。
2. 掌握桥梁施工准备及临时工程施工安全技术。
3. 掌握混凝土预制场安全技术。
4. 掌握预制构件运输安全技术。
5. 掌握桥梁基础施工安全技术。
6. 掌握桥梁墩台施工安全技术。
7. 掌握桥梁上部工程施工安全技术。
8. 了解桥梁施工机械设备安全技术。

任务一　一 般 规 定

1. 高桥、大跨、深水、结构复杂的大型桥梁施工，应对施工安全做专项调查研究，并制定相应的安全技术措施。单项工程（包括辅助结构、临时工程）开工前，应制定的安全操作细则，向施工人员进行安全技术交底。

2. 桥涵施工前，应对施工现场、机具设备及安全防护设施等，进行全面检查，确认符合安全要求后方可施工。

3. 手持式电动工具，应按国标《手持式电动工具的管理、使用、检查和维修安全技术规程》（GB/T 3783—2006）的规定，根据手持式电动工具的类别和作业场所的安全要求，加设漏电保护器。

4. 桥涵施工，采用多层作业或桥下通车、行人等立体施工时，应布设安全网。

5. 对于通航江河上的桥涵工程，施工前应与当地港航监督部门联系，制定有关通航、作业安全事宜。

6. 高处露天作业、缆索吊装及大型构件起重吊装时，应根据作业高度和现场风力大小、对作业的影响程度，制定适于施工的风力标准。遇有六级（含六级）以上大风时，上述施工应停止作业。

任务二　施工准备及临时工程施工安全技术

一、施工现场

1. 施工现场应有利于生产，方便职工生活，符合防洪、防火等安全要求，具备文明生产、文明施工的条件。

2. 施工现场的临时设施，必须避开泥沼、悬崖、陡坡、泥石流、雪崩等危险区域，选在水文、地质良好的地段。施工现场内的各种运输道路、生产生活房屋、易燃易爆仓库、材料堆放，以及动力通讯线路和其他临时工程，应按照有关安全的规定制定出合理的平面布置图。

3. 施工现场的生活生产房屋、变电所、发电机房、临时油库等均应设在干燥地基上，并应符合防火、防洪、防风、防爆、防震的要求。

4. 施工现场应设置安全标志，并不得擅自拆除。

5. 施工现场内的沟、坑、水塘等边缘应设安全护栏。场地狭小，行人和运输繁忙的路段应设专人指挥交通。

6. 生产生活房屋应按防火规定保持必须的安全净距，一般情况下活动板房不小于7m，铁皮板房不小于5m，临时的锅炉房、发电机房、变电室、铁工房、厨房等与其他房屋的间距不小于15m。

7. 易燃易爆品仓库、发电机房、变电所，应采取必要的安全防护措施，严禁用易燃材料修建。炸药库的设置应符合国家有关规定。工地的小型临时油库应远离生活区50m以外，并外设围栏。

8. 工地上较高的建（构）筑物、临时设施及重要库房，如炸药库、油库、发（变）电房、塔架、龙门吊架等，均应加设避雷装置。

9. 对环境有污染的设施和材料应设置在远离人员居住的较为空旷的地点。污染严重的工程场所应配有防污染的设施。

二、施工测量

1. 密林丛草间进行施工测量时，应遵守护林防火规定，严禁烟火，并需预防有害动、植物伤人。

2. 测量钉桩要注意周围行人的安全，不得对面使锤。钢钎和其他工具不得随意抛掷。

3. 测量人员在高压线附近工作时，必须保持足够的安全距离。遇雷雨时不得在高压线、大树下停留。

4. 在陡坡及危险地段测量时应系安全带，脚穿软底轻便鞋。在桥墩上测量时应有上下桥墩及防止人体坠落的安全措施。

5. 在公路、街道、交通繁忙的道路上测量时，必须有专人警戒，防止交通事故。

6. 水文测量人员应穿救生衣。在陡峻的河岸进行观测时，应有简易便道和防护措施。

在通航河流上，测量船应有信号设备。在江中抛锚时应按港航监督部门的规定设置信号并由专人负责瞭望。夜间进行水文测量时，必须备有足够的照明设备。

7. 冰上测量时应向当地有关部门了解冰封情况，确认无危险后，方可作业。遇有封冰不稳定的河段及春季冰融期间，不得在冰上进行测量。

三、场内交通及水电设施

1. 场内道路应经常维护，保持畅通。载重车辆通过较多的道路，其弯道半径一般不小于15m，特殊情况不得小于10m。手推车道路的宽度不小于1.5m。急弯及陡坡地段应设置明显交通标志。与铁路交叉处应有专人照管，并设信号装置和落杆。

2. 靠近河流和陡壁处的道路，应设置护栏和明显警告标志。

3. 场内行驶斗车、平车的轨道应平坦顺直，纵坡不得大于3%，车辆应装制动闸，铁路终点应设置倒坡和车挡。

4. 生产生活用水应进行鉴定,其水质必须符合国家现行标准。水源应采取保护措施,防止水质污染。

5. 场内架设的电线应绝缘良好,悬挂高度及线间距必须符合电业部门的安全规定。

6. 现场架设的临时线路必须用绝缘物支持,不得将电线缠绕在钢筋、树木或脚手架上。

7. 电工在接近高压线操作时,其安全距离为:10kV 以下不得小于 0.7m,20～35kV 不得小于 1m,44kV 不得小于 1.2m,否则必须停电后方可操作。

8. 各种电器设备应配专用开关,室外使用的开关、插座应外装防水箱并加锁,在操作处加设绝缘垫层。

9. 在三相四线制中性点接地供电系统中,电气设备的金属外壳应做接零保护;在非三相四线制供电系统中,电气设备的金属外壳应做接地保护,其接地电阻不得大于 4Ω;并不得在同一供电系统上有的接地,有的接零。

10. 各种电气设备的检查维修,一般应停电作业;如必须带电作业时,应有可靠的安全措施。

11. 工地安装变压器必须符合电业部门的要求,并设专人管理。施工用电要尽量保持三相平衡。

12. 现场的变(配)电设备处,必须备有灭火器材和高压安全用具。非电工人员严禁接近带电设备。

13. 使用高温灯具,要防止失火,其与易燃物的距离不得小于 1m,一般电灯泡距易燃物品不得小于 50cm。

14. 移动式电气机具设备应用橡胶电缆供电,并经常注意理顺;跨越道路时,应埋入地下或做穿管保护。

15. 遇有雷雨天气不得爬杆带电作业;在室外无特殊防护装置时必须使用绝缘拉杆拉闸。

16. 施工现场的临时照明:

(1) 室内照明线路应用瓷夹固定。

(2) 电线接头应牢固,并用绝缘胶带包扎。

(3 保险丝应按用电负荷量装设。

17. 能产生大量蒸气、气体、粉尘等工作场所,应使用密闭式电气设备。有爆炸危险的工作场所应使用防爆型电气设备。

18. 电气设备的传动带、转轮、飞轮等外露部位必须安设防护罩。

19. 检修电气设备时应按下列要求进行:

(1) 电气设备的检修必须由电工进行,他人不得任意操作;

(2) 工作中如遇停电应拉下开关,切断电源;检修结束必须仔细检查各项设备的情况,没有异常,方可合闸;

(3) 大型电气设备检修应在切断电源、设好防护后进行,并在开关处设置警示标牌,工作完成后方可拆除;如需进行送电试验时,必须在认真检查并与有关部门联系后,方可进行。

20. 大型桥梁施工现场、隧道和预制场地,应有自备电源,以免因电网停电造成工程损失和出现事故。自备电源和电网之间，要有联锁保护。

四、临时码头

1. 临时码头位置应选在河流两岸比较开阔，河床比较稳定，水流顺直，地质较好的河段。两岸引道应保持坚固稳定。

2. 临时码头应按设计施工，并应配备相应的安全防护设施。

3. 渡船、拖轮应配有安全设施，按规定核定其载运量、车数、人数，严禁超载、超高、超宽。遇有上下船舶通过，不得横越抢渡。

4. 码头的附属设备，如跳板、支撑、船环、柱桩等应牢固可靠。

5. 搭设的栈桥必须坚固可靠，两侧人行道、轨道中间应铺满木板。栈桥临水端应设置靠船的靠帮和系缆设施。通过栈桥的电线、电缆要绝缘良好，并固定在栈桥的一侧。

6. 栈桥码头应有抗洪水、流冰及其他漂浮物的能力，工作人员应对各种设施经常维修。

任务三　混凝土预制场安全技术

一、预制场地

1. 施工现场

（1）施工现场应有利于生产，方便职工生活，符合防洪、防火等安全要求，具备文明生产、文明施工的条件。

（2）施工现场的临时设施，必须避开泥沼、悬崖、陡坡、泥石流、雪崩等危险区域，选在水文、地质良好的地段。施工现场内的各种运输道路、生产生活房屋、易燃易爆仓库、材料堆放，以及动力通讯线路和其他临时工程，应按照有关安全的规定制定出合理的平面布置图。

（3）施工现场的生活生产房屋、变电所、发电机房、临时油库等均应设在干燥地基上，并应符合防火、防洪、防风、防爆、防震的要求。

（4）施工现场应设置安全标志，并不得擅自拆除。

（5）施工现场内的沟、坑、水塘等边缘应设安全护栏。场地狭小，行人和运输繁忙的路段应设专人指挥交通。

（6）生产生活房屋应按防火规定保持必须的安全净距，一般情况下活动板房不小于7m，铁皮板房不小于5m，临时的锅炉房、发电机房、变电室、厨房等与其他房屋的间距不小于15m。

（7）易燃易爆品仓库、发电机房、变电所，应采取必要的安全防护措施，严禁用易燃材料修建。炸药库的设置应符合国家有关规定。工地的小型临时油库应远离生活区50m以外，并外设围栏。

（8）工地上较高的建（构）筑物、临时设施及重要库房，如炸药库、油库、发（变）电房、塔架、龙门吊架等，均应加设避雷装置。

（9）对环境有污染的设施和材料应设置在远离人员居住的较为空旷的地点。污染严重的工程场所应配有防污染的设施。

2. 场内交通及水电设施

（1）场内道路应经常维护，保持畅通。载重车辆通过较多的道路，其弯道半径一般不小于15m，特殊情况不得小于10m。手推车道路的宽度不小于1.5m。急弯及陡坡地段应设置明显交通标志。与铁路交叉处应有专人照管，并设信号装置和落杆。

（2）靠近河流和陡壁处的道路，应设置护栏和明显警告标志。

（3）场内行驶斗车、平车的轨道应平坦顺直，纵坡不得大于3％，车辆应装制动闸，铁路终点应设置倒坡和车挡。

（4）生产生活用水应进行鉴定，其水质必须符合国家现行标准。水源应采取保护措施，防止水质污染。

（5）场内架设的电线应绝缘良好，悬挂高度及线间距必须符合电业部门的安全规定。

（6）现场架设的临时线路必须用绝缘物支持，不得将电线缠绕在钢筋、树木或脚手架上。

（7）电工在接近高压线操作时，其安全距离为：10kV以下不得小于0.7m，20～35kV不得小于1m，44kV不得小于1.2m，否则必须停电后方可操作。

（8）各种电器设备应配有专用开关，室外使用的开关、插座应外装防水箱并加锁，在操作处加设绝缘垫层。

（9）在三相四线制中性点接地供电系统中，电气设备的金属外壳应做接零保护；在非三相四线制供电系统中，电气设备的金属外壳应做接地保护，其接地电阻应不大于4Ω，并不得在同一供电系统上有的接地、有的接零。

（10）各种电气设备的检查维修，一般应停电作业；如必须带电作业时，应有可靠的安全措施并派专人监护。

（11）工地安装变压器必须符合电业部门的要求，并设专人管理。施工用电要尽量保持三相平衡。

（12）现场的变（配）电设备处，必须备有灭火器材和高压安全用具。非电工人员严禁接近带电设备。

（13）使用高温灯具，要防止失火，其与易燃物的距离不得小于1m，一般电灯泡距易燃物品不得小于50cm。

（14）移动式电气机具设备应用橡胶电缆供电，并经常注意理顺；跨越道路时，应埋入地下或做穿管保护。

（15）遇有雷雨天气不得爬杆带电作业；在室外无特殊防护装置时必须使用绝缘拉杆拉闸。

（16）施工现场的临时照明。

① 室内照明线路应用瓷夹固定。

② 电线接头应牢固，并用绝缘胶带包扎。

（17）能产生大量蒸气、气体、粉尘等工作场所，应使用密闭式电气设备。有爆炸危险的工作场所应使用防爆型电气设备。

（18）电气设备的传动带、转轮、飞轮等外露部位必须安设防护罩。

（19）检修电气设备时应按下列要求进行：

① 电气设备的检修必须由电工进行，他人不得任意操作；

② 工作中如遇停电应拉下开关，切断电源；检修结束必须仔细检查各项设备的情况，没有异常，方可合闸；

③ 大型电气设备检修应在切断电源、设好防护后进行，并在开关处设置警示标牌，工作完成后方可拆除；如需进行送电试验时，必须在认真检查并与有关部门联系后，方可进行。

（20）大型桥梁施工现场、隧道和预制场地，应有自备电源，以免因电网停电造成工程损失和出现事故。自备电源和电网之间，要有联锁保护。

二、主要机械

1. 搅拌站

（1）搅拌站应按设计要求，安装在具有足够承载力、坚固、稳定的基座上。操作处应设作业平台及防护栏杆。

（2）搅拌站的电气设备和线路，应绝缘良好。机械设备外露的转动部分，应设防护装置。

（3）搅拌站的机械设备安装完毕后，要检查离合器、制动器、升降器是否灵活可靠；轨道滑轮是否良好；钢丝绳有无断裂或损坏等，全部机械经试转达到正常后方可作业。

2. 发电机组

（1）工期较长的大型公路工程，发电机组应设置在安全可靠的机房内，其基础应平整坚实，必要时应设置在混凝土基座上。机房内配备消防设备。

（2）发电机应设接地保护，接地电阻不得大于 4Ω。发电机连接配电盘，及通向所有配电设备的导线，必须绝缘良好，接线牢固。

（3）施工单位的发电机电源应与外电线路电源联锁，严禁并列运行。

（4）发电机附近不得放置易燃、易爆物品。

3. 皮带运输机

（1）移动式皮带运输机运转作业前，应将行走轮用三角木对称搜紧。固定式皮带运输机，应安装在牢固的基础上。

（2）空载启动后，应检查各部位的运转和皮带的松弛度，如无异常，在达到额定转速后，方可均匀装料。

（3）严禁运转中进行修理和调整。作业人员不得从皮带运输机下面穿过或跨越输送带。

（4）输送大块物料时，输送带两侧应加设挡板或栅栏等防护装置。运料中，应及时清除输送带上的粘连物。停机后要切断电源。

三、混凝土拌和及灌注

1. 人工手推车上料时，手推车不得松手撒把。运输斜道上，应设有防滑设施。
2. 机械上料时，在铲斗（或拉铲）移动范围内不得站人。铲斗下方严禁有人停留和通过。
3. 向搅拌机内倾倒水泥，宜采用封闭式加料斗。为减少进出料口的粉尘飞扬应加设防护板。
4. 作业结束时，应将料斗放下，落入斗坑或平台上。
5. 灌筑预制梁混凝土时，应搭设作业平台和斜道，不得在模板上作业。
6. 塔吊、汽车吊或桅杆吊斗灌筑混凝土时，起吊、运送、卸料应由专人指挥。
7. 电动振捣器的使用应符合下列规定：

（1）操作人员要配戴安全防护用品。配电盘（箱）的接线宜使用电缆线。

（2）在大体积混凝土中作业时，电源总开关应放置在干燥处；多台振捣器同时作业，应设集中开关箱，并由专人负责看管。

（3）风动振捣器的连接软管不得有破损或漏气，使用时要逐渐开大通气阀门。

四、泵送混凝土

1. 混凝土泵（泵车）应设置在作业棚内，安装应稳定、牢固。泵车安设未稳前，不得移动布料杆。作业前，应检查输送泵、电气设备是否正常、灵敏、可靠。

2. 泵送前，应检查管路、管节、管卡及密封圈的完好程度，不得使用有破损、裂缝、变形和密封不合格的管件，并应符合下列要求：

（1）管路布设要平顺。在高处、转角处应架设牢固，防止串动、移位；

（2）管路应设专人经常检查，遇有变形、破裂时，应及时更换，防止崩裂。

3. 混凝土泵在运转时发现故障，应立即停机检查，不得带病作业。

4. 混凝土输送泵车操作人员，应熟悉和遵守泵车的操作规程和安全技术规定。

5. 拆卸管路接头前，应把管内剩余压力排除干净，防止管内存有压力而引起事故。

6. 在五级以上大风时，泵车不得使用布料杆作业。

7. 作业结束采用空气清洗管道时，操作人员不得靠近管道端部。

任务四　预制构件运输安全技术

一、轨道平车运输

1. 轨道路基要有足够的宽度、平整度、强度。铺设轨道要平直、圆顺，轨距应在允许误差值之内，轨道半径不得小于25m，纵坡不宜大于2%。轨道与其他道路交叉时，应按规定辅设交叉道口。

2. 轨道平车运输大型构件时，平车的转向托盘（或转盘）支撑制动器等应进行检查。

3. 大型预制构件运输应设专人指挥，并经常检查构件在平车上的稳定状况及轨道平车在运转中有无变形。

4. 构件运输时，速度要缓慢，下坡时要以溜绳控制速度，并用人工拖拉止轮木块跟随前进。当纵坡坡度较大时，必须有相应的安全措施，方可运输。

二、平板拖车运输

1. 大型预制构件平板拖车运输，时速宜控制在5km/h以内。简支梁的运输，除在横向加斜撑防倾覆外，平板车上的搁置点必须设有转盘。

2. 运输超高、超宽、超长构件时，必须向有关部门申报，经批准后，在指定路线上行驶。牵引车上应悬挂安全标志。超高的部件应有专人照看，并配备适当工具，保证在有障碍物情况下安全通过。

3. 平板拖车运输构件时，除一名驾驶员主驾外，还应指派一名助手，协助瞭望，及时反映安全情况和处理安全事宜。平板拖车上不得坐人。

4. 重车下坡应缓慢行驶，并应避免紧急刹车。驶至转弯或险要地段时，应降低车速，同时注意两侧行人和障碍物。

5. 在雨、雪、雾天通过陡坡时，必须提前采取有效措施。

6. 装卸车应选择平坦、坚实的路面为装卸地点。装卸车时，机车、平板车均应制动。

三、水上运输

1. 驳船装载的预制构件应用撑木、垫木将构件安放平稳。拖轮牵引驳船行进时，速度要缓慢，不得急转弯。

2. 拖轮牵引浮运钢套箱、钢沉井时，应在了解航道的水深、流速等情况后，制定拖轮牵引方案。多只拖轮牵引浮运大型物件时，应配备通讯器材，并建立统一的指挥机构。

3. 钢套箱、钢沉井在浮运中，应根据浮运物件的高度确定顶面露出水面的高度，一般情况下应不小于1m。

4. 如需临时封闭航道时，应经港航监督部门批准。

5. 拖运中应派出监护船只检查牵引绳索和浮运物件的稳定情况，发现问题应立即采取措施。

任务五　基础施工安全技术

一、明挖基础

1. 开挖基坑时，如对邻近建（构）筑物或临时设施有影响时，应采取安全防护措施。

2. 挖掘机等机械在坑顶进行挖基出土作业时，机身距坑边的安全距离应视基坑深度、坡度、土质情况而定。一般应不小于1.0m，堆放材料及机具时应不小于0.8m。

3. 采用桅杆吊斗或皮带运输机出土时，应检查吊斗绳索、挂钩、机具等是否完好牢固。吊斗升降时，坑内作业人员应躲离吊斗升降移动范围以外。吊斗不使用时，应及时摘下，不得悬挂。

4. 在水中挖基，应备有便于出入基坑的爬梯等安全设施。

5. 开挖中，当坑沿顶面裂缝、坑壁松塌或遇有涌水、涌砂影响基坑边坡稳定时，应立即加固防护。

6. 基坑需机械抽排水开挖时，须配备足够的抽排水设备，抽水机及管路等要安放牢靠。

7. 小型桥涵施工，如不能保证车辆通行时，应事先修好便道或便桥（涵），并在修建桥涵的公路两端设置"禁止通行"的标志。

8. 寒冷地区采用冻结法开挖基坑时，应根据地质、水文、气温等情况，分层冻结，逐层开挖。

9. 基坑开挖需要爆破，应按国家现行的《爆破安全规程》（GB 6722—2003）办理。

二、筑岛、围堰

1. 吸泥船吹砂筑岛时，作业区内严禁船舶进入；承载吸泥管道的浮筒上不得行人。

2. 挖基工程所设置的各种围堰和基坑支撑，其结构必须坚固牢靠。基础施工中，挖土、吊运、浇筑混凝土等作业，严禁碰撞支撑，并不得在支撑上放置重物。施工中发现围堰、支撑有松动、变形等情况时，应及时加固，危及作业人员安全时应立即撤出。

3. 基坑较深时，四周应悬挂人员上下扶梯。

4. 基坑支撑拆除时，应在施工负责人的指导下进行。拆除支撑应与基坑回填相互配合进行。有引起坑壁坍塌危险时，必须采取安全措施。

5. 在围堰内作业，遇有洪水或流冰，应立即撤出作业人员。

三、钢板桩及钢筋混凝土板桩围堰

1. 插打钢板桩（包括钢筋混凝土板桩，以下同）围堰前，应对打桩机具进行全面检查。

2. 钢板桩起吊前，钢板桩凹槽部位应清扫干净，锁口应先进行修整或试插；组拼的钢板桩组件，应采用坚固的夹具夹牢，不得将吊具拴在钢板桩夹具上。钢板桩吊环的焊接应由专人检查，必要时应进行试吊。

3. 打桩机和卷扬机应设专人操作。钢板桩起吊，应听从信号指挥。作业时，应在钢板桩上拴好溜绳，防止起吊后急剧摆动。吊起的钢板桩未就位前桩位附近不得站人。

4. 钢板桩插进锁口后，因锁口阻力不能插放到位而需桩锤压插时，应采用卷扬机钢丝绳控制桩锤下落行程，防止桩锤随钢板桩突然下滑。

5. 插打钢板桩，如因吊机高度不足，可向下移动吊点位置，但吊点不得低于桩顶下 1/3 桩长的位置。

6. 钢板桩在锤击下沉时，初始阶段应轻打。桩帽（垫）变形时应及时更换。

四、套箱围堰

1. 深水处水中构筑物采用套箱围水修建时，套箱的结构及型式应按设计制造，并经检查验收后方可交付使用。拖轮牵引浮运钢套箱、钢沉井时，应在了解航道的水深、流速等情况后，制定拖轮牵引方案。多只拖轮牵引浮运大型物件时，应配备通讯器材，并建立统一的指挥机构。

2. 各种型式的钢套箱，在浮运或装配中，必须具有足够的稳定性和刚度，并要制定吊运、组装、拆卸时的安全技术措施。

3. 套箱采用船组辅助定位时，应先将定位船、导向船（或其他导向设施）就位。定位船锚的设置应根据流速、河床地质情况具体确定。定位船锚在施放时，位置应准确，并要采取措施防止下锚时锚链（绳）缠绕或刮带伤人。抛锚地点应设置浮标，船只上的锚固绳栓均要加固补强。

4. 钢套箱进入现场定位后，应检查锚碇系统的稳定情况，确认无误后方可进行下一步工作。船间的通道及联结梁上，应铺设人行道板和栏杆。

5. 钢套箱刚刚落床尚未稳定前应防止来往船舶、流冰、漂流物等碰撞导向船、锚绳等设施。

6. 当沉浮式双壁钢套箱注水下沉或排水上浮时，必须对称均衡进行施工，并防止产生过大的倾斜。

7. 钢套箱拆除，应按施工组织设计规定的程序进行。作业时安全防护设施应齐备。

五、沉井基础

1. 沉井的初沉阶段不宜在汛期内施工。如必须在汛期、凌汛期施工时，应采取稳妥可靠的安全防护措施。

2. 在围堰筑岛上就地浇筑的沉井，围堰要牢固，防止冲刷产生坍陷。

3. 拆除沉井垫板，应按现行的《公路桥涵施工技术规范》（JTG/T F50—2011）的规定进行。抽拔垫板时，应派人在沉井外观察和指挥。

4. 沉井下沉，采用人工挖掘时，劳动组织要合理，井内人员不宜过多。在刃脚处挖掘，应对称均匀掘进，并保持沉井均衡下沉。下井操作人员，安全防护用品必须配戴齐全。井内要有充足的照明。沉井各室均应备有悬挂钢梯及安全绳，以应急需。涌水、涌砂量大时，不宜采用人工开挖下沉。

5. 井内、井上搭设的抽水机台座（架）必须安装牢靠。电路应使用防水胶线，防止漏电。

6. 沉井顶面应设安全防护围栏。井顶上的机具应设防护挡板，小型工具宜装箱存放。在沉井刃脚和井内横隔墙附近，不得有人停留、休息。

7. 用吊斗出土时，斗梁与吊钩应封绑牢固，并应经常检查斗梁、斗门等磨损情况，损伤部位应更换或加固。吊斗升降时，井顶指挥人员应通知井下人员暂时避开。

8. 采用抓斗进行不排水下沉时，如钢丝绳缠绕在一起而需要转动抓斗进行排除时，作业人员应站在有护栏的部位。

9. 不排水下沉中，应均匀出土，不得超挖超吸。必须进行沉井底的潜水检查时，要防止沉井突然下沉和大量涌砂而导致沉井歪斜或造成机械和人员损伤。

10. 沉井下沉需要配重时，配重物件应堆码整齐，捆绑牢固；采用偏配重、偏出土和施加水平力纠正井倾时，荷载应逐级增加，并不断观察沉井下沉情况。

11. 采用空气幕下沉沉井时，空压机、储气罐等应符合安全规定的要求，并由专人操作。储气罐放置地点应通风，严禁日光暴晒和高温烘烤。

12. 在深水处，采用浮式沉井施工时，其沉井下水、浮运及悬浮状态下接高、下沉等，应遵守下列规定：

（1）浮式沉井在下水前，应进行水密性检查，合格后方可下水；

（2）浮式沉井下水前，应制定下水方案。当采用起吊下水时，应对起重设备合理配置使其受力均匀；当河岸有适合坡度，而采用滑移、牵引等措施下水时，必须保证沉井安全，严防倾覆及损伤。

13. 浮式沉井定位落床前，应考虑潮水涨落的影响。沉井落床后，应采取措施，使其尽快下沉，并使沉井达到保持稳定的深度。

14. 船上（或支架平台上）制造完成的浮式沉井，下水时宜在水面波浪较小时进行，当有船只驶过时，应暂缓入水。

六、钻孔灌注桩基础

1. 钻孔机械就位后，应对钻机及配套设备进行全面检查。钻机安设必须平稳、牢固；钻架应加设斜撑或缆风绳。

2. 冲击钻孔，选用的钻锥、卷扬机和钢丝绳等，应配置适当，钢丝绳与钻锥用绳卡固接时，绳卡数量应与钢丝绳直径相匹配。冲击过程中，钢丝绳的松弛度应掌握适宜。

3. 正、反循环钻机及潜水钻机使用的电缆线要定期检查，接头必须绑扎牢固，确保不透水、不漏电；对经常处于水、泥浆浸泡处应架空搭设。挪移钻机时，不得挤压电缆线及风水管路。

4. 潜水钻机钻孔时，一般在完成一根钻孔桩时要检查一次电机的封闭状况。钻井速度应根据地质变化加以控制，以保证安全运转。

5. 采用冲抓或冲击钻孔，当钻头提到接近护筒底缘时，应减速、平稳提升，不得碰撞护筒和钩挂护筒底缘。

6. 钻孔使用的泥浆，宜设置泥浆循环净化系统，并注意防止或减少环境污染。

7. 钻机停钻，必须将钻头提出孔外，置于钻架上，不得滞留孔内。

8. 对于已埋设护筒未开钻或已成桩护筒尚未拔除的，应加设护筒顶盖或铺设安全网遮罩。

七、沉入桩基础

1. 钢筋混凝土桩、预应力混凝土桩采用锤击沉桩或振动沉桩时，施工场地应保持平整清洁。打桩机的移动轨道，铺设要平顺、轨距要准确、钢轨要钉牢，轨道端部应设止轮器。

2. 打桩架移动时，应在现场施工负责人指挥下进行。桩架移动应平稳，桩锤必须放在最低位置，柴油打桩机后部的配重铁必须齐全。采用滚杠滑移打桩架作业时，作业人员不得在打桩架内操作。

3. 水上打桩平台，必须搭设牢固，打桩机底座与平台应连接牢靠。

4. 浮式沉桩设备沉桩时，桩架与船体必须连接紧固。船体定位后，应以锚缆封固，并应防止施工中浮船晃动。

5. 起吊沉桩或桩锤时，严禁作业人员在吊钩下或在桩架龙门口处停留或作业。

6. 打桩架及起重工具，应经常检查维修，桩锤检查维修，必须将桩锤放落在地面或平台上，严禁在悬挂状态下维修桩锤。

7. 采用高压水泵等助沉措施，其高压水泵的压力表、安全阀、水泵、输水管道及水压等应符合安全要求。高压射水辅助沉桩，应根据地质情况采用相应的压力，并要防止因急剧下沉造成桩架倾倒。射水沉桩，应在桩身入土达到稳定时再射水。

8. 振动打桩机开动后，作业人员应暂离基桩。振打中如发现桩回跳、打桩机有异声及其他不正常情况时，应立即停振，并经检查处理后再继续作业。所有开、停振必须听从指挥。

9. 振动打桩机在停止作业后，应立即切断动力源。

八、挖孔、沉管灌注桩基础

1. 挖孔灌注桩，宜在无水或少水的密实土层或岩层中施工。挖孔较深或有渗水时，应采取孔壁支护及排水、降水等措施，严防坍孔。

2. 人工挖孔，对孔壁的稳定及吊具设备等，应经常检查。孔顶出土机具应有专人管理，并设置高出地面的围栏；孔口不得堆集土渣及沉重机具；作业人员的出入应设常备的梯子；夜间作业应悬挂示警红灯；挖孔暂停时，孔口应设置罩盖及标志。

3. 孔内挖土人员的头顶部位应设置护盖。取土吊斗升降时，挖土人员应在护盖下面工作。相邻两孔中，一孔进行浇注混凝土时，另一孔的挖孔人员应停止作业，并撤出井孔。

4. 人工挖孔，除应经常检查孔内的气体情况外，并应遵守下列规定：

（1）挖孔人员下孔作业前，应先用鼓风机将孔内空气排出更换；

（2）二氧化碳含量超过0.3%时，应采取通风措施。对含量虽不超过规定，但作业人员有呼吸不适感觉时，亦应采取通风或换班作业等措施；

（3）空气污染超过现行的《大气环境质量标准》规定空气污染三级标准浓度值时，如没有安全可靠的措施不得采取人工挖孔作业。

5. 人工挖孔深度超过10m时，应采用机械通风。当使用风镐凿岩时，应加大送风量，吹排凿岩产生的石粉。人工挖孔最深不宜大于15m。

6. 挖孔桩孔内岩石需要爆破时，应采取浅眼爆破法，严格控制炸药用量，并按国家现行的《爆破安全规程》（GB 6722—2003）中的有关规定办理。

7. 沉管灌注桩采用振拔机，锤击或振动沉管施工时，可按本节"沉入桩基础"中有关规定办理。施工前，应检查管节与桩帽联接是否牢靠，桩尖分瓣是否灵活。所有机械与作业平台应稳定牢固。采用浮式沉管及拔管作业时，可按本节"沉入桩基础"和"拔桩"中的有关规定办理。

九、拔桩

1. 采用人字桅杆、卷扬机进行拔桩时，应先计算拔桩力，然后根据上拔力的大小，配备适当功率的卷扬机和滑车组。拔桩时，人字桅杆滑车组要尽量靠近被拔桩的中心。试拔中如发现缆风绳受力过大或地锚松动时，应在采取措施后再作业。

2. 采用锚固桩或顶梁千斤顶施力拔桩时，被拔桩及锚固桩的各连接处必须牢固。千斤顶的置放点，应避免偏心。

3. 采用吊机船进行拔桩时，吊机应配超载限制器，作业中应指派人员经常检查船体的平衡稳定情况。起重机配合振拔机拔桩时，起重机应随振拔机的起动而逐渐加荷。

4. 对较难拔出的桩，可采用振动、射水、千斤顶先顶松动以及桩外浅挖等措施，严禁硬拔。上述方法的采用均应符合有关安全规定的要求。

十、管柱基础

1. 管柱振动下沉作业，对邻近的建（构）筑物、临时设施的安全和稳定有影响时，应采取安全防护措施。

2. 施工所用的机具设备，应经检查合格后方可作业。

3. 管柱施工的作业平台，除设护栏外，双层或高处作业点等危险部位均应悬挂安全网，并在作业区配备救护船只。

任务六　墩台施工安全技术

一、就地浇筑墩台施工

1. 施工前必须搭好脚手架及作业平台，并在平台外侧设栏杆。墩高在10m以上时，应加设安全网。

2. 吊斗升降应设专人指挥。落斗前，下部的作业人员必须躲开，不得身倚栏杆推动吊斗。严禁吊斗碰撞模板及脚手架。

二、砌筑墩台施工

1. 人工、手推车推（抬）运石块或预制块件时，脚手跳板应铺满，其宽度、坡度及强度等应满足安全要求，脚手架和作业平台上堆放的物品不得超过设计荷载。砌筑材料应随运随砌。

2. 吊机、桅杆吊运砌筑材料时，应听从指挥信号。砌筑材料吊运到砌筑面时，作业人员应避让，待停稳后方可上前砌筑。

3. 人工抬运大块石料时，应捆绑牢靠，动作协调一致，缓慢平放。

三、滑模施工

1. 高桥墩（台）、塔墩、索塔等高层结构，采用滑升模板施工时，除应遵守"高处作业"的安全规定外，并需根据工程特点，编制单项施工方案及其安全技术措施，并向参加滑模施工人员进行安全技术交底。

2. 滑模及提升结构应按设计制作与施工。作业前应对滑模、提升结构进行检查。

3. 当塔墩等高层建筑采用爬模施工方法时，应进行特殊设计在工厂制作。爬升架体系、操作平台、脚手架等,要保证具有足够的刚度和安全度。架体提升时,要另设保险装置。模板爬升,作业人员不得站在爬升的模板或爬架上。

4. 液压系统组装完毕后,必须进行全面检查。施工过程中,液压设备应由专人操作,并应经常维护,发现问题及时处理。

5. 模板提升到2m高以后,应安装好内外吊架、脚手架,铺好脚手板,挂设安全网。

6. 混凝土浇筑,不得用大罐漏斗直接灌入,不冲击模板。振捣时,不得振动支撑杆、钢筋及模板。提升模板时不得进行振捣。

7. 模板每次提升前,应进行检查,排除故障,观察偏斜数值。提升时,千斤顶应同步作业。

8. 施工中发现支撑杆有弯曲变形时应及时加固。

9. 操作平台的水平度、倾斜度应经常检查,发现问题应及时采取措施。

10. 主要机具、电器、运输设备等,应定机定人,严格执行交接班制度。接班时,必须对机具检查一次,并做好记录。

11. 平台上应规定人群荷载和堆放材料的限量标准。材料要均匀摆放,不得多人聚集一处。

12. 墩上养生人员必须系好安全带。输水管路及其他设备应拴绑牢固。

13. 运送人员、材料的罐笼或外用电梯,应有安全卡、限位开关等安全装置。

14. 夜间施工应有足够的照明。在人员上下及运输过道处,均应设置固定的照明设施。

15. 拆除滑模设备时,应做好安全防护措施。拆除时可视吊装设备能力,分组拆除或吊至地面上解体,以减少高处作业量和杆件变形。拆除现场应划定警戒区。警戒线到建筑物边缘的安全距离不得小于10m。

任务七　上部工程施工安全技术

一、预制构件安装

1. 装配式构件(梁、板)的安装,应制定安装方案,并建立统一的指挥系统。施工难度、危险性较大的作业项目应组织培训。

2. 吊装偏心构件时,应使用可调控偏心的吊具进行吊装。安装的构件应平起稳落。

3. 单导梁、墩顶龙门架安装构件时,应符合下列规定:

(1) 导梁组装时,各节点应联结牢固,在桥跨中推进时,悬臂部分不得超过已拼好导梁全长的1/3;

(2) 墩顶(或临时墩顶)导梁通过的导轮支座必须牢固可靠。导梁接近导轮时,应采取渐进的方法进入导轮。导梁推进到位后,用千斤顶顶升,将导梁置于稳定的木垛上;

(3) 导梁上的轨槽应平行等距铺设,使用不同规格的钢轨时,其接头处应妥善处理,不得有错台;

(4) 墩顶龙门架使用托架托运时,托架两端应保持平衡稳定行进速度应缓慢。龙门架落位后应立即与墩顶预埋件联结,并系好缆风绳;

(5) 构件在预制场地起重装车后,牵引至导梁时,行进速度不得大于5m/min,到达安装位置后,平车行走轮应用木楔揳紧;

（6）构件起吊横移就位后，应加设支撑、垫木，以保持构件稳定；

（7）龙门架顶横移轨道的两端应设置制动枕木。

4. 预制场采用千斤顶顶升构件装车及双导梁、桁梁安装构件时，应符合下列规定：

（1）千斤顶在使用前，要做承载试验。起重吨位不得小于顶升构件的1.2倍。千斤顶一次顶升高度应为活塞行程的1/3；

（2）千斤顶的升降应随时加设或抽出保险垫木，构件底面与保险垫木间的距离宜控制在5cm之内；

（3）构件进入落梁架（或其他装载工具）横移到位时，应保持构件在落梁时的平衡稳定；

（4）顶升T梁、箱梁等大吨位构件时，必须在梁两端加设支撑；构件两端不得同时顶起或下落，一端顶升时，另一端应支稳、撑牢；

（5）预制场和墩顶装载构件的滑移设备要有足够的强度和稳定性，牵引（或顶推）构件滑移时，施力要均匀；

（6）双导梁向前推进中，应保持两导梁同速进行；各岗位作业人员要精心工作，听从指挥，发现问题及时处理；

（7）双导梁进入墩顶导轮支座前、后，应采取与单导梁相同的措施。

5. 架桥机安装构件时，应符合下列规定：

（1）架桥机组拼（或定型产品）、悬臂牵引中的平衡稳定及机具配备等，均应按设计要求进行；

（2）架桥机就位后，为保持前后支点的稳定，应用方木支垫。前后支点处，还应用缆风绳封固于墩顶两侧；

（3）构件在架桥机上纵、横向移动时，应平缓进行，卷扬机操作人员应按指挥信号协同动作；

（4）全幅宽架桥机吊装的边梁就位前，墩顶作业人员应暂时避开；

（5）横移不能一次到位的构件，操作人员应将滑道板、落梁架等准备好，待构件落入后，再进入作业点进行构件顶推（或牵引）横移等项工作。

6. 跨墩龙门架安装构件时，应根据龙门架的高度、跨度，采取相应的安全措施，确保构件起吊和横移时的稳定。构件吊至墩顶，应慢速、平稳地、缓落。

7. 吊车吊装简支梁、板等构件时，应符合本规程"起重吊装"中的有关规定。

8. 安装大型盆式橡胶支座，墩上两侧应搭设操作平台，墩顶作业人员应待支座吊至墩顶稳定后再扶正就位。

9. 龙门架、架桥机等设备拆除前应切断电源。拆除龙门架时应将龙门架底部垫实，并在龙门架顶部拉好缆风绳和安装临时连接梁。拆下的杆件、螺栓、材料等应捆好向下吊放。

10. 安装涵洞预制盖板时，应用撬棍等工具拨移就位。单面配筋的盖板上应标明起吊标志。吊装涵管应绑扎牢固。

11. 人工抬运安装涵洞盖板时，作业区道路应平整。

二、就地浇筑上部结构施工

1. 钢筋混凝土或预应力混凝土就地浇筑时，作业前应对机具设备及防护设施等进行检查。对施工工艺及技术复杂的工程制定的安全技术措施及安全操作细则等，应进行技术交底。

2. 就地浇筑的桥涵上部结构，施工中应随时检查支架和模板，发现异常状况应及时采取措施。

3. 就地浇筑的各类上部结构，有关"高处作业""水上作业"等要求，应按本规程中有关规定办理。

三、悬臂浇筑法施工

1. 悬臂浇筑采用桁架挂篮施工时，应遵守下列规定：

（1）施工前，制定安全技术措施；挂篮组拼后，要进行全面检查，并做静载试验；

（2）在墩上进行零号块施工并以斜拉托架做施工平台时，在平台边缘处，应设安全防护设施。墩身两侧斜拉托架子台之间搭设的人行道板必须连接牢固；

（3）使用的机具设备（如千斤顶、滑车、手拉葫芦、钢丝绳等），应进行检查，不符合安全规定的严禁使用；

（4）检查墩身预埋件和斜拉钢带的位置及坚固程度，是否符合设计要求。

2. 双层作业时，操作人员必须严守各自岗位职责，并应防止铁件工具掉落等。

3. 挂篮拼装及悬臂组装中，应根据作业点的具体情况设置安全防护设施。

4. 挂篮使用时，后锚固筋、张拉平台的保险绳等应经常检查。底模标高调整时，应设专人统一指挥，且作业人员应站在铺设稳固的脚手板上。

5. 挂篮行走时，要缓慢进行，速度应控制在 0.1m/min 以内。挂篮后部各设一组溜绳，以保安全。滑道要铺设平整、顺直，不得偏移。挂篮桁架行走和浇筑混凝土时，其稳定系数应符合《公路桥涵施工技术规范》（JTG/T F50—2011）的规定。

6. 如需在挂篮上另行增加设施（如防雨棚、立井架、防寒棚等）时，不得损坏挂篮结构及改变其受力形式。

7. 使用水箱作平衡重施工时，其位置、加水量等，应符合设计要求。给排水设施和方法，应稳妥可靠。施工中，对上述情况要经常进行检查。

8. 在底模荡移前，必须详细检查挂篮位置、后端压重、后锚及吊杆安装情况，确认安全后，方可荡移。

9. 箱梁混凝土接触面的凿毛作业人员要有安全防护设施。

10. 滑动斜拉式挂篮施工，应遵守下列规定：

（1）滑动斜拉式挂篮的所有活动铰、销、斜拉钢带等，其材质要经检验，并打上标记；

（2）主梁及其吊梁系统安装后，应进行全面检查，必要时应做加载试验。自行设计、加工的挂篮，首次使用前应按最大施工荷载进行加载试验；

（3）挂篮安装时或主梁行走到位后，应先安装好锚固和水平限位装置，再安装斜拉带和悬挂底模平台；

（4）在斜拉带安装和使用过程中，要注意检查，保持内外斜拉带受力均衡；

（5）底模和侧模沿滑梁行走前，需将斜拉带和后吊带拆除；用手拉葫芦起降和悬吊底模平台时，必须在挂手拉葫芦的位置加设保险绳；

（6）挂篮行走前应检查后锚固及各部受力情况，发现隐患应及时处理。行走时亦应密切注意有无异状，并慢速稳步到位；

（7）浇筑混凝土前，应对挂篮锚固、水平限位、吊带和限位装置进行全面检查。

四、悬臂拼装法施工

1. 龙门架或起重吊机进行悬臂拼装时，应遵守下列规定：
（1）吊机的定位、锚固应按设计进行，并进行静载试验；
（2）拼装使用的机具设备均应经过检查，如有隐患及不符合安全规定时不得使用；
（3）构件起吊前，应对构件进行全面检查，如吊环部位有无损伤、结合面有无突出外露物；构件上有无浮置物件等；
（4）构件应垂直起吊，并保持平衡稳定。在接近安装部位时，不得碰撞已安完的构件和其他作业设施；
（5）运送构件的车辆，构件起升后（或船只）应迅速撤出。
2. 遇有下列情况时，现场指挥人员，必须在构件妥善处理后，暂时停止吊装作业：
（1）天气突然变化，影响作业安全；
（2）卷扬机、电机过热，或其他机械设备出现故障等。
3. 拆除硫磺砂浆临时支座，除按"高处作业"的安全要求施工外，还应符合下列规定：
（1）融化硫磺砂浆垫块采用电热法时，电热丝不得与其他金属物接触；
（2）作业时人员应站在上风处操作，并应配戴安全防护用品；
（3）人工凿除时，人员站位要拉开距离。

五、缆索吊装法施工

1. 吊装前应对施工人员进行安全教育。安装时应有统一的指挥信号。登高操作人员应携带工具袋。安全带不得挂在主索、扣索、缆风绳等上面。
2. 牵引卷扬机启动要缓慢，行进速度要平稳；构件在吊运时，起重卷扬机要协调配合，并控制好构件在空中的位置。起重卷扬机不得突然起升和下降构件，避免产生过大弹跳。构件吊运至安装部位时，作业人员要等构件稳定后再进行操作。
3. 构件不能垂直就位而需旁侧主索吊具协助斜拉时，指挥信号要明确，各组卷扬机要协调动作。
4. 缆索吊装大型构件时，应事先检查塔架、地锚、扣架、滑车、钢丝绳等机具设备。正式吊装前应经吊载试运行后方可正式作业。
5. 缆索跨越公路、铁路时，应搭设架空防护支架。在靠近街道和村屯的地方应设立警示标志。
6. 在主航道上空吊装重大构件时，宜采取临时封航措施。

六、顶推及滑移模架法施工

1. 顶推法施工时，桥台后面的预制场地应平整、无杂物，工具、材料等应随时堆放整齐，并保持运输通道畅通。在墩台上，要为检查、更换滑道及其他作业留有工作面。
2. 顶推施工所用的机具设备、材料（如拉锚器、工具锚、连接件、油压千斤顶、高压油泵、油管、压力表及滑动装置等）使用前，应全面检查，必要时应做试验。
3. 使用的油压千斤顶，应附有球形支承垫、保险圈及升程限孔。多台千斤顶共同作用时应选用同一类型。
4. 采用多点顶推或单点顶推，其动力应有统一的控制手段，使其达到同步、纠偏、灵活和安全可靠。
5. 顶推施工中应备有现场电话及对讲机等通讯设备，以便统一指挥。

6. 在各顶推点，应派专人进行测量，随时将墩顶的位移数据，报告给指挥人员。

7. 落梁完毕，拆除千斤顶及其他设备时，应先用绳索拴好，用吊机吊出。吊运时，应避免撞击梁体。

8. 梁体进行荷载试验时，应按设计布置。重物应轻放，并防止碰伤人员。

9. 箱梁混凝土采用滑移模架法浇筑，应遵守下列规定：

（1）模架支撑于钢箱梁上，其前后端桁架梁必须用优质高强螺栓连接好、拧紧；

（2）钢箱梁及桁架梁下弦底面应装设不锈钢带，在滑橇上顶推滑行之前，应检查有无障碍物及不安全因素；

（3）浇筑混凝土之前应进行全面的安全检查，确认合格后方可施工；

（4）牵引后横梁和装卸滑橇时，要有起重工协同配合作业。牵引时应注意牵引力作用点，使后横梁在运行时与桥轴线保持垂直；

（5）滑移模架行走时必须听从信号指挥。对重要部位应设专人负责值班观察，并注意人员及设备的安全。

10. 涵管采用顶入法施工时，施工前应做好施工点的调查。对顶入涵管的原有通车公路、铁路路段，应与当地公、铁路部门联系，并签订施工协议。施工前应采取必要的加固措施，以保证顶入作业中通车线路的安全。当火车、汽车通过时，应暂停挖土或顶入，必要时作业人员应暂时离开作业面。

11. 顶入工作坑的边坡，应视土质情况而定。靠铁路、公路一侧的边坡，其上端距铁路或公路路面边缘的距离，不得小于《公路桥涵施工技术规范》（JTG/T F50—2011）的规定。工作坑的后背墙（后背梁）应采取安全防护措施。

12. 为避免边缘坍陷，在工作坑坡顶的一定范围内，不得堆放弃土、料具。

13. 顶入法施工的现场应备有一定数量的木料或草袋，以备因雨水或其他原因引起路基变形时抢修加固路基，确保线路行车安全。

14. 顶入施工应连续进行。施工中要防止地下渗水造成路基坍塌。顶入作业时遇有发生坍方、设备扭曲变形时应停止作业。

15. 机械挖土不得碰撞已挖好的洞内土壁。人工清理开挖面时机械应及时退出。

16. 施顶时非作业人员应撤离工作坑。严禁作业人员跨越或接近顶铁。

17. 顶入机械发生故障时应停机检修，严禁带病作业。

18. 顶入施工的接缝应采取封闭措施，以防土石方掉落伤人。

19. 施工中地下水位较高时，应有防止坍方、流沙等安全防护措施。顶入法施工，不宜在雨季进行。

七、转体法及拖拉法施工

1. 预制钢筋混凝土或预应力混凝土上部结构，采用转体架桥法或纵横向拖拉法施工时，除按设计要求进行施工外，搭设支架（或拱架）、支立模板、绑扎钢筋、焊接、预应力张拉及浇筑混凝土等，均应按本章中的有关规定办理。

2. 转体法修建大跨径拱桥应建立统一的指挥机构并配备通讯联络工具。

3. 平转法施工，悬臂体应转动方便，并符合安全施工的要求。转体时悬臂端应设缆风绳。

4. 平衡重转体施工前应先利用配重做试验，进行试转动，检查转体是否平衡稳定。试转的角度应大于实际需要转动的角度,如不符合要求时应进行调整。

5. 环道上的滑道,其平整度应严格控制。如上下游拱肋需同时作配重转体时,应采用型号相同的卷扬机,同步、同速、平衡转动。重量大的转体转动前应先用千斤顶将转盘顶转后,再由卷扬机牵引。

6. 无平衡重平转法施工的扣索张拉时,应检查支撑、锚梁、锚碇、拱体等,确认安全后方可施工。

7. 采用纵向、横向拖拉法架梁时,施工前应全面检查所用机具设备及各项安全防护设施的落实情况。

8. 使用万能杆件或枕木垛作滑道支撑墩时,其基础必须稳固。枕木垛应垫密实,必要时应做压重试验。

9. 梁体及构件运行滑道应按设计铺设。采用滑板和辊轴时,滑板应铺平稳。梁体、构件拖拉或横移到达前方墩台时,应采取引导措施,便于辊轴进入悬臂端的滑道内。搬抬辊轴时,作业人员要配合好,并注意人身安全。

10. 拖拉或横移施工中,应经常检查钢丝绳、滑车、卷扬机等机具设备是否完好,发现问题应及时处理。施工中,钢丝绳附近不得站人,作业区无关人员不得进入。

11. 拖拉或横移施工中,应听从统一指挥,发现问题或隐患应及时报告,并随时处理。

八、预应力张拉法施工

1. 预应力钢束(钢丝束、钢绞线)张拉施工前,应遵守下列规定:
(1) 张拉作业区,无关人员不得进入;.
(2) 检查张拉设备、工具(如千斤顶、油泵、压力表、油管、顶楔器及液控顶压阀等)是否符合施工及安全的要求。压力表应按规定周期进行检定;
(3) 锚环及锚塞使用前应经检验,合格后方可使用;
(4) 高压油泵与千斤顶之间的连接点,各接口必须完好无损。油泵操作人员要戴防护眼镜;
(5) 油泵开动时,进、回油速度与压力表指针升降,应平稳、均匀一致。安全阀要保持灵敏可靠;
(6) 张拉前,操作人员要确定联络信号。张拉两端相距较远时,宜设对讲机等通讯设备。

2. 在已拼装或悬浇的箱梁上进行张拉作业,其张拉作业平台、拉伸机支架要搭设牢固,平台四周应加设护栏。高处作业时,应设上下扶梯及安全网。施工吊篮应安挂牢固,必要时可另行配备安全保险设施。张拉时千斤顶的对面及后面严禁站人,作业人员应站在千斤顶的两侧。

3. 张拉操作中若出现异常现象(如油表振动剧烈、发生漏油、电机声音异常、发生断丝、滑丝等),应立即停机进行检查。

4. 张拉钢束完毕,退销时应采取安全防护措施。人工拆卸销子时,不得强击。

5. 张拉完毕后,对张拉施锚两端,应妥善保护,不得压重物。管道尚未灌浆前,梁端应设围护和挡板。严禁撞击锚具、钢束及钢筋。

6. 先张法张拉施工时,除按本节有关规定施工外,还应做到:浇筑混凝土时,振捣器不得撞击钢丝(钢束)。用卷扬机滑轮组张拉小型构件时,张拉完成后应切断电源和卡固钢丝绳。

7. 精轧螺纹钢筋张拉前，除对张拉台座检查外，还应对锚具、连接器进行检查、试验。

8. 预应力钢筋冷拉时，在千斤顶的端部及非张拉端部，均不得站人。

9. 钢筋张拉或冷拉时，螺丝端杆、套筒螺丝必须有足够的长度；夹具应有足够的夹紧能力，防止锚夹不牢而滑出。

10. 管道压浆时，应严格按规定压力进行。施压前应调整好安全阀。关闭阀门时，作业人员应站在侧面。

九、拱桥施工

1. 拱架应具有足够的强度、刚度和稳定性。拱架须经验算，必要时应经试验或预压，并应满足防洪、流冰、排水、通航等安全要求。采用土牛拱胎架时，亦应采用相应的安全措施，保证拱圈砌筑的安全。

2. 拱架安装及拆除的方法及程序，应符合有关安全规定的要求。

3. 拱石加工时，应注意锤头或飞石伤人，作业人员应保持一定的安全距离。

4. 拱石或预制混凝土块，应按砌筑程序编号，依次运到工地，随用随运，不得过多地堆积在拱架或脚手架上，抬运块件不得碰撞拱架。

5. 砌筑拱圈，应按施工要求搭设脚手架及作业平台。拱上建筑施工必须严格按设计加载程序分段、对称进行。

6. 拱圈砌筑，应随时用仪器观测拱架变形状况，必要时应进行调整，以控制拱圈变形过大。卸架装置应有专人负责检查。

7. 拱架拆除工作必须按设计程序进行。拱架脱离拱圈时，应经检查确认安全后方可继续进行拱架拆除工作。拱架拆除时，应听从统一指挥。严禁在拱架上、下同时进行作业，并严禁使用机械强拽拱架，使之倾倒的作法。

8. 无支架拱桥施工时，应遵守下列规定：

（1）大中跨径拱桥施工，应验算拱圈的横向稳定性。分段吊装的单肋合拢后应用缆风绳稳固。第二肋安装后应用横夹木临时横向联结。

（2）双曲拱、箱形拱、纵横向悬砌拱桥施工时，在墩、台顶设置的扣架底部固定应牢靠，架顶应设缆风绳；缆风绳设置必须对称，缆风地锚环应埋设坚固。

（3）在河流中设置缆风绳时，必须采取可靠的防护措施。

十、跨线桥及通道桥涵施工

1. 公路桥跨越铁路或其他线路时，施工前应与铁路或其他有关部门协商有关事宜，并签定必要的安全协议。其内容应包括利用列车间隔时间进行安装的计划、安全防护以及在发生紧急情况时的应急处理措施等。

2. 在铁路路基附近挖基、钻孔时，不得损坏铁路的各种信号设施，不得影响行车的瞭望视线。作业处应设围栏、支撑及其他安全防护措施。施工中应防止列车振动导致基础坍陷或路基坍方。

3. 对上面作业、下面通行车辆或行人的跨越铁路或公路立交桥施工时，除设置防护设施外，并设岗哨监视管理。

4. 对结构复杂，施工期较长的大型立交桥施工，其安全防护设施必须完善，制订的跨越铁路的架梁吊装方案必须安全可靠。尽量避免在列车通过的情况下进行吊梁安装作业。

十一、斜拉桥、悬索桥施工

1. 斜拉桥和悬索桥施工,应根据结构、高度及施工工艺制定相应的安全技术措施和操作细则。
2. 电气设备和线路的绝缘必须良好,各种电动机械必须接地,接地电阻不得大于 4Ω。电气设备和线路检修时,应先切断电源。
3. 施工现场要有防火措施并备有灭火器材,要防止电焊火花溅落在易燃物料上。
4. 施工期间宜与当地气象台站建立联系,做好灾害性天气的预防工作。
5. 斜拉桥的斜拉索如为工地自行制作时,应符合下列规定:
 (1) 编束时宜用梳型板梳编,每 $1.5\sim2.0m$ 段用铁丝绑扎,防止扭曲。
 (2) 冷铸墩头锚在环氧树脂高温固化时,应确保控温仪的精密度和实际通电时间。
 (3) 制成的斜拉索应架空放置,严防在地面上拖拉或硬性弯折。
 (4) 斜拉索制成后,应进行预拉以检查冷铸锚,测定每索钢丝拉力、延伸和回缩;测定钢索测力仪的读数,以便正式张拉时校核。
6. 采用成品斜拉索时应符合下列规定:
 (1) 放索时应有制动设施,并应防止卷盘的缆索自由散开时造成伤害;
 (2) 放开展平的缆索应防止在地面上拖磨;
 (3) 锚头应加设防护,防止碰撞。
7. 预应力混凝土斜拉桥采用挂篮悬臂浇筑时,应按本规程"悬臂浇筑法施工"中的有关规定办理。
8. 采用钢迭合梁或钢与钢筋混凝土迭合梁施工时,应符合下列规定:
 (1) 成品钢构件应编号成套,对号存放,防止损坏变形。
 (2) 起吊前应了解所吊构件的重量、重心位置,以采用相适应的起吊方法。
 (3) 构件组拼前应进行全面检查,如有缺陷、变形,应在组拼前加以矫正。
 (4) 钢构件组拼时,必须用足够的定位冲钉定位。钢构件全部插入高强螺栓后,方可松除吊钩。
9. 悬索桥施工中临时架设的工作索、牵引索安装完成后,应对索具、吊具等进行全面检查。施工中使用的吊篮、平台等应具有足够的强度,设置的防护围栏高度不得小于 $1.0m$。
10. 索夹及索夹螺栓,应经检查合格后使用。索夹安装应与主索联接紧密,确保吊杆承载后不滑移。为防止主索磨损,可在索夹与主索之间垫物隔离。
11. 索塔应设置上下扶梯和塔顶作业平台。索鞍的安装应保证位置准确。
12. 纵、横梁吊装时,应加强作业中的安全防护,已安装的横梁应随时联结风构斜撑。
13. 悬索桥采用重力式锚碇时,锚碇体的施工应按有关规定进行混凝土浇筑或砌体工程。锚碇体必须达到坚实牢固,标高、倾角等应符合设计要求。山岬式锚碇,在开凿及爆破作业中,应按有关凿岩及《爆破安全规程》(GB 6722—2003)办理。
14. 对索塔高度在 $20m$ 以上或高度不足 $20m$ 的索塔,当在郊区或平原区施工或附近无高大建筑物提供防雷保护时,索塔仍需设置避雷器,其接地电阻不得大于 10Ω。
15. 悬索桥在施工中应配备水上救护船只。

十二、钢桥施工

1. 钢梁杆件组装,应在平整的作业台上进行,其基础应有足够的承载力。

2. 浮运吊装时，应按本教材"水上运输"及"起重吊装"中有关规定办理。

3. 悬臂拼装法安装大跨径钢桥时，可按本教材"悬臂拼装法施工"中的有关规定办理。

4. 钢梁上的各种电动机械和电缆线、照明线路等，必须保持绝缘良好，应有专人值班进行管理。

5. 拼装杆件时，应安好梯子、溜绳、脚手架。斜杆应安拴保险吊具。杆件起吊时，先提升 0.3m 左右，确认安全后再继续起吊。

6. 装拆脚手架、上紧螺栓、铆合等作业，应上下交替进行，避免双层作业。杆件拼装对孔时，应用冲钉探孔，严禁用手指伸入检查。

7. 杆件对孔作业中，吊车司机、信号员、架梁人员应操作准确，动作协调。

8. 架梁用的扳手、小工具、冲钉及螺栓等物，应使用工具袋装好，严禁抛掷。多余的料具要及时清理，并堆放在安全地点。

9. 在通航的江河上施工，应符合港航监督管理部门和本规程"水上作业"的有关安全规定。

10. 钢梁表面涂漆作业，应有防毒保护措施。

任务八　涵洞施工安全技术

施工人员进入施工现场必须正确佩戴劳动保护用品，施工机械应每天进行设备检修，严禁机械带病作业。特种作业人员（电工、电焊工、装载机司机、起重机械作业工）必须持证上岗。现场设置的照明灯具、护栏、围栏、警告标志经常维修，保持其正常使用功能，并在有危险地点悬挂规定的安全警示标牌。

一、基坑开挖

1. 挖机和人不许同时在基坑内作业，必须同时作业时，人机之间必须保持 10m 以上的安全距离。

2. 基坑开挖时，应预留一个方便基地作业人员上下的安全通道。

3. 基底弃土、弃废桩头禁止随意放置，必须离边坡 1m 以上距离。

4. 严格按照施工设计的比例进行放坡。

5. 实行边挖基坑边修护栏的原则，在基坑开挖的开始阶段，必须将安全警示标志悬挂在基坑四周。

6. 作业人员必须维护好现场的安全设施。

7. 涵洞机械挖基时预留 20cm 人工开挖清理，达到设计标高后，检测其断面尺寸、承载力是否满足设计要求，经监理检查合格并签字后才可进入下一道工序。

二、基底处理，碎石垫层施工

1. 机械作业必须遵守安全操作规程。

2. 新进的碎石料严禁放在坡顶边缘，防止造成坍塌事故。

3. 基底处理应考虑排水系统，防止雨季造成的积水。

三、模板工程

1. 模板搭设前，必须有技术员审核的支撑系统设计计算书。

2. 模板的立柱材料必须符合设计要求。

3. 立柱间距必须符合设计要求。
4. 2m 以上高处作业的,必须搭设工作平台。
5. 模板拆除区域必须单独设置警戒线。
6. 作业面洞孔及临边必须有防护措施。
7. 拆除模板时,应按规定的程序进行,模板、材料、工具不得直接往下扔。

四、钢筋工程

1. 钢筋加工场内作业人员,必须遵守各种安全操作规程。
2. 特种作业人员必须持证上岗。
3. 施工现场人员必须遵守安全用电的操作规程。
4. 钢筋施工场地应满足作业需要,机械设备的安装要牢固、稳定,作业前应对机械设备进行检查;钢筋切断机作业前,应先进行试运转,检查刃口是否松动,运转正常后,方能进行切断作业。切长料时应有专人把扶,切短料时要用钳子或套管夹牢。不得因钢筋直径小而集束切割,并防止断下的短头钢筋弹出伤人。

五、拌制输送混凝土、浇注混凝土

夜间施工应有足够的照明,临时电线必须架空在 2.5m 高以上。在深坑和潮湿地点施工必须使用低压安全照明。使用振动机前应检查电源电压,输电必须安装漏电开关;保护电源线路是否联好,电源线不得有接头。机械运转是否正常。振动机移动时,不能硬拉电线,更不能在钢筋和其他锐利物上拖拉,防止割破拉断电线而造成触电伤亡事故。

六、雨季、高温、夜间施工

1. 雨季施工,所有的用电设备必须有防雨措施。
2. 基坑必须修建临时排水沟,保证雨季排水畅通。
3. 涵洞位于土石松动的陡坡地段时,在雨后或春融解冻期,应注意陡坡有无裂缝或滑动现象。如有危险征兆,应立即撤离。
4. 进入夏季施工应给作业人员配备一定的降温药品,如藿香正气水、凉茶、西瓜等,作业时间也应尽量避开高温时间;施工现场应经常洒水降温。
5. 夜间施工应配备足够的照明设备,机械设备进行夜间作业时,仪表盘清晰可见,随时掌握机械设备运转状况。

任务九　施工机械设备安全技术

一、钢筋调直切断机作业安全技术

1. 钢筋调直机应安装在平坦坚实的地面上。
2. 安装承重架时,承重架料槽的中心要对准导向筒、调直筒、下切刀孔或剪切齿轮槽的中心线,并保持平直。
3. 机器安装后,必须检查电气线路和零件有无损坏,机器的连接件是否可靠,各传动部分是否灵活,确认无误后方可进行试运转。
4. 先进行空机运转,检查轴承(重点检查调直筒轴承)、锤头、切刀或剪切齿轮等工作是否正常,确认无异常状况时,方可送料,试验调直和切断。
5. 按要求填写日常维修及保养记录。

二、钢筋切割机作业安全技术

1. 机械运转正常后方准断料，断料时，手与刀口距离不得少于15cm，活动刀片前进时，禁止送料。
2. 切断钢筋禁止超过机械负载能力，切断低合金等特种钢筋，应用高硬度刀片。
3. 切长钢筋应有专人扶助，操作时动作要一致，不得任意拖拉；切短钢筋时需用套管和钳子夹料，不得用手直接送料。
4. 切断机旁应设放料台，机械运转中严禁用手直接清除刀口附近的短头和杂物，在钢筋摆动范围和刀口附近，非操作人员不得停留。
5. 按照要求安装可靠有效的接地装置，导线绝缘良好。

三、钢筋弯曲机作业安全技术

1. 检查电器设备是否正常，保证绝缘性能良好，保证妥善接地。
2. 使用弯曲机前应空载试运转，检查运转是否正常，有无卡滞异响现象。
3. 弯曲钢筋时，手扶钢筋应远离弯曲转盘，防止手被夹伤，装放钢筋时应停止机器运转。
4. 根据钢筋弯曲设计要求，选择合适的立柱，装卸立柱时应切断电源。
5. 钢筋必须在立柱的根部进行弯曲，以免立柱过度疲劳。
6. 按要求填写日常检查及保养记录。

四、交流电焊机作业安全技术

1. 电焊机应安设在干燥、通风良好的地点，周围严禁存放易燃易爆的物品。电焊机应设置单独的开关箱，作业时，施工人员应穿戴防护用品。施焊完毕，拉闸上锁。雨天应停止作业。
2. 地点潮湿时，电焊机应放置在干燥的木板上，操作人员应站在绝缘胶板或木板上操作；不准用手触摸焊机导线，不准用臂夹持带电焊钳，以免触电。
3. 焊接带电设备时，必须先切断电源；在高空焊接时，必须系好安全带；焊接模板中的钢筋、钢板时，施焊部位下面应垫石棉板或铁板。在焊接中，不准调节电源，必须在停焊时，使用手柄调节焊机电流，不得过快过猛，以避免损坏调节器。
4. 电焊机、焊钳、电源线以及各接头部位要联结可靠，绝缘良好，不允许接线处发生过热现象，电源接线端头不得外露，应用绝缘布包扎好，火线、地线不得与钢丝绳、各种管道、金属构件等接触，不得用钢筋等物件代替地线。
5. 电焊机与焊钳间导线长度不得超过30m，如特殊需要时，也不得超过50m长。导线有受潮、断股现象立即更换。
6. 电焊线通过道路时，必须架高或穿入防护管内埋设在地下。
7. 更换场地，移动电焊机时，必须切断电源，检查现场，清除焊渣。
8. 按要求填写日常检查及保养记录。

五、钢筋对焊机作业安全技术

1. 作业前，检查对焊机的压力机构应灵活，夹具应牢固，气液压系统无泄漏，确认正确后方可施焊。
2. 焊接前，应根据所焊钢筋截面，调整二次电压，不得焊超过规定直径的钢筋。
3. 机棚内要保持整洁，有排水沟。对焊机应及时保养，发现故障马上停机报告并及时修理。

4. 施焊现场 10m 范围内，不得堆放各种易爆物品。
5. 闪光区应设挡板，焊接时无关人员不得入内。
6. 作业后，应清理现场，切断电源，清除焊接余热后方可锁闸离开。
7. 操作人员必须持证上岗。
8. 按要求填写日常检查及保养记录。

六、气焊设备作业安全技术

1. 乙炔瓶与氧气瓶要间隔 5m 放置，严禁用明火检验是否漏气。
2. 乙炔瓶与氧气瓶受热不得超过 35℃，防止火花或锋利物件碰撞胶管，点火时，应按照"先开乙炔，先关乙炔"的顺序作业。
3. 所有的瓶及工具表面严禁沾污油脂。
4. 乙炔瓶与氧气瓶应距明火或电焊 10m 远。
5. 乙炔瓶与氧气瓶应设有防振胶圈，并旋紧安全帽，避免振动、碰撞。在炎热地区，应设专棚防止日光直接照射。
6. 点火时，焊枪不得对人，正在燃烧的焊枪不得随意乱放。
7. 施焊时，场地应通风良好。施焊施割完毕，应将瓶阀门关好，拧紧安全罩。
8. 胶管应定期检查，发现漏气，立即更换。

七、混凝土搅拌机作业安全技术

1. 作业前空车运转，检查搅拌筒的转动方向，进料时，严禁将头或手伸入料斗与机架之间查看或探摸进料情况，运转中不得用手或工具等物深入搅拌筒内发料出料。
2. 料斗升起时，严禁在其下放工作或穿行，向搅拌筒内加料应在运转中进行，添加新料必须先将搅拌机内原有的混凝土全部卸出后才能进行，不得中途停机或在满载荷时启动搅拌机。
3. 作业中，如发生故障不能继续运转时，应立即切断电源，将搅拌筒内的混凝土清除，然后进行检修。
4. 作业后，应对搅拌机进行全面清洗，操作人员如许进入筒内清洗时，必须切断电源，设专人在外监护，或卸下熔断器，并锁好电闸箱，然后方可进入。
5. 作业后，应将料斗降落到料斗坑，如需升起则应用链条扣牢。
6. 按要求填写日常运转记录及加换油记录。

八、混凝土输送泵作业安全技术

1. 开始泵送工作前，检查输送管路、管卡等，确保其联接安全可靠，所有安全预防装置不得更改或取消，每次开机泵送混凝土前，必须认真检查泵机的工作情况及输送管路的可靠性。
2. 在泵机周围设置必须的工作区域，非操作人员未经许可不得入内，泵机夜间工作现场应有足够的照明，泵面周围至少有 1m 的工作空间，便于操作和维修。
3. 在进入泵机的电源电路上必须接上漏电保护开关，才能接通电源，电气控制箱的维修、安装、接线只能由专业电工进行操作。进行维修保养期间，必须关闭电动机及电源开关，释放蓄能器压力。
4. 活动支腿拉出后与固定支腿用插销销住，并且与机架连接牢靠后，方能放在坚实的地面上，机动车辆拖行混凝土泵机前，必须收回支腿，并与机架牢固联接。

5. 泵送结束后，关闭电动机及电源，并锁好电控柜的门，以免无关人员启动，泵用电源电缆必须符合功率要求。

6. 按要求填写日常运转记录及加换油记录。

九、混凝土搅拌输送车作业安全技术

1. 混凝土搅拌输送车的汽车部分应执行汽车一般安全技术要求的规定。

2. 混凝土搅拌输送车的燃油、润滑油、液压油、制动液、冷却水等应添加充足，质量应符合要求。

3. 搅拌筒和滑槽的外观应无裂痕或损伤；滑槽止动器应无松驰和损坏；搅拌筒机架缓冲件应无裂痕或损伤；搅拌叶片磨损应正常。

4. 应检查动力输出装置并确认无螺栓松动及轴承漏油等现象。

5. 启动内燃机应进行预热运转，各仪表指示值正常，制定气压达到规定值，并应低速旋转搅拌筒 3~5min，确认一切正常后，方可装料。

6. 搅拌运输时，混凝土的装载量不得超过额定容积。

7. 按要求填写日常运转记录及加换油记录。

十、插入式振捣器作业安全技术

1. 插入式振动器的电动机电源上，应安装漏电保护装置，接地或接零安全可靠。

2. 操作人员经过岗前教育培训，作业时穿绝缘胶鞋和戴绝缘手套。

3. 电缆线应满足操作所需的长度，电缆线上不得堆压物品或让车辆挤压，严禁用电缆线拖拉或吊挂振动器。

4. 使用前，应检查各部位，并确认连接牢固，旋转方向正确。

5. 振动器不得在初凝的混凝土、地板、脚手架和干硬的地面上进行试振，在检修或作业间断时，应断开电源。

6. 作业时，振动棒软管的弯曲半径不得小于500mm，并不得多于两个弯，操作时应将振动棒垂直地沉入混凝土，不得用力硬插、斜推或让钢筋夹住棒头，也不得全部插入混凝土中，插入深度不应超过棒长的3/4，不宜触及钢筋、芯管及预埋件。

7. 振动棒软管不得出现断裂，当软管使用过久使长度增长时，应及时修复或更换。

8. 振捣器应保持清洁，不得有混凝土粘结在电动机外壳上防碍散热。

9. 作业停止需移动振动器时，应先关闭电动机，再切断电源，不得用软管或电缆拖拉电动机。

10. 作业完毕，应将电动机、软管、振动棒清理干净，并应按规定要求进行保养作业，振动器存放时，不得堆压软管，应平直放好，并应对电动机采取防潮措施。

十一、冲击钻作业安全技术

1. 安装钻机的场地应平整、坚实，若在松软地层处安装钻机，应对地基进行处理，然后铺垫枕木，保证钻机在工作时的稳固性，以免钻机在钻进工作中发生局部下沉，影响钻孔精度。

2. 钻机安装时，必须保持机架水平，以免孔位偏斜。

3. 钻进就位确认安置正确后，采用一定的办法必须使枪杆立正以免倾斜。

4. 检查钻机所有机构的正确性，并向全部润滑点和油嘴加注润滑油。松开所有摩擦离合器，并清除钻机上的无关杂物，检查电缆、电线及其他机电设备的运转情况。

5. 按要求填写日常运转记录及加换油记录。

十二、旋挖钻机作业安全技术

1. 工作平台相对平整、场地密实且钻机能够回转正常。

2. 开机前检查发动机、液压系统、钻具、钢丝绳等的性能、状况。冬季施工时，钻机必须预热发动机半小时以上，当温度达到规定值时方可起动发动机。

3. 工作前先运转半小时，以保证各部分连接正确，油温正常。

4. 工作中必须时刻检查仪表显示状况，观察主钢丝绳工作状况，当有毛刺出现时必须停机更换，避免出现掉钻头事故发生，工作时必须保证钻杆的垂直度，以免影响成孔质量，必须经常检查土质状况，不同土质使用相适应的钻具，以保证钻孔进度，对磨损的钻具必须进行及时修补。

5. 钻孔时必须先选好弃土位置，以不影响钻机回转为好，经常检查钻具状况，对磨损严重的钻齿必须及时更换，以免损坏钻具，降低工作效率。

6. 每工作五个小时必须加注一次润滑脂，同时检查机油、液压油、齿轮油油面，检查全车螺栓的松紧度，特别是钻桅上部钻杆连接处及钢丝绳连接处螺栓的松紧程度，工作中遇不正常响声时必须停机检查，以确保人机安全。

7. 钻机转移过程中必须保证钻桅放倒，且重心适当，同时道路足够宽，足够密实，倾斜度不允许超过规定值，以保证钻机安全，停工时必须把钻桅放倒，并进行全面的保养注油工作，同时表面要有覆盖。

8. 钻机运输过程中必须把履带收回到最小2700mm，工作中把履带伸出到4300mm的工作位置方可操作。

9. 钻孔桩施工中钻完的孔必须要有覆盖且有明显标志，以保证人员的安全。

十三、回转式钻机作业安全技术

1. 了解施钻处的地质条件，按照施工工艺，选择相应的钻头、压力和钻进速度。

2. 钻架与平台移位时，塔架与平台上不得有人和未捆绑的浮物；使用SPI-300型拖车钻、车装钻机移位时，应先放塔、后移位；移动平台、安拆钻架时应有人统一指挥。

3. 钻架与平台安装要平稳、周正、牢固，零部件要齐全；明齿轮、皮带传动以及裸露的旋转轴头均应配齐防护栏杆或防护罩。

4. 基台木轨道铺设要稳固、长度合适；平台板铺设要防滑、牢固；塔梯、工作台、栏杆安装必须牢固可靠；钻架上部要有便于高处作业的工作台；水上钻探台要坚固牢靠，不受水流的影响。

5. 每班应对平台、钻架、提引系统、机械设备等各部位的螺栓进行检查。

6. 钻架顶与供电高压线的距离符合安全规定或满足安全要求；配电箱要安装漏电保护器等安全设施，箱柜外有防雨措施，电器设备外装外壳有保护接地或接零；电气开关要完好无损，熔断器、保险丝等按规定使用，不准超过额定标准或以铜丝、铁丝代替。

7. 所使用的钢丝绳及绳卡必须安全可靠，且经常检查保养。

8. 按要求填写日常运转记录及加换油记录。

十四、潜水泵作业安全技术

1. 启动前应检查电缆绝缘必须良好，水管结扎牢固，放气、放水、注油等螺栓均应旋紧,叶轮和进水管无杂物。

2. 接通电源后,应先试运转,检查旋转方向应正确,在水外运转时间不得超过 5min,电闸箱必须安装漏电保护器,额定漏电动作时间应小于 0.1s。

3. 泵放入水中或提出水面时均应断电,并拉住扣在电泵耳环上的绳子,严禁提拉电缆,出水管以能套上电泵管接头为宜。

4. 电泵应放在坚固的网篮内放入水中,以防乱草杂物轧住叶轮,其沉入水中最浅深度为 0.5m,最深不超过 3m;应直立水中,不得陷入泥中,以防因散热不良而烧坏。

5. 经常注意水位变化,叶轮中心至水面距离应在 0.5~3m 间,泵体不得陷入污泥或露出水面,电缆不可与井壁、池壁相摩擦。

6. 停泵断电后电闸箱必须加锁。

7. 停转后不得立即再启动。每小时启动不得超过 10 次。停机后间隔 1s 以上才能开机,在运转中如发现声音不正常,应立即切断电源进行检查。

十五、泥浆泵作业安全技术

1. 泵必须安装在稳固的基础架或地基上,不应有松动。

2. 各连接部位要紧固;旋转方向应正确。

3. 管路连接牢固,密封可靠,底阀灵活有效。起动前,吸水管、底阀、泵体内必须注满引水,压力表缓冲器上端注满油。

4. 用手转动,使活塞往复 2 次,无阻梗且线路绝缘良好时方可空载启动,启动后,待运转正常再逐步增加载荷。

5. 运转中应注意各密封装置的密封情况,必要时加以调整,拉杆及副杆要经常涂油润滑。

6. 运转中经常测试泥浆含沙量不得超过 10%。

7. 有几挡速度的泥浆泵为使飞溅润滑可靠,应在每班运转中将几挡速度分别运转,时间均不少于 30s。

8. 严禁在运转中变速,需变速时应停泵换挡。

9. 运转中出现异响或水重、压力不正常或有明显高温时应停泵检查。

10. 按要求填写日常运转记录及加换油记录。

十六、机动翻斗车作业安全技术

1. 行驶前,应检查锁紧装置,并将料斗锁牢,不得在行驶时掉斗。

2. 行驶时应从一挡起步,不得用离合器处于半结合状态来控制车速。

3. 翻斗制动时,应逐渐踏下制动踏板,并应避免紧急制动。

4. 严禁料斗内载人,料斗不得在卸料情况下行驶或进行其他作业。

5. 内燃机运转或料斗内载荷时,严禁在车底下进行任何作业。

6. 操作人员离机时,应将内燃机熄火,并摘挡拉紧手制动器。

7. 按要求填写日常运转记录及加换油记录。

十七、汽车式起重机作业安全技术

1. 机械停放的地面应平整坚实,应按安全技术措施交底的要求与沟渠、基坑保持安全距离。

2. 作业前应伸出全部支腿,撑脚下必须垫方木,调整机体水平度,无荷载时水准泡居中，支腿的定位销必须插上，底盘为弹性悬挂的起重机，放支腿前应先收紧稳定器。

3. 调整支腿作业必须在无载荷时进行，将已伸出的臂杆缩回并转至正前方或正后方，作业中严禁扳动支腿操纵阀。

4. 作业中变幅应平稳，严禁猛起猛落臂杆，在高压线垂直或水平作业时，必须遵守铁路工程施工安全技术规程的规定。

5. 伸缩臂式起重机在伸缩臂杆时，应按规定顺序进行，在伸臂的同时，应相应下放吊钩，当限位器发出警报时应立即停止伸臂，臂杆缩回时，仰角不宜过小。

6. 作业时，臂杆仰角必须符合说明书的规定，伸缩式臂杆伸出后，出现前节臂杆的长度大于后节伸出长度时，必须经过调整，消除不正常情况后，方可作业。

7. 作业中出现支腿沉陷、起重机倾斜等情况时，必须立即放下吊物，经调整、消除不安全因素后，方可继续作业。

8. 在进行装卸作业时，运输车驾驶室内不得有人，吊物不得从运输车驾驶室上方通过。

9. 两台起重机抬吊作业时，两台性能应相近，单机载荷不得大于额定起重量的80%。

10. 轮胎式起重机需短距离带载行走时，途径的道路必须平坦坚实，载荷必须符合使用说明书规定，吊物离地高度不得超过50cm，并必须缓慢行驶，严禁带载长距离行驶。

11. 行驶前，必须收回臂杆、吊钩及支腿，行驶时保持中速，避免紧急制动，通过铁路道口或不平道路时，必须减速慢行，下坡时严禁空挡滑行，倒车时必须有人监护。

12. 行驶时，在底盘走台上严禁有人或堆放物件。

13. 起重机通过临时性桥梁（管沟）等构筑物前，必须遵守安全技术措施交底，确认安全后方可通过，通过地面电缆时应铺设木板保护，通过时不得在上面转弯。

14. 作业后，伸缩臂式起重机的臂杆应全部缩回、放妥，并挂好吊钩，桁架式臂杆起重机应将臂杆转至起重机的前方，并降至40°～60°之间，各机构的制动器必须制动牢固，操作室和机棚应关门上锁。

十八、龙门吊作业安全技术

1. 龙门吊应有专人开车，司机应经过专业培训，熟悉本机的结构特点和操作方法，并经考试合格后发给合格证书，才允许开车。

2. 严禁非司机开车。

3. 司机工作时，只听地面上专门人员指挥（并且只能有1人指挥），但是无论什么人发出停车信号时均应停车，查明情况再开车。

4. 每日每次开车前，必须检查所有机械和电器设备是否良好，操作系统是否灵活，并按规定对设备进行保养和润滑。

5. 每班第一次吊运物品以使吊运接近额定负荷的物品时，司机应先将重物起重至不超过0.5m高度，然后下降到接近地面时制动。

6. 禁止超负荷使用。

7. 禁止倾斜吊运物品。

8. 龙门吊吊运物品时，应鸣铃让人躲开或绕开。禁止从人头顶通过，开车前必须发出开车警告信号。

9. 禁止人随物品一起升降。

10. 不允许长时间吊重于空中停留，龙门吊吊装重物时，司机和地面指挥人员不得离开。

11. 交接班时，两个班的司机应共同检查全机的机械设备和电器设备情况，并填写司机日表。
12. 检查时应切断电源，且挂"有人检修"的牌子，以免误开车造成重大事故。
13. 龙门吊工作完毕后，开到指定地点，将所有手柄均转到零位，切断电源。
14. 突然断电时，要将主电路开关切断，将所有控制器手柄转至零位。
15. 禁止6级以上风力工作。

小　结

本单元按照桥梁施工顺序，分别讲解了桥梁施工安全一般规定、桥梁施工准备及临时工程施工安全技术、混凝土预制场安全技术、制构件运输安全技术、桥梁基础施工安全技术、桥梁墩台施工安全技术和桥梁上部工程施工安全技术，并讲解了桥梁施工机械设备安全技术。

单元五　隧道施工安全技术

教学目标
1. 了解隧道施工安全管理总的要求。
2. 了解隧道施工准备工作。
3. 掌握隧道开挖作业安全技术要求。
4. 掌握装卸渣作业安全技术要求。
5. 掌握隧道支撑作业安全技术要求。
6. 掌握喷钻衬砌作业安全技术要求。
7. 掌握明洞施工作业安全技术要求。
8. 掌握整体道床施工作业安全技术要求。

任务一　隧道施工安全管理总的要求

隧道和地下工程施工技术安全管理，必须贯彻"安全第一"和"预防为主"的方针；强调"领导是关键、教育是前提、设施是基础、管理是保证"，提高企业的"施工技术安全、劳动卫生、生产附属辅助设施、宣传教育"综合水平，达到改善劳动条件，保护劳动者在生产中的安全和健康，从而提高劳动生产率和企业的经济效益。为此，必须做到以下几点：

一、加强思想政治工作和班组建设

随着改革开放带来的新情况、新问题，各级领导要加强调查研究，采取有效措施，通过强有力的思想政治教育，引导、帮助职工增强安全质量意识和主人翁责任感。稳定思想，化解矛盾，晓理鼓劲，强化激励机制，关心职工生活，调动一切积极因素，搞好安全生产和工程质量。

班组是安全质量保证的基础，班组建设的重点是：
1. 选好班组长，配备安全人员；
2. 健全班组管理制度、作业标准、工作细则、岗位责任制、安全质量考核和奖励办法；
3. 加强岗位自控、互控，坚持班前预想，班中联防，班后总结；
4. 扎扎实实做好班组思想政治工作；
5. 搞好岗培，坚持周一安全活动，执行各种工作制度和交接班制度，从而打好安全生产的基础。

二、建立健全科学的安全质量管理体系

健全科学的安全质量管理体系（包括生产、监察、保证三个系统），理顺关系，改进工作方法，从组织领导、部门分工、安全制度、标准化作业、班组建设、考核监督、队伍培

训，都要逐级完善。要体现以人为中心，以设备为重点，兼容考核、激励、控制的手段，将"事故消防"的被动管理转到"预防为主"的主动管理，将"人海战术"（人群管理）转到"人机联控"，将重治标轻治本的急功近利管理，转到标本兼治、重治本的长治久安管理。

三、强化安全生产和工程质量的责任制

1. 重点抓好干部的负责制。安全质量在于管理，管理在于干部，干部在于责任，干部的职责要定性与定量相结合，以定量为主，对各级各类各职位的干部要实行"五定"，即定安全质量管理的负责项目、完成时间、地点、数量、质量标准，做到制度化、规范化，强化干部考核，坚决反对瞎指挥和不负责任，要层层负责，一级抓一级，纵向到底，横向到边，责任到人。

2. 对班组要重点解决"两纪一化"，即劳动纪律、作业纪律松弛与简化作业（偷工减料），违章蛮干，这是安全生产与工程质量的一大顽症。

3. 对安全生产工程质量的难点，要盯住关键部位、关键时刻、关键岗位、关键人，开展预想活动、制定预防措施，做好技术交底。凡事预则立，要在"预防"上大做文章，有预才有防，有防才有效。要发动班组主动查堵安全质量隐患，把事故消灭在萌芽状态，把违章违纪消灭于班组。

4. 坚决贯彻管生产必须管安全质量的原则。要认真处理好安全、质量与生产进度的辩证关系，只有保证安全生产、工程质量，才能保证施工进度和工期，工期越紧，越要把安全、质量放在首位来抓。坚决执行"五同时"，经常进行"四查"（查思想、查管理、查纪律、查隐患）活动。发生事故必须坚持严格的处理原则。

四、开展季度安全生产竞赛

贯彻三个"三结合"的方法和手段，继续开展以反违章反事故为主要内容的"季度安全生产竞赛"评选活动，奖惩兑现，调动一切积极因素。党政工团和各部门，要按照职责范围和责任制分工协作，加强政治思想教育和安全质量技术教育，提高干部工人的责任感和质量管理知识及科学指挥能力和自我防卫能力。

三个"三结合"是：①干部、技术人员、工人三结合进行教育；②以生产、劳动监察等部门和党群部门三结合进行实地检查督促；③使用行政与法律手段、国家监督与群众监督、思想政治教育与经济手段三结合进行管理。这三个"三结合"是具有中国特色的劳动安全监察制度，是向官僚主义和违章违纪作斗争，保证安全质量的一种有效方式。

五、严把用工关，加强对民工的安全质量管理

隧道施工，大量使用民工不可避免，这是施工安全、质量的一大威胁，所以必须对其组织严格资质审查，其安全管理体系必须健全，上岗前要培训考核持证上岗。有条件的企业可建立劳务基地，与地方政府密切配合，将安全培训教育工作转移到劳务基地进行，由地方政府部门带队参加施工，不再使用零散民工。

六、强化安全管理

注意施工中一般安全通则不被忽视，同时更要特别认真落实难点工程的技术安全措施，努力制止惯性事故的发生。

物体打击、冒顶片帮、机械伤害、车辆伤害四大惯性事故，近几年来呈上升趋势。究其原因，仍是安全生产管理不严，违章指挥，盲目蛮干，存在侥幸、麻痹、姑息迁就思想。因而防止惯性事故的发生是搞好安全生产的关键。各级干部，特别是领导干部要身先士卒，严

格执行各项安全生产管理制度。要敢于碰硬,该奖则奖、该罚则罚,决不手软姑息迁就。

七、反对"三超"和"五开"

近两年交通事故呈上升势头,必须在司机中反对"三超"(超劳、超速、超载)、"五开"(无证、无令、酒后和开带病车与带病开车),落实奖惩制度。同时也要重视施工临时道路的等级标准和养护,设置道路标志和险要地段的防护等以及给司机提供较好的休息条件,促进行车安全。

八、加强施工技术管理

提倡均衡生产和文明施工,合理安排工序进度和关键工序的作业循环,组织均衡生产。及时解决生产中的进度与安全的矛盾,统一指挥,避免忙乱中出差错、抢工中忽视安全而发生事故。反对"前松后紧",不顾安全质量的盲目抢工和"野蛮"作业。

九、做好"安全技术、工业卫生、辅助设施、宣传教育"工作

企业领导干部,必须远见卓识地重视劳动保护工作,把"安全技术、工业卫生、辅助设施、宣传教育"四个方面的工作抓好。严格按照国家规定,每年从设备更新改造资金中提取10%~20%用于改善劳动保护,给职工提供较好的劳动环境,从而做到文明施工,使安全生产达标上台阶。

十、开工前应做好施工准备工作

1. 施工前,应根据批准的设计文件,认真组织进行设计文件的校核和现场施工调查;选择合理的施工方法,编制施工组织设计;对施工场地统一规划,并做好临时工程与附属辅助设施等,以利文明施工和安全生产。

2. 加强通风、照明、防尘、降温和治理有害气体工作,注意环境卫生,保护施工人员的身心健康。

3. 经常进行安全技术教育;制定相应的措施;做好技术交底,严格技术管理;试验和推广新技术、新工艺、新设备、新材料时,必须制定相应的安全措施,经批准后实施。

4. 各种机械电力设施、安全防护装置与用品,应按规定进行定期检验、试验和日常检查,不符合要求者严禁使用。

5. 所有进入工地人员,必须按规定佩戴防护用品,遵章守纪听从指挥;同时加强安全保卫,严禁闲杂人员进入。

6. 必须执行日常和定期安全检查制度,填报各种安全统计报表,分析安全动态,提高安全管理水平。

十一、严格按照《规范》施工

公路隧道施工,必须严格遵守《公路工程安全技术规程》的有关规定,按照《公路隧道施工规范》进行施工,充分认识到,隧道施工安全,既是安全问题也是质量问题,要把质量与安全同等重视起来。

十二、依靠科技,提高管理手段

要把依靠科技进步当做安全生产的根本出路,不断地开发新技术、新工艺、新设备,提高安全生产的管理手段。

例如,大型盾构机的推广应用带来了隧道施工的一次革命。实践证明,在合适的地质条件下,特别是对大长隧道,使用盾构机施工,不仅能够保证施工质量,提高生产效率,还能极大地保证施工人员的安全。

十三、特殊工种，持证上岗

特殊工种必须经专业培训，考试合格后方准独立操作，并持证上岗。特殊工种指：(1) 爆破工；(2) 爆破器材的管理、运输和加工人员；(3) 架子工；(4) 潜水工；(5) 瓦斯测定员；(6) 施工防护员；(7) 信号员；(8) 电焊工；(9) 索道工；(10) 通信工；(11) 起重工；(12) 电力工；(13) 调车员；(14) 土方机械司机（含挖土机、推土机、铲运机、装载机等）；(15) 运输机械司机（含各类汽车、电瓶车、轨道车、皮带运输机等）；(16) 动力机械操作工（含内燃机、发电机、空压机等）；(17) 起重机司机（含各类起重机、卷扬机等）；(18) 锅炉工；(19) 大型施工机械操作人员（含四臂、二臂凿眼台车，单臂掘进机等），以及其他危及安全生产的机械车辆操作工种。

十四、完善交接班制度

施工各工班间，应建立完善的交接班制度。交班人应将本班组工作情况及有关安全问题，向接班人详细交待，并记载于交接记录本内。工地负责人、领工员，应认真检查交接班情况。

十五、加强监督检查制度

单位领导与有关干部，应经常对施工安全进行监督检查。对严重违反施工安全规则、危及安全的工点，应要求工地立即纠正，必要时停工整顿，直至复查合格后方可复工。

十六、建立健全通报制度

施工中发现隧道内有险情，工班（组）长、领工员必须立即在危险地段设立明显标志或派专人看守，并迅速报告施工领导人员，及时采取处理措施。若情况严重，应立即将工作人员全部撤离危险地段。

十七、设置急救材料储备库

在洞口或适当处所，应设置急救材料储备库，储备防火、防水、防毒器材，支撑用料与各种使用工具等。备用品应保质保量，并不得随意挪动，使用一次后立即补充数量。

十八、"三不放过"的原则处理问题

对各类事故，均应严格按照"三不放过"的原则处理，即"事故原因查不清不放过；责任者和群众未受到教育不放过；没有制定出今后防范措施不放过"。

任务二　隧道施工准备工作

一、开工前现场施工的调查与施工组织设计的编制

隧道开工前，施工技术负责人应组织人员编制和校核设计文件，并充分了解以下要点：

1. 隧道线路设计方案的选定经过。
2. 隧道与所在区段的总平面、纵断面设计的关系。
3. 设计的勘测资料，如地形、地貌、工程地质、水文地质的测绘、气象、钻探、测量资料，要求齐全，必要时进行勘查核对。了解对隧道有影响的水源保护措施，以及隧道穿过复杂煤层、溶洞、断层、坍体等不良地质和流砂、流泥、涌水等不良地段是否将造成施工极端困难。
4. 隧道进出口的设计位置是否恰当。洞门和洞身的衬砌类型、式样，以及辅助坑道的类型和位置是否适应现场实际条件。洞口仰坡边坡的稳定程度是否能保证施工和运营的安全。

5. 设计的施工方法和有关技术措施,是否符合实际。
6. 洞口与洞口地段其他各项工程的相互关系。
7. 洞口排水系统和排水方式的安排是否妥善。
8. 通过调查研究,根据隧道长度、断面、埋深和工期要求,结合劳力、施工技术水平与机械设备、能源、交通、物资等情况综合考虑,选择合理施工方案,编制实施性施工组织设计,其内容应简明扼要,主要有施工方法、施工场地布置、施工进度安排(包括施工准备工作)、工程数量、人员配备、材料(包括大堆材料)、机具设备、电力、运输和通信线路等需要量以及有关安全、质量、技术、节约等措施;若对以上各项有改善意见,及时提请变更设计。

二、施工场地规划

施工场地,要在施工场地调查的基础上合理规划,给文明施工、安全生产创造条件。要绘制"总布置图",向现场单位、部门交待清楚,共同执行,其内容包括:
1. 轨道运输的卸渣线、编组线、牵出线和各种作业线的布置;
2. 运输道路、场内道路和其他运输设施的位置;
3. 风、水、电力、照明、通讯、管线与设施位置;
4. 大型机具组装、停放位置;
5. 机具加工维修、木工、混凝土拌合等附属设施场地;
6. 大堆料堆放场地与水泥库房位置;
7. 生产、办公、生活等房屋与设施位置;
8. 卸渣场位置和范围等。

三、洞口区域有关工程施工安全的统筹安排

洞口各项工程,应结合洞外场地与相邻工程统筹安排及早完成。地形、地质不利者,宜在冬季、雨季前做好,以利洞口稳定和正洞施工安全。当洞口可能出现滑坡、斜面崩坍、地表下沉、偏压、地基承载力不足、开挖工作面坍塌、涌水等危险时,应及时分别采取针对性的注浆加锚固与抗滑桩,从地表加固围岩和地表排水洞排水、墙部打桩、超前钢管、开挖工作面锚喷、初期支护闭合、加固底部围岩、护坡、钢架支撑下部垫板等措施,防止险情扩大发生重大"封口"事故,造成严重后果。有关具体问题处理原则如下:
1. 洞口近处的桥梁墩台、涵洞、支挡等工程,要考虑到隧道弃渣的需要及早完成。
2. 当发现洞口处有坍方、泥石流、落石等威胁以及边坡、仰坡过高时,可提出改变设计意见,如"早进晚出"、延长洞口、设置明洞或增加支护工程。
3. 洞口坡顶天沟、洞门排截水沟、路堑排水沟,要及早完成,并构成排水体系,以防因排水不当造成坍塌。严寒地区,洞内向外的排水沟,应具有防寒的冬季排水性能(如保暖暗沟)。
4. 刷仰坡、边坡,要自上而下,一次挖成,并随时处理危石与隐患,护砌工程也要紧跟完成,尽量缩小开挖暴露面。地质条件差时,应采取措施,如放缓坡度、护砌、喷锚支护,做抗滑桩、降水;对倾斜岩层或岩理结合差与软硬岩石层,要防止切断岩脚引起坍滑。
5. 洞口土石方工程,不要采用大爆破施工。
6. 洞口圬工工程应及早安排施工,施工完毕应及时对排水系统和仰坡防护进行再处理。
7. 洞口工程施工人身安全的重点是:

(1) 高处作业预防坠落。凡是在垂直高度大于 2m，或在大于 1:1 的坡面上垂直高度大于 3m 处作业者，都必须佩戴安全带、安全绳，并拴在坚固的基桩上，并不得多人系在同一根绳上；若是工作量较大砌体等，则应搭设工作平台，安装栏杆，挂安全网。

(2) 使用索道运输料具，其索道必须经主管工程师设计、检验认可，并制定管理制度，确保不断绳、不倒架、不坠物及不伤人、机。

(3) 通往山上的人行道路，其宽度应不小于 0.7m，当坡度大于 25°时，应作成台阶状，并设单侧栏杆扶手。

(4) 严禁双重作业。

四、临时工程和附属辅助生产设施

根据施工组织设计和施工现场规划确定的临时工程和设施，大部分应在正式工程开工前完成。首先要做到"三通一备"（运输道路通，电力、通讯通，给水通，临房、工作场地齐备。又称通路、通电、通水，场地齐备）。而这些临时工程又具有战线长、工期短、数量大、工点分散、管理不便的特点，不安全因素随之而来。在临时工程施工中发生各类事故的案例很多。同时由于临时工程和设施不符质量标准而影响到正式工程，施工中发生各类事故也不乏其例。故而临时工程施工、安装的安全、质量工作，决不能掉以轻心。主要项目注意事项如下：

1. 临时道路

应结合地形地貌根据正式工程运量和工期确定技术标准。年均日通过的各种车辆折合成载重汽车在 200 辆以下的汽车便道，一般可选用四级公路标准，主要标准为：

(1) 计算行车速度：平原微丘 40km/h，山岭重丘 20 km/h；

(2) 车道宽度 3.5m；

(3) 路基宽度 6.5m；

(4) 极限曲线最小半径：平原微丘 60m，山岭重丘 15m；

(5) 停车视距：平原微丘 40m，山岭重丘 20m；

(6) 最大纵坡：平原微丘 6%，山岭重丘 9%；

(7) 桥梁设计车辆载荷：一般汽车为 10t，履带 50t，同时应考虑道路施工的重型机械设备的特殊要求；

(8) 路面等级不宜过低，可采用泥结碎石、砾石面层；

(9) 在急弯、陡坡、桥头引道和 6m 以上的高路堤等地段，均应设置护栏、防护石墩或护墙，在积雪严重和过水路面、漫水桥上，应设置明显标杆；

(10) 按有关规定设置警告、禁令、指路标志。

如临时道路为路基宽度 4.5 m 的单车道时，应根据地形在适当位置设会车道，其地点应能使司机看到相邻前后两车道驶来的车辆。会车道的路基宽度应不小于 5.5m，有效长度不小于 10m，最小曲线半径不宜小于 30m。

临时道路设计，当连续纵坡均大于 5%时，应在其间加不大于 3%的缓和坡段。

临时道路施工安全，要注意：严禁在同一山坡上下重叠作业；路堑开挖应自上而下分层施工，禁止先拉槽后刷坡的错误作业。作业人员需戴安全帽；高处作业要拴安全绳；半路堑段机械施工，必须设置安全警戒标志，专人指挥，防止翻车事故。爆破时应遵守有关安全规则。需要设置临时渡口和码头时，对位置、设施、管理要按航运部门有关规定办理。

2. 临时房屋

（1）位置选择：场地规划时，临时房屋应选择在交通方便、距水源近、职工上下班方便、利于正式工程施工的位置，并应避开高压线和坍方、滑坡、泥石流、危石、冰堆、水害和受爆破飞石可能袭击的区域，更不应占据正式工程和取土弃土位置。

（2）防火要求：分组布置，每组不超过12幢，组与组之间防火净距，在城市不小于10m，在农村不小于15m；每幢之间防火净距，城市不小于5m，农村不小于7m；双层楼房按上述值增加3m；如受条件限制达不到此要求，则应提高房屋耐火等级或加防火墙等。集体宿舍，每幢住人不宜超过100人，且每25人应有一个出入口；双职工住房应与集体宿舍区分开，做饭用火要有统一规定。

临时锅炉房、发电房、变电房、铁工房、厨房等与其他房屋的净距不得小于15m，且应采用黏土瓦、石棉瓦、瓦棱铁皮屋面。砖砌烟囱距可燃的墙壁、顶棚及屋面不得小于0.2m；金属房屋不得小于0.7m，烟囱口距屋面高度不得小于1m，口上应装防火烟囱帽。

小型油库与易燃液体仓库，应符合有关耐火等级。距一般临时房屋不小于30m，距居住区公共建筑物不小于100m，距高压线不小于电杆高度的1.5倍，并不得建在通讯线下。

采用竹编、苇编、木条等易燃物作外墙或隔墙时，应抹草泥或石灰浆。不得用裸露的草帘作挡风墙或隔墙。

临时房屋较集中的生产、生活区，都必须有足够的消防水源和消防设施网点，并应建立消防制度。

（3）防雷击要求。以下建筑物应装设避雷设施：

① 多雷区的集体宿舍、食堂、较大会议室；

② 高度15m以上（少雷区为20m以上）的高耸建筑物（烟囱、水塔、修建在高大树下的临时房屋）；

③ 危害品仓库（爆破器材、油库）、电站、动力车间、喷漆库、乙炔发生间、大型库房等；

④ 临时爆破器材库的修建，其位置与库容和结构设计、库区与应保护之建筑物、设施、道路、人的活动场所之距离和库区内各种房屋之距离，均应符合国家《爆破安全规程》（GB 6722）有关规定，并经当地公安部门批准。不得使用竹席、油毡等易燃材料作墙壁和屋面。库内应能通风和防潮。内墙壁应粉刷。炸药、雷管库应铺混凝土地面，并垫软垫。库房门的设置，应保证任何一点到门的距离不大于15m。窗户应设有铁栏杆和外包铁皮的窗门。采光面积与室内面积之比为1/25~1/30。如在库内安装电灯，必须使用防爆灯、防爆开关和防爆电缆，否则只能使用防爆手电筒和库外曝光灯向内照明。库内温度一般情况下不得超过30℃，高温区不超过35℃。

库内应设密实围墙（或双层铁刺丝），高度不低于2m。墙内不得有杂草和易燃物。墙距最近库房不小于25m，值班室应在围墙外50m处，岗楼在围墙周围。库的四周应有排水沟。库外50m范围内杂草灌木必须铲除，并严禁堆放柴草等易燃物，并且，库区应有完备的消防设施。

⑤ 临时房屋的施工：临时房屋施工必须按照设计图纸和施工规划搭建。拆除临时房屋也必须制订拆除工序、办法和安全措施。

各种脚手架、塔架等均应设在稳定的地基上，并严禁超荷载。脚手架（板）上应有防滑设施，并不得出现探头板。

山墙砌完后（活动房屋立好山墙）拆脚手架之前，应立即安装檩条或加临时支撑。立屋架时应两面绑扎撑杆，就位后立即设支撑。在屋顶作业不得穿硬底易滑的鞋。钉屋面板及挂瓦作业，应使用移动式带挂钩的板梯，并拴好安全绳，在屋面两侧同时进行。在坡形屋面上使用工具应防止滑落。

安装屋檐板，必须站在脚手架上操作，严禁在屋面上探身操作。

高处作业必须拴（系）安全绳，或搭平台、马道（并设栏杆），挂安全网。进入工地的所有人员，均必须戴安全帽，并禁止双重作业。

3. 临时给水排水、临时供电及照明、临时通讯、附属生产设施（采石场、采砂场、混凝土预制厂、木材加工厂）、辅助生产设施（修配厂、机械工作场所等）位置的确定，土建工程和机械安装、使用也都必须按《公路工程施工安全技术规程》和有关规定办理，保证施工和生产安全。

任务三　隧道开挖施工

一、开挖作业安全技术要求

1. 安全施工的一般要求

（1）隧道施工开挖应根据位置、中线、水平、地质情况，并预计可能产生的下沉量和施工误差掌握施工部位的尺寸，保证开挖和衬砌断面符合设计要求，同时还应根据选定的施工方法和配备施工机具确定开挖方式和步骤，合理确定循环进尺，以便各工序互相配合，均衡施工。

（2）应有专人找顶找帮。对开挖面和衬砌地段要经常检查，特别是爆破后的工作面及其附近应加强检查，如可能产生险情时，应及时采取措施进行处理，以保证施工人员人身安全。

（3）工作人员到达工作地点时，应首先检查工作面是否处于安全状态，并详细检查支护是否牢固、顶板和两帮是否稳定，如有松动石块或裂缝，应及时予以清除或支护。

（4）开挖上下导坑间为出渣和进料的漏斗孔时，为确保施工安全，一般在下导坑内向上钻眼爆破，漏斗孔严禁人员上下，在不使用时必须加盖，防止人员掉入。

（5）采用先拱后墙法施工时，应在拱圈混凝土达到设计强度的70%后，方可进行下部开挖。

（6）两工作面接近贯通时，两端施工应加强联系，统一指挥。当两端工作面间的开挖距离余留8倍循环进尺，或接近15m时，应停止一端工作，将人员及机具撤走，并在安全距离以外设立警戒标志，防止人员误入危险区。

（7）人力开挖方式只限于其他开挖方式不宜采用或在围岩不稳定的土质隧道中应用。低等级公路的短隧道可采取人力开挖方式。

（8）开挖作业应遵守下列规定：

① 合理确定开挖步骤和循环进尺，保持各开挖工序相互衔接，均衡施工；

② 开挖断面尺寸应符合设计要求；

③ 爆破后，对开挖面和未衬砌地段应进行检查，对可能出现的险情，应采取措施及时

处理；

④ 开挖作业中，不得损坏支护、衬砌和设备，并应保护好量测用的测点；

⑤ 做好地质构造的核对和素描，地质变化处和重要地段，应有照片记载。

(9) 岩石隧道的爆破应采用光面爆破或预裂爆破技术，施工中应提高钻眼效率和爆破效果，降低工料消耗。

(10) 开挖爆破应选用适当的炸药号种和型号，在漏水和涌水地段应采用非电导爆管起爆。

(11) 爆破作业及火药物品的管理，必须遵守现行的国家标准《爆破安全规程》(GB 6722) 的有关规定。对有瓦斯溢出的隧道，应根据工点的地质情况、瓦斯溢出程度和设备条件，制定适宜的施工方案。

(12) 双洞开挖时，应根据两洞的轴线间距、洞口里程距离、地质条件及其他自然条件，选择适宜的开挖方法，确定好两洞开挖的时间差，并采取措施防止后行洞开挖对现行洞周壁产生不良影响。

2. 开挖方法

(1) 开挖方法应考虑围岩条件，并与支护衬砌施工相协调。

(2) 开挖方法的适用范围和施工要求如下：

① 全断面法，适用于 I～II 类围岩。该法可采用深孔爆破，其深度可取 3～3.5m；不适用于三车道隧道和停车带区段开挖。

② 台阶法，适用于 III～V 类较软或节理发育的围岩，其施工要求如下：

a. 上下台阶之间的距离，应能满足机具正常作业，并减少翻渣工作量；

b. 当顶部围岩破碎，施工支护需紧跟时，可适当延长台阶长度，减少施工干扰；

c. 台阶不宜多分层，装渣机械应紧跟开挖面，以减少扒渣距离。

③ 台阶分部开挖法，适用于 IV～V 类围岩或一般土质围岩地段。一般环形开挖进尺不应过长，以 0.5～1.0m 为宜。分部开挖易出现超挖、欠挖和坍塌。为控制超挖、欠挖，分部开挖应采取加强测量工作和顺帮打眼，光面爆破等措施，分部开挖对拱脚以上 1m 范围内要严格掌握开挖尺寸；当围岩压力较大时，支护应密切配合，严防坍塌，在洞口地段分部扩大施工时，在地质较差或覆盖层较薄的情况下，极易引起坍塌，为保证洞门施工地段安全，宜在洞口内 10～20m 处向洞口方向逐步扩大和衬砌。

④ 导坑法，适用于 IV～V 类围岩。下导坑适用于探查开挖面前方地下水情况，应注意底板眼的下插角度，特别是打下坡隧道，尤应注意掌握，以防造成抬高底板回头检底，增加施工干扰，产生不安全因素；中央导坑适用于处理膨胀压力地层；上导坑适用于洞口段辅助开挖。各工序安排应紧凑，支护及时，保证施工安全。

⑤ 单侧壁导坑法，适用于围岩较差、跨度大、埋层浅、地表沉降需要控制的场合。中壁墙的拆除，必须待围岩完全稳定后方可进行。

⑥ 双侧壁导坑法，适用于浅埋大跨度隧道及地表下沉量要求严格而围岩条件很差的情况。施工中应注意各工序的合理安排，加强洞内施工管理和围岩检测工作，并掌握好两壁墙的拆除时间。

⑦ 避车洞开挖，在正常情况下应与马口开挖同时进行。对于隧道浅埋，且地质不良地段，最好先将其两侧正洞边墙做好，必要时还应先将避车洞以上的边墙做完，再开挖避车

洞。开挖中应加强支撑，以免坍塌。

⑧Ⅰ类围岩必须按辅助施工方法的要求进行处理后方可开挖。

（3）当衬砌采用先拱后墙施工时，下部断面开挖应符合下列要求：

①拱圈混凝土达到设计强度70%之后方可进行下部断面的开挖；

②可采取扩大拱脚、打设拱脚锚杆、加强纵向联接等措施，加固拱脚；

③下部边墙开挖后，应按设计规定及时做好支护；

④应及时量测拱顶、拱脚和边墙中部的位移，当变形速率有增大趋势时，应立即采取仰拱封闭或其他有效措施，保证围岩和衬砌尽快处于稳定状态。

（4）边墙马口跳槽的开挖，一般应错开施工，围岩状态较好时可采取对开施工，并符合下列要求：

①宜采取长短马口结合，减少跳槽次数。首轮马口长度Ⅲ～Ⅳ类围岩不宜大于4m，Ⅴ～Ⅵ类围岩不宜大于2m。

②首轮马口的中心宜选在拱圈接缝处，并应注意岩层倾斜和稳定情况，防止顺层坍滑。

③回头马口开挖必须待相邻边墙封口24h后进行；有侧压力时，应在封口3d后进行。

④洞口加强段开挖马口，拱圈悬臂长度不得超过首轮马口长度。

（5）导坑开挖或中槽开挖应采取多循环，并符合以下要求：

①导坑断面应根据地质条件、支护形式、机具设备和运转、通风、排水的要求以及作业安全要求等来确定。

②各类临时支撑不得妨碍坑内运输作业。

③在地质条件较好时，下导坑可保持较长的超前距离。

④当为硬质地层时，下导坑底部应一次挖至隧道底设计标高；上导坑应一次挖至隧道顶开挖轮廓线。

（6）分部开挖扩大时，应符合下列要求：

①开挖应顺帮打眼，周壁采用光面爆破。

②围岩压力较大时，分部开挖应与支撑配合进行。

③当洞口地段地质较差或覆盖层较薄时，应在洞内稳定地层处向洞口方向逐步扩挖和浇注拱圈，保证洞口段施工安全。

④当分层扩大时，需加强断面测量工作，防止超欠挖；并配合出渣进行断面检查，清除欠挖，处理危石。

（7）仰拱部位开挖时，可采取整幅开挖或半幅开挖，并应符合下列要求：

①挖至设计要求深度，底面平顺，清理渣物。

②排净积水，做好排水设施。

③隧道底两隅与侧墙联接处应平顺开挖，避免引起应力集中。

④当遇变形很大的膨胀性围岩时，底面及其两隅应预先打入锚杆或采取其他加固措施后，再进行开挖。

⑤仰拱部开挖时，应采取措施保证洞内临时交通畅通。

3. 超欠挖控制

（1）应严格控制超欠挖。当岩石完整、岩石抗压强度大于30MPa并确认不影响衬砌结构稳定和强度时，允许岩石个别突出部分（每1m内不大于0.1m）欠挖，但其隆起量不得大于 5cm。拱、墙脚以上 1m 内断面严禁欠挖。

（2）应尽量减少超挖。当采用特殊方法支护时，允许超挖量应适当降低。

（3）应采取光面爆破、提高钻眼精度、控制药量等措施，并提高作业人员的技术水平，将超挖控制在允许值以内。

（4）定超挖量应根据现场条件采用切实可行的测定方法。一般可采取下列方法：

① 由出渣量或衬砌混凝土量推算；

② 通过激光投影仪直接测定开挖面面积；

③ 用断面测定仪量测。

（5）采取复合式衬砌时，隧道的开挖轮廓应预留变形量。

（6）当采用构件支撑时，如围岩压力较大，支撑可能沉落或局部支撑难以拆除时，应适当加大开挖断面，预留支撑沉落量，保证衬砌设计厚度。预留支撑沉落量应根据围岩性质和围岩压力，并在施工过程中根据量测结果进行调整。

4. 掘进机开挖

（1）掘进机开挖可采用任意断面掘进机和全断面掘进机。选择机种时，应由地质条件、隧道断面尺寸和形状、隧道长度等来确定。

（2）任意断面掘进机开挖适用于抗压极限强度小于 20MPa 的围岩，全断面掘进机适用于抗压极限强度小于 20~100MPa 的围岩。以下几种情况不宜采用掘进机开挖：

① 岩石抗压极限强度超 100MPa 和裂隙发育（裂隙间隔一般为 30~40cm）的围岩。

② 抗压极限强度在 1.0MPa 以下的断层破碎带或软弱泥岩以及湿胀性围岩。

③ 石英、石榴石等硬质矿物成分含量过多的围岩。

④ 地下渗水量较大的围岩。

（3）掘进机开挖前，应平整好场地，清除积水，创造良好的运转环境。当围岩干燥时，应在开挖面喷水或安设吸尘装置，防止粉尘扩散。

（4）用钻臂式掘进机开挖时，应密切注意开挖面的稳定，并尽量减少超挖。用全断面隧道掘进机开挖时，应选择适合地质条件的道具类型、刀盘转速及推力大小等；应进行周密的运转管理，防止蛇行，提高掘进速度。

（5）应加强洞内车辆调度，统一管理，安排好各工序的施作时间。机械运转时，非操作人员应退至安全地点；发现异常情况应立即停机。

二、钻爆作业安全技术要求

1. 钻爆设计

（1）钻爆设计应根据工程地质条件、开挖断面、开挖方法、掘进循环进尺、钻眼工具、爆破材料和出渣能力等因素综合考虑。

钻爆设计的内容应包括：炮眼（掏槽眼、辅助眼、周边眼）的布置、数目、深度和角度、装药量和装药结构、起爆方法和爆破顺序等。设计图应包括：炮眼布置图、周边眼装药结构图、钻爆参数表、主要技术经济指标及必要的说明。

（2）硬岩宜采用光面爆破，软岩宜采用预裂爆破，分部开挖时可采用预留光面层光面爆破。

（3）采用光面爆破时，应满足以下技术要求：

① 根据围岩特点合理选择周边眼间距及周边眼的最小抵抗线；

② 严格控制周边眼的装药量，并使药量沿炮眼全长合理分布；
③ 周边眼宜采用小直径药卷和低爆速炸药，可借助传爆线以实现空气间隔装药；
④ 采用毫秒雷管微差顺序起爆，应使周边爆破时产生临空面，周边眼同段的雷管起爆时差应尽可能最小；
⑤ 各光面爆破参数如周边眼间距、最小抵抗线、相对距和装药集中度等，应采用工程类比或根据爆破漏斗及成缝试验确定。

（4）预裂爆破诸参数可在现场由爆破成缝试验获得。

（5）边眼参数的选用应遵守下列原则：
① 当断面较小或围岩软弱、破碎或在曲线、折线处开挖成形要求高时，周边眼间距取较小值；
② 抵抗线应大于周边眼间距。软岩在取较小的周边眼间距的同时，抵抗线应适当增大；
③ 对于软岩或破碎性围岩，周边眼的相对距应取较小值。

（6）爆破开挖一次进尺应根据围岩条件确定。开挖软弱围岩时，应控制在 $1\sim2m$ 之内；开挖坚硬完整的围岩时，应根据周边炮眼的外插角及允许超挖量确定。

硬岩隧道全断面开挖，眼深为 $3\sim3.5m$ 的深眼爆破时，单位体积岩石的耗药量可取 $0.9\sim2.0kg/m^3$；采用半断面或台阶法开挖，眼深为 $1.0\sim3m$ 的浅眼爆破时，单位耗药量可取 $0.4\sim0.8kg/m^3$。

（7）炮眼布置应符合下列要求：
① 掏槽炮眼布置在开挖断面的中央稍靠下部，以使底部岩石破碎，减少飞石。
② 周边炮眼应沿设计开挖轮廓线布置。
③ 辅助炮眼应交错均匀地布置在周边眼与掏槽眼之间，并垂直于开挖面打眼，力求爆下的石渣块体大小适合装渣的要求。
④ 开挖断面底面两隅处，应合理布置辅助眼，适当增加药量，消除爆破死角。断面顶部应控制药量，防止出现超挖。
⑤ 宜用直眼掏槽，眼深小于 2m 时可用斜眼掏槽，两个掏槽炮眼间距不得小于 20cm。
⑥ 斜眼掏槽的炮眼方向，在岩层层理或节理发育时，不得与其平行，应呈一定角度并尽量与其垂直。
⑦ 周边炮眼与辅助炮眼的眼底应在同一垂直面上，保证开挖面平整。但掏槽炮眼应比辅助炮眼眼底深 10cm。

（8）掏槽中空孔的孔数、布置型式及其与装药眼的间距，应根据中空孔和装药眼的直径、深度、地质条件和装药眼起爆顺序等来确定。

当中空孔孔径为 10cm 时，深眼爆破可采用三中空孔型式或双中空孔型式；浅眼爆破可采取单中空孔型式。

（9）装药型式应按掏槽眼孔径与药卷径的比值（不耦合系数）确定，也可按两者的体积之比确定，前者可取 2 左右，后者可取 $4\sim6$。

选用小直径药卷时，应防止爆炸中断现象。岩石很软时可采用导爆管装药型式。眼深小于 2m 时，可采用空气柱装药型式。硬岩或炮眼较深时，眼底可装一节加强药包，以保证爆破效果。

（10）当采用全断面开挖或台阶开挖时，应采用导爆管、毫秒雷管起爆周边眼，不得采用火花起爆。开挖断面一次起爆时,如毫秒雷管的间隔时间少,周边眼的雷管应与内圈炮眼的雷管跳段起爆,二段炮眼之间起爆时差可取 50~100m。

(11) 对内圈眼的爆破诸参数应加以严格控制,防止围岩过度龟裂。

(12) 导坑或局部开挖,宜采用浅眼爆破,防止振动对支撑结构产生不良影响。

(13) 当钻爆设计与围岩条件不相适应时,应及时调整使其合理。

2. 钻爆作业

(1) 钻爆作业必须按照钻爆设计进行钻眼、装药、接线和引爆。

(2) 钻眼前应定出开挖断面中线,水平线和断面轮廓,标出炮眼位置。经检查符合设计要求后方可钻眼。

(3) 炮眼的深度、角度、间距应按设计要求确定,并应符合下列精度要求:

① 掏槽眼眼口间距误差和眼底间距误差不得大于5cm。

② 辅助眼眼口排距、行距误差均不得大于5cm。

③ 周边眼沿隧道设计断面轮廓线上的间距误差不得大于5cm,周边眼外斜率不得大于5cm/m,眼底不超出开挖断面轮廓线10cm,最大不得超过15cm。

④ 内圈炮眼至周边眼的排距误差不得大于5cm,炮眼深度超过2.5m时,内圈炮眼与周边眼宜采用相同的斜率。

⑤ 当开挖面凸凹面较大时,应按实际情况调整炮眼深度,并相应调整装药量,力求除掏槽眼外的所有炮眼眼底在同一垂直面上。

(4) 应根据钻爆设计要求选定钻眼效率高的钻眼机械。当采用液压式多臂凿岩台车作业时,应密切注意钻眼石屑的排除情况,保护好钻头。

(5) 钻眼完成后,应按炮眼布置图进行检查并做好记录,有不符合要求的炮眼应重钻,经检查合格后才能装药爆破。

(6) 装药前应将炮眼内泥浆、石屑吹洗干净。已装药的炮眼应及时用炮泥堵塞密封。周边眼的堵塞长度不宜小于20cm,采用预裂爆破时,应从药卷顶端进行堵塞,不得只堵塞眼口。

(7) 采用电力起爆时,除应按国家现行《土方与爆破工程施工及验收规范》(GB 50201) 的有关规定执行外,尚应遵守下列规定:

① 装药前电灯及电线应撤离开挖面,装药时可用投光灯、矿灯、风灯照明;

② 起爆主导线应敷设在电线和管线的对侧,当不得已需要敷设在同一侧时,与钢轨、管道等导电体的间距必须大于1.0m,并悬空架设;

③ 多工序掘进依次放炮时,应检查主线的连接,确认起爆顺序无误后方可起爆;

④ 在地下水较多的地段,所用爆炸材料应能防水,连接线应采用塑料导线,敷设爆破网路时接头不得浸入水中,如不能避免时加强接头的防水与绝缘处理。

(8) 周边眼宜一次同时起爆。当必须对爆破震动加以控制时,周边眼可根据地质条件分组起爆。

(9) 开挖过程中,应监测周岩爆破扰动深度以及爆破震动对周围其他结构物的破坏程度。监测爆破震动应注意以下事项:

① 应考虑爆破方法、药量、距离、地质状况等因素,确定爆破最大振幅、频率;

② 监测爆破对地面的震动影响,宜在铅垂方向及相正交的两个水平方向(其中一方向

为爆破点方向）上同时测定；

③ 监测爆破震动值的空间衰减情况时，至少应设3个测点。

（10）钻爆机械和其他电动机械的使用、管理、维修和保养，应按有关规定办理，并遵守以下规定：

① 机械运转不得超过其最大负荷强度；

② 燃料、润滑油脂和用水应符合有关规定；

③ 严禁对机械及零部件乱拆乱卸，互换装用；

④ 新型机械使用前，应对操作人员进行技术培训，熟悉其性能，掌握机械的安全操作规程。

（11）进行爆破时，所有人员应搬至安全地点，爆破后必须待有害气体排出后方可进至开挖面工作。

（12）风钻钻眼应注意的安全事项如下：

钻眼前应测量开挖断面中线、水平，检查导坑位置是否正确，并用红铅油标出炮眼设计位置，经检查符合设计，方可进行钻眼。

采用风钻钻眼时，应检查机身、螺栓、卡套、弹簧和支架是否正常，管子接头是否牢固，有无漏风情况；钻杆有无不直、损伤以及钎孔堵塞现象；湿式凿岩机的供水是否正常；干式凿岩机的捕尘设置是否良好。

使用带支架的风钻钻眼时，应将支架安置稳妥。站在渣堆上操作时，应注意石渣是否稳定，防止操作时石渣坍塌伤人。在拱部扩大马口部位钻挑顶眼、爬眼、斜插眼及吊眼时，要注意检查有无松动石块，以防坠落伤人。遗留的残眼不得套打加深，防止残眼内可能遗留的雷管、炸药爆炸。

钻眼粉尘对隧道施工人员危害极大。为防止粉尘飞扬，污染作业环境，危害人体健康，开钻时，应严格遵守先开水后开风的规定。钻眼中还应注意以下几点：钻眼开门宜用较短钻杆，其长度以不超过80cm为好。钻杆过长容易扭曲折断，司钻人员身体容易失去平衡。当钻杆尚未找准炮眼位置前，风门不宜开大，应待钻头钻入炮眼后，再完全打开风门。司钻工不得将胸部、腹部紧贴风钻手柄，腿部不得抵住风钻卡套弹簧。钻眼过程中钻杆与钻孔应保持在一条直线上，防止钻杆弯曲、掉头或折断。卡钻时，应用扳钳松动拔出，不可敲打。未关风前，不可拆除钻杆。在用风钻每2h应加油一次。加强风钻保养维修，使之经常处于良好状态。风钻拆卸修理不得在工作面进行。

使用电钻钻眼时，为防止触电事故，应检查把手胶皮套绝缘情况和防止电缆脱落的装置是否良好。司钻工必须带绝缘手套穿绝缘鞋进行操作。不得用手导引回转钢钎，也不得用电钻处理被卡住的钢钎。

（13）钻孔台车钻眼应注意的安全事项如下：

① 钻孔台车有轨行式和轮胎式两种行走方式，轨行式的轨道铺设和轮胎式的道路要求应按机械使用说明书的要求办理。

② 台车走行速度每分钟不应超过25m，当接近工作面时，应减速慢行，并做好刹车准备，防止撞击工作面；台车走行或待避时，应将钻架和机具都收拢到放置位置。

③ 台车进出洞为保证其安全应有专人指挥，不得载人载物行驶，并应认真检查道路，清除走行界限内的临时台架等障碍物。

④ 台车行走和工作的位置应在隧道的中心线上，其左右偏差不宜大于0.5m，台车就位后不得倾斜；并应刹住车轮，放下支柱，防止前后移动。

⑤ 钻爆工应熟悉钻爆设计图纸，认真按照炮位设计标定位置精心操作，对钻孔应明确分工，两钻臂不得同时在同一竖直面上作业，只能交叉进行，以防危石砸坏钻臂。要随时注意检查钻杆的回转情况，掏槽眼定好角度，防止交叉或打穿。

⑥ 液压凿岩机的拆卸和安装，必须由受过专业培训的人员担任，每班都应检查拉杆是否正常。在固定链条上，不得有泥渣和石子，防止导致牵引装置中的链条和链轮损坏。机械应定期进行保养，及时更换已磨损的零件，避免产生严重损伤。

⑦ 台车在遇到断层和地质不良的情况下作业时，必须指派安全员站在一定的位置上观察险情，台车司机必须坚守驾驶室，且发动机不准熄火，遇有险情可随时撤离，避免坍塌砸坏机械和作业人员。

（14）采用火花引爆时，导火索的长度应能保证点炮人点完导火索后撤至安全地点，同时，最短不得小于1.2m；如连续点燃多根导火索，一个爆破工一次点燃的根数不宜超过5根。一人点炮超过5根或多人点炮应先点燃信号引线，信号引线的燃完时间应比第一个炮眼爆炸的时间至少提前60s，当信号引线燃完时，爆破工必须离开工作面。为防止点炮中发生照明故障，爆破工应随身携带手电筒，并设事故照明。严禁明火照明点炮。

（15）采用导爆管引爆时，使用前导爆应随时保持封口状态，以防其内药粉受潮拒爆。非电起爆系统各部分的连接都必须牢固，防止拉脱，影响传爆和起爆。所有雷管必须有段别标志，否则应按报废处理。装填起爆药包时，要先把导爆管理顺，用手扶着与药包同时送入孔中，防止导爆管拉脱或打结，引起拒爆。堵炮时要妥善保护导爆管，防止炮棍、石子撞击，砸扁或切断导爆管而拒爆。网路连接时必须清除导爆管上的泥污和水，绑扎要牢固，但不要拉紧。网路连接后还必须仔细检查有无错连、漏连现象；最后绑上雷管或套上击发装置，准备起爆。

任务四　装卸渣与运输

一、装卸渣作业安全技术要求

1. 装渣设备应选用能在隧道开挖断面内发挥高效率的机械，其装渣能力应与每次开挖土石方量及运输车辆的容量相适应。

2. 装渣作业应符合下列要求：

（1）机械装渣作业应严格按操作规程进行，并不得损坏已有的支护及临时设备。

（2）采用轨行式机械装渣，应使轨道紧跟开挖面，设备及时向前移动以缩短调车距离。为加速调车，减少调车作业，应当采用梭式矿车、转载机等设备。进行连续装渣时，应统一指挥避免发生事故。

（3）漏斗装渣时，漏斗处应有防护设施和联系信号，渣满时及时发出停漏信号，并盖好滑渣口。接渣时，漏斗下不得站人、行人，也不得进入漏斗扒渣。

（4）在台阶或棚架上向下扒渣时，渣堆应稳定，防止滑坍伤人。

（5）装载料具时，不得超出装载限界。装运大体积或超长料具时，应捆扎牢固，并加游车与保险绳和显示限界的红灯，还应专列运输和专人指挥。

3. 卸渣作业应符合下列要求：

（1）为提高卸渣速度，应根据弃渣场地形条件、弃渣利用情况、车辆类型，妥善布置卸渣线，卸渣应在布置的卸渣线上依次进行。

（2）卸渣宜采用自动卸渣或机械卸渣设备，卸渣时有专人指挥卸渣、平整。

（3）卸渣场地应修筑永久排水设施和其他防护工程，确保地表径流不致冲蚀弃渣堆，避免因弃渣堵塞造成排水不畅与过大土压引起山坡坍塌和对桥梁墩台、路基涵洞的偏压以及对建筑物的危害。若靠近交通道路，应防止弃渣下滚危害车辆与人身安全。有害环境保护的弃渣方案，应征得当地环保部门的同意。

（4）轨道运输卸渣时，卸渣码头应搭设牢固，并设挂钩、栏杆，轨道末端应设置可靠的挡车装置。

二、运输方案的选择

装渣运输应根据断面大小、施工方法、机具设备、运量要求确定方案，并不断改进装、运、卸和调车作业，以减少干扰，提高运输效率，保证作业安全。长隧道应设工程运输调度统一指挥，以提高运输效率，保证安全生产。装渣运输方式有：有轨式、无轨式和无轨装渣有轨运输 3 种。

1. 有轨式：是目前普遍采用的方式，装渣机械、牵引车和车辆要配套，并合理布置轨道、认真养护线路，才能提高运输效率，为安全生产创造条件。

2. 无轨式：不受轨道约束，使用装载机配翻斗汽车，运输效率高，适宜于大断面隧道开挖出渣。

3. 无轨装渣有轨运输式：特点是在距开挖工作面 20～30m 范围之内不需要铺轨，解决了开挖爆破中轨道延伸与装渣调车的相互干扰问题。

三、装卸渣与运输安全的一般规定

1. 进入隧道的内燃机械与车辆，必须选用带净化装置的柴油机。汽油机械与车辆不得进洞。但若通风能达到粉尘与无害气体不超过规定要求时，可不受此限。

2. 各种运输设备不得人、料混装，严禁非司机、非调车员搭乘非运人的车辆与行走机械。否则调车员与司机有权拒绝发车。

3. 超过 4km 的长隧道，工人上下班均应有载人的车辆，并制定专门的保证安全的措施。

4. 人力装卸卡车（或各种矿车），应待车停稳并制动，严禁站在车斗内扒渣；解除制动应使用工具（以避免压手），起动应鸣笛（吹哨）。

5. 机械装渣，小型装渣机的电缆或高压胶管，应有专人收放；大型装载机工作场地，应设车辆机械调度与指挥人员。在掌子面装渣时，应先洒水，以减少粉尘。

6. 禁止使用装载机当"吊机"爬坡和当运输车用，以免违章发生事故。

四、有轨运输

使用有轨式铲斗装渣机或有轨式立爪装渣机，配合轨道车辆出渣运输时，洞外应根据需要设调车、编组、卸渣、进料、设备整修作业等线路。

1. 轨道线路要做标准，以免车辆掉道发生事故，一般标准如下：

（1）机动车牵引，钢距不宜小于 24kg/m，尽可能选用较大号道岔，并安装转辙器。

（2）轨枕间距不大于 0.7m，枕长为轨距加 0.6m，上下应为平面，道岔处应铺长枕。

（3）平面曲线半径应不小于机动车辆最大轴距的 7 倍，洞外为 10 倍。

(4) 道床可利用洞内不易风化的石渣作道渣,其厚度不小于 15cm。

(5) 线路铺设:轨距允许误差为 +6、-2mm,曲线地段设加宽和超高,必要时加轨距拉杆,直线地段两轨水平允许误差为 +4、-4mm,钢轨接头应上好夹板并铺两根枕木。

(6) 洞内运输轨道,宜铺单道,应设置错车道会车,有效长度应能满足最长列车的运行需要。线间距:双道的线间距应能保持两列车间净距大于 200cm,错车线应大于 40cm。

(7) 车辆距坑道壁支撑边缘的净距不小于 20cm,预留一侧的人行道净宽度小于 70cm。

(8) 当使用新型轨式机械设备时,线路标准应符合机械规格性能的要求,并保证安全。

(9) 装渣场线路,应设置大于 1% 的上坡道。码头应搭设牢固,并有挂钩、栏杆、车挡等,防止溜车、翻车事故发生。

(10) 机动车牵引的列车,在洞内施工地段、视线不良的弯道上、通过道岔和洞口平交道等处,运行速度不应大于 5km/h,其他地段在采取有效的安全措施后,最大速度不应大于 15km/h。

2. 线路应专人按标准养护、维护,使之经常处于良好状态。线路两侧废渣和余料、杂物,应随时清除。轨道旁堆料应不影响列车限界和行人安全,并堆码稳定整齐。

3. 行车速度与车辆间距见表 5-1。

表 5-1　行车速度与车辆间距

牵引方式	最大速度		车辆间距离（m）	备注
	洞外及成洞地段（km/h）	洞内施工地段（km/h）		
人力	6	5	>20	人行速度 5 km/h 计
机动	15	5	>60	

4. 人力推车运输,单一斗车运行,安全规定如下:

(1) 翻转式斗车,运行与装车时,必须将卡锁锁住。

(2) 斗车刹车必须良好,人力推车时,应在后方推行,严禁在两侧推行或肩扛推,仅在上坡时,才允许在车前帮助拖拉,但必须注意绳子是否牢固。并且,在下坡时严禁溜放。

(3) 人力推车在视线不良及有障碍物的施工地段,应及时鸣笛并减速。

(4) 在坡道上停车时应加止轮器。

5. 机动车牵引运输必须遵守以下的安全规定:

(1) 非值班司机不得驾驶车辆。

(2) 除机动车司机、调车员、信号员、联络员外,不得搭乘其他人员。

(3) 司机不得擅离工作岗位,应听从调车员指挥,开车前应发出信号,运行中不得将头、手伸出车外。司机离开座位,应切断电源,取下控制手柄,扳紧车闸制动,开亮灯。

(4) 列车连接应当良好,利用机车进行车辆的调车、编组和停留或人力推运车辆时,机动车的闸、灯、警铃、喇叭、连接器等,必须保持良好。

(5) 正常运行时,机动车必须在前端牵引(调车和处理事故时例外)。

(6) 列车和单独行驶的机动车,制动距离:运物料时不得超过 40m,运送人员时不得超过 20m,运行和中途停车,必须打开前后照明灯。

(7) 同一地段上,不得再推行非机动车辆。

(8) 接近或通过风门、道岔、较大坡度地段、洞口、横通道门、施工作业地段以及前面有障碍时，必须减速鸣笛。

（9）机车不得超载牵引，车辆中心装载高度不得超出车斗上沿40cm，边部装载高度不得超出沿口，宽不得超限，重不得超重。

（10）车辆在同方向行驶时，两组列车的间距不得小于60m；人推斗车的间距不得小于20m。

（11）轨道旁堆料，距钢轨外缘不得小于50cm，高度不得大于100cm，并堆码稳定。

（12）卸渣处线路应设置大于1%的上坡道。卸渣码头应搭接，并设有挂钩、栏杆、车挡装置，注意防止溜车。

6. 运送人员的车辆，必须遵守下列规定：

（1）发车前应检查各车的连接装置、轮轴和车闸、车灯等是否正常。

（2）行车时速不超过10km。

（3）乘车人员应听从车长（调车员）、司机指挥，列车行驶中和尚未停稳前均不得上下，机动车和车辆连接处不得搭人，车辆不得超载超员搭人，头与手和所携带工具等不得暴露车外。

五、无轨运输

使用无轨式铲斗装渣机，配合翻斗司机等出渣运输。

1. 运输道路要能满足运输车辆的要求，按规定宽度做好路面和排水与养护工作，设置道路标志。单车道应根据需要设置若干会车道（每股宽度不小于5.5m，长度不小于10m）。

2. 洞口、平交道和狭窄的施工场地，应设置"缓行"标志，必要时安排防护人员指挥交通。凡接近车辆限界的施工设备与机具（如停放在洞口的车辆、机械、模板台车等），均应在其外缘设置低压红色闪光灯，组成限界显示线。

3. 运行车辆的限制速度（km/h），如表5-2所示。

表5-2 限制速度

项 目	作业地段（km/h）	非作业地段（km/h）	成洞地段（km/h）
正常行车	10	20	20
有牵引拖车	5	15	15
会 车	5	10	10

4. 洞外汽车卸渣点，路面（场地）应保持4%的上坡，并在渣堆边缘内80cm处设置挡木，以免车辆后退倾覆。

5. 先拱后墙法施工中，采用卡口梁作运输栈道，必要时应在卡口梁下架设立柱，以保证栈道安全。

6. 车辆行驶安全规定如下：

（1）进洞柴油汽车必须有净化装置，汽油车应严格限制进洞。

（2）洞内严禁超车。会车时，空车让重车，重车减速行驶；下坡车让上坡车，两车箱间安全距离至少为50cm。

（3）同向行车，前后两车间距至少为20m，洞内能见度差时，应加大距离。

（4）洞内车辆相近及发现行人时，应关闭大灯，开小灯或近光灯。

（5）车辆起动前，应进行瞭望与鸣笛，进出隧道时应鸣笛；但不得使用高音喇叭。

7. 施工人员在洞内行走应遵守以下规定：
(1) 行人不得走行车道，应走人行道。
(2) 不准与车辆、机械抢道。
(3) 不准扒车、追车、强行搭车。

六、无轨装渣有轨运输

在无轨式铲斗装渣机、耙渣机或履带式的蟹爪、立爪装渣机之后，配合轨道车辆装渣运输和全断面或半断面施工中可利用履带式单臂掘进机，正、反铲挖掘机自挖自装，以及各类可侧卸式铲斗装卸机装渣。其装渣、轨道与车辆运输按装卸渣规定以及运输安全规定操作。

任务五　隧道支护施工

隧道开挖施工中，对松软、破碎、不稳定的围岩，为防止开挖后围岩暴露时间过长，地层压力增大，造成坍塌，必须及时进行支护，以确保施工安全。对不同类别的围岩，应采用不同结构形式的施工支护。隧道支护通常用构件支撑和喷锚支护。

一、施工支护的一般规定

1. 施工支护应配合开挖及时施作，确保施工安全。
2. 选择支护方式时，应优先采用锚杆、喷射混凝土或锚喷联合作为临时支护。在软弱围岩中采用锚喷支护时，应根据地质条件结合辅助施工方法综合考虑。
3. 对不同类别的围岩，应采用不同结构型式的施工支护。
(1) Ⅵ类围岩可不支护，Ⅴ类围岩支护时，宜采用局部喷混凝土或局部锚杆，为防止岩爆和局部落石，可局部加拴钢筋网。
(2) Ⅳ~Ⅲ类围岩可采用锚杆、锚杆挂网、喷混凝土或锚喷联合支护。Ⅲ类围岩必要时可加设钢架。
(3) Ⅱ~Ⅰ类围岩宜采用锚喷挂网的联合支护形式，并可结合辅助施工方法进行施工支护。
(4) 当地质条件差，围岩不稳定时，可采用构件支撑。
4. 施工锚杆、喷射混凝土和构件支撑时，应作好记录。

二、构件支撑作业安全技术要求

1. 构件支护的技术要求
(1) 构件支护适用于分布开挖、导坑开挖。
(2) 构件支护应根据围岩条件、隧道开挖断面的尺寸、埋深、开挖方式、开挖方法、构件支护的操作时间等进行设计。
(3) 构件支护可使用型钢、木、钢木混合及钢筋混凝土预制构件等材料。
(4) 木支护主要用于临时性应急支护，使用时应符合下列要求：
① 木支护的梁、柱等主要圆木杆件，细头直径应不小于20cm（跨度大于4m时应不小于25cm），其他连接杆件细头直径可采用12~15 cm；木板厚度不宜小于5cm。
② 支护应采用质地坚固、有弹性、无结疤的木料。脆硬的木料不宜使用，腐朽及破裂多节的木材严禁使用。
(5) 采用钢架支撑应符合下列要求：

① 钢架支撑可选用 H 型钢（工字钢）、U 型钢、钢轨、钢管或其他钢材，按设计要求预先作成构件，使用时焊接或栓接成整体。

② 钢架支撑必须具有必要的强度和刚度，其形状尺寸应与开挖断面相适应。如系作为衬砌结构组成部分，并应与衬砌断面向配合。

③ 支撑接头可由螺栓连接牢靠。作为衬砌骨架的支撑，接头可采用焊接。

④ 钢架支撑下端应加设底板，如基底松软则安装时应设置垫板，防止支撑受荷载下沉。必要时也用混凝土加固基底。

⑤ 各排支撑间应用纵向拉杆联系，使之成整体。如估计可能产生纵向荷载，应安装纵向斜撑。

⑥ 钢架支撑的外围，视地质条件，应用背板、填木或钢板等使与围岩密贴；如钢架支撑作为衬砌混凝土骨架时，也可采用预制混凝土背板或填块。

⑦ 花拱支撑是常用的一种钢支撑，它是以钢制花拱代替扇形木支撑，同时，在衬砌中花拱可不拆除，作为拱圈混凝土骨架，起到加固衬砌的作用。因此，在不良地质、地压大、有明显偏压或施工中出现较大塌方的隧道中得到广泛使用。

花拱的结构，一般采用内外层钢轨或工字钢弯制，并用钢筋焊接而成。每榀花拱由 3～5 节组成（双线隧道用 7 节），用螺栓夹板联结或焊接。花拱支撑的间距，应根据围岩稳定情况和花拱结构形式确定。

(6) 分布开挖采用木构件支撑时，应符合下列要求：

① 导坑支撑可用半框架式。松软地层具有底压力时应增设底梁。在随挖随坍的围岩中，暴露面应予以临时封闭。

② 在开挖漏斗孔时，应对下导坑支撑临时加固。松软地层中的漏斗孔采用框架支撑，并将框架外四周空隙填塞紧密。

③ 拱部扩大采用扇形支撑时，宜配合开挖分部架设；如用纵梁，应考虑便于衬砌石拆除。

④ 洞口地段围岩一般不够稳定，容易坍塌，支撑应特别加强。洞口导坑支撑通常应向洞外架出 4～8 排明厢，在其顶部密铺背柴，并压以筐装弃渣或土袋，以稳定支撑，对防止仰坡落石起缓冲作用。明厢应加设斜撑，并延伸至洞内 4～6m，防止洞内放炮时倾倒；上部扩大的明厢亦需多架设两排，并应加固。

(7) 架设漏斗棚架时，横梁两端应与岩壁顶紧，各接架间连接牢固，构成整体。每组棚架上铺设的钢轨长度应便于拆除倒用，并应密铺，防止漏渣。

大棚架法采用钢木混合支撑施工时，可用小钢轨束作棚架横梁，将钢轨束扎紧并与立柱连接牢固，防止滑动。

2. 构架支护的架设安全技术要求

(1) 构件支护的架设应符合下列要求：

① 应根据中线、水平、坑道断面和预留沉落量等将构件支护架设在中线方向的垂直面上，并力求整齐。同时，支护之间应纵向连接牢固，构成整体。

② 各排支撑间应用纵撑连接牢固，构成整体。支撑与围岩之间应以板、楔或背柴等填塞紧密。

③ 应根据地质条件采取不致使支护产生下沉的措施。支护柱脚下虚渣必须清除，地层

松软时应加设垫板或垫托梁,必要时可用混凝土加固地基。

④ 导坑支护可用半框架式。松软地层具有底压力时应增设底梁。在洞口的导坑支护排架,应伸出洞外 3～5m 以上,并设纵向支护予以加固。

⑤ 构件支护构架的架设间距,以采取 80～120cm,松软破碎地段可适当加密。

⑥ 当构架支护施工区段很短或可能发生纵向荷载时,应设置纵向斜撑,以防支护倾倒。

⑦ 在开挖漏斗时,应对该处下导坑支护进行临时加固,松软地层中的漏斗孔用框架支护,并将框架外四周空隙填塞紧密。

⑧ 在拱部扩大采用扇形构架支护时,应配合开挖分部架设,并随挖随护。如采用纵梁,应考虑施作衬砌时便于拆除。

侵入衬砌设计厚度线的所有木料,在衬砌灌注前应拆除,不得灌注于衬砌之中。

(2) 仰拱开挖前,应架设横撑顶紧两侧墙脚,防止边墙内挤,横撑间距可采用 1.0～1.2m。横撑应待仰拱混凝土达到设计强度 70% 时才能拆除。

采用先拱后墙法施工时,应符合下列要求:

① 在洞口地段和松软地层开挖中层或落底前,必须用卡口梁加木楔顶紧拱脚,其间距一般为 120cm,或在拱脚设锚杆,防止拱脚内移。

② 在松软破碎的围岩中挖马口,应设置斜撑、立杆等支顶拱脚,马口岩壁临空面均应撑稳。当岩层层理向隧道内倾斜时,应采取措施防止岩层顺层滑坍。

(3) 构件支护的加强及抽换应满足下列要求:

① 支护应有专人经常进行检查,特别是每次放炮后。如发现杆件有破裂、倾斜、弯扭、变形以及接头松脱、填塞漏空等异常时,应立即用安全可靠的方法进行加固处理。

② 支护变形非常明显必须抽换时,应从末端起逐排抽换。并应本着"先顶后拆"的原则进行,防止围岩松动坍方。

③ 如施工中短期停止工作时,应将各部支护架设至开挖面。

④ 开挖中层或落底前需拆除下导坑支护时,应由里向外倒退拆除。

(4) 支撑应经常检查,发现杆件破裂、倾斜、弯扭、变形以及接头松脱、填塞漏空等异状,必须立即加固。检查的方法,一般是先看支撑是否变形,节点是否受力,构件有无扭曲、变形或折断;再看背柴和木楔是否紧密和有无其他不安全情况;还可以用小锤敲听声音是否正常。有施工经验者,可采取目测中线和抄平的方法检查支撑有无位移变形。经过检查,对有问题的支撑应及时采取措施,消除隐患。

三、喷锚支护作业安全技术

1. 喷锚支护作业一般要求

(1) 作业前应认真检查:喷锚地段的危石是否处理,用高压水冲洗岩面清除岩粉是否符合要求,能否使喷层与岩面密贴,脚手架平台是否牢固可靠,是否设置防护栏杆,照明是否符合要求,作业范围是否布置警戒人员。

(2) 采用干式喷射法喷射混凝土时,应坚持采用综合防尘措施:工作面应设置粉尘水幕;加强施工通风,降低粉尘浓度;由于水泥和速凝剂对皮肤有腐蚀性,工作人员要加强个人防护,喷射手应配戴防护面具、防水披肩、防护眼镜、防尘口罩、乳胶手套;其他工作人员也应配戴防尘口罩等防护用品。

(3) 对所需喷射机械必须实行定机、定人、定岗位的"三定"制度,认真执行安全操作、保养和交接班制度。

（4）喷射机械设备布置在安全地段，喷施机注浆罐、水箱、风包等均应安装压力表、安全阀，并在使用前进行耐压试验，合格后方可使用。

（5）搅拌运输车卸料地点及喷射作业场地要做到机械布置得当，运输道路畅通，风、水、电位置合理，线路顺直，互不干扰，管线路应不漏风、不漏水、不漏电，场地整洁无积水。加强交通管理，防止行人和车辆互相干扰而发生伤亡事故。

（6）向锚杆孔压注砂浆，压力应保持在 0.2MPa 左右，不宜过大，并密切注视压力表，如发现压力过高，应立即停风，排除堵塞。注浆管喷嘴严禁对人放置，在未打开风阀前，不得移动或关闭密封盖，以防高压喷射物喷出伤人。

（7）喷射机开始时应先给风，再开机，后送料。结束时待料喷完，先停机，后关风。工作中经常检查输料管、出料弯管有无磨薄、击穿及连接不牢的现象，发现问题应及时处理。当喷嘴不出料时，检查输料管是否堵塞，但一定要避开有人的地方，严防高压水、高压风及其他喷射物突然喷出伤人。

（8）喷锚作业中的事故，多数是由于掌子面产生表层岩石坍落，或由于喷射混凝土硬化不充分，产生剥落掉块而造成的。另外，由于锚杆钻孔的操作比较复杂，容易产生接触性事故。在注浆和插锚杆时，常用不正确姿势作业，造成跌落和坠落事故。因此施工中应制定检查人员，随机进行检查，指挥操作人员操作。

（9）在进行钢支撑支护时，应按高处作业要求，制定作业计划。根据作业环境，选定起吊设备，按作业程序，对构件倒塌、歪曲、落石落块、人员坠落等不安全因素，制定相应的安全措施，并设专人指挥、检查，做到安全生产。

（10）在平台上工作时，上下传递、运输物料必须确定联络信号，严禁抛掷。

（11）在喷锚支护施工中，应按设计参数要求，建立严密的检验制度，以确保锚杆深度、锚杆间距和注浆符合拔力要求；确保喷射混凝土的设计厚度、强度和表面形状要求；确保钢筋网间距位置、接头尺寸、保护层厚度和粘结力要求。这些要求既是质量问题，也是安全问题。此外，应经常检查，及时修补混凝土的空膨、剥落部分，消除隐患也非常重要。当发现已锚区段的围岩有较大变形或锚杆失效时，应立即在该段区增设加强锚杆，其长度宜不小于原锚杆长度的 1.5 倍，在不良地质隧道中施工，应有钢架支撑备品，必要时应用钢架支撑加强支护。

当发现量测数据有不正常变化或突变，洞内或地表位移值等于或大于允许位移值，洞内或地面出现裂缝以及喷层出现异常裂缝，均应视为危险警告信号，必须立即通知现场作业人员撤离现场，待制定处理措施后才能继续施工。

2. 锚杆施工安全技术

（1）锚杆安设作业应在初喷混凝土后及时进行。

（2）锚杆施工的准备工作如下：

① 检查锚杆材料、类型、规格、质量以及性能是否与设计相符。

② 根据锚杆类型、规格及围岩情况选择钻孔机具。

③ 采用砂浆锚杆时，应按设计要求截取杆体，并整直、除锈和除油。

④ 采用楔缝式锚杆时，应检查杆体长度、楔缝、楔块、螺母与螺栓的尺寸和配合情况。

（3）钻孔前应根据设计要求定出孔位，作出标记，孔位允许偏差为 ±15mm。

(4) 钻孔应符合下列要求：
① 钻孔应圆而直，钻孔方向宜尽量与岩层主要结构面垂直。
② 水泥砂浆锚杆孔径应大于杆体直径 15mm；其他型式锚杆孔径应符合设计要求。
③ 钻孔深度应满足下列要求：水泥砂浆锚杆孔深允许偏差为 ±50mm；楔缝式锚杆孔深不应小于杆体有效长度，且不应大于杆体有效长度 30mm；树脂锚杆和早强药包锚杆孔深应与杆体长度配合恰当。

(5) 早强水泥砂浆锚杆的施工要求如下：
① 早强水泥砂浆锚杆采用硫铝酸盐早强水泥并掺早强剂；
② 注浆作业开始或中途停止超过 30min 时，应测定砂浆坍落度，其值小于 10mm 时，不得注入罐内使用。

(6) 楔缝锚杆（包括胀壳式锚杆）的施工要求如下：
① 楔缝式锚杆安装前，应将杆体与部件（楔子、胀壳、托板）组装好；锚杆插入钻孔时楔子不得偏斜或脱落，锚头必须楔紧，保证锚固可靠；安设杆体后应立即上好托板，拧紧螺帽。锚杆施加预张拉力时，其拧紧力矩不应小于 100N·m。
② 打紧楔块时不得损坏丝扣。
③ 楔缝锚杆一昼夜后应再次紧固，以后还要定期检查，如发现有松弛情况，应再行紧固。
④ 楔缝式锚杆只能作为临时支护，如作为永久支护应补注水泥浆或水泥砂浆。

(7) 树脂锚杆的施工要求如下：
① 安装前应检查树脂卷质量，变质者不得使用。
② 安装时用杆体将树脂卷送入孔底，用搅拌器搅拌树脂时应缓缓推进杆体，搅拌时间一般为 30s。搅拌完毕后将孔口处杆件临时固定，15min 后可安装托板。

(8) 在有水地段，采用普通水泥砂浆锚杆时，如遇孔内流水，应在附近另行钻孔后再安装锚杆，亦可采用速凝早强药包锚杆或采用锚管锚杆向围岩压浆止水。

(9) 锚杆钻孔可采用一般凿岩机械，当在土层中钻孔时，宜采用干式排渣的回旋式钻机。注浆可采用风动牛角泵，也可使用挤压式注浆泵。

(10) 锚杆宜采用 Ⅱ 级钢筋制作。灌浆锚杆宜采用螺纹钢筋，杆体直径以 16～22mm 为宜。楔缝锚杆的杆体直径以 16～25mm 为宜。

3. 喷射混凝土安全技术
(1) 应根据对喷射混凝土的质量要求和作业条件的要求，以及现场的维修养护能力等选定喷射方式，同时尚应考虑对粉尘和回弹量的限制程度。
(2) 喷射混凝土、砂浆材料应符合下列要求：
① 水泥。应优先采用普通硅酸盐水泥，也可采用矿渣硅酸盐水泥；在软弱围岩中宜选用早强水泥。水泥强度不得低于 32.5MPa，使用前应做强度复查试验。
② 速凝剂。必须采用质量合格的产品。应注意保管，不使其变质。使用前应做速凝效果试验，要求初凝不超过 5min，终凝不超过 10min，应根据水泥品种、水灰比等，通过试验确定速凝剂的最佳掺量，并应在使用时准确计量。
③ 砂。喷射混凝土应采用硬质洁净的中砂或粗砂，细度模数宜大于 2.5，含水率一般为 5%～7%，使用前应一律过筛。

④ 石料。采用坚硬耐久的碎石或卵石,粒径不宜大于15mm,钢纤维喷射混凝土的碎石粒径不应大于10mm,且级配良好。当使用碱性速凝剂时,石料不应含活性二氧化硅。

⑤ 水。水质应符合工程用水的有关标准,水中不得含有影响水泥正常凝结与硬化的有害杂质。

⑥ 采用钢纤维喷射混凝土时,其钢纤维可用普通碳素钢,其抗拉强度不得低于380MPa,且不得有油渍及明显的锈蚀。钢纤维直径宜为0.3~0.5mm,长度宜为20~25mm,且不得大于25mm。钢纤维含量宜为混合料质量的3%~6%。钢纤维喷射混凝土强度等级不应低于C20。

(3) 喷射混凝土配合比应通过试验选定,满足设计强度和喷射工艺的要求。

(4) 混合料应拌和均匀,随拌随用,并采用强制搅拌机在短时间内完成,严禁受潮。

(5) 喷射混凝土的配比及拌和均匀性每班检查不得少于两次。喷射混凝土材料计量,一般应以质量计算,其允许误差为:水泥与速凝剂各为2%,砂与石料各为5%。

(6) 喷射混凝土作业应符合下列要求:

① 在喷射混凝土之前,应用水或高压风管将岩壁面的粉尘和杂物冲洗干净。

② 喷射中发现松动石块或遮挡喷射混凝土的物体时,应及时清除。

③ 喷射作业应分段、分片由下而上顺序进行,每段长度不宜超过6m。

④ 一次喷射厚度应根据设计厚度和喷射部位确定,初喷厚度不得小于4~6cm。

⑤ 喷射作业应以适当厚度分层进行,后一层喷射应在前一层混凝土终凝后进行。若终凝后间隔1h以上且初喷表面已蒙上粉尘时,受喷面应用高压气体、水清洗干净。岩石有较大凹洼时,应结合初喷予以找平。

⑥ 回弹率应予控制,拱部不超过40%,边墙不超过30%,挂钢筋网后,回弹率限制可放宽5%。应尽量采用经过验证的新技术,减少回弹率,回弹物不得重新用作喷射混凝土材料。

⑦ 喷射混凝土终凝2h后,应喷水养护,养护时间一般不少于7d。

(7) 喷射混凝土作业需紧跟开挖面时,下次爆破距喷混凝土作业完成时间的间隔,不得小于4h。

(8) 冬季施工时,喷射作业区的气温不应低于5℃。在结冰的层面上不得喷射混凝土。混凝土强度未达到6MPa前不得受冻,混合料应提前运进洞内。

(9) 采用钢筋网喷射混凝土时,可在岩面喷射一层混凝土后再进行钢筋网的铺设,并在锚杆安设后进行。钢筋网的铺设应符合下列要求:

① 钢筋使用前应清除锈蚀;

② 钢筋网应随受喷面的起伏铺设,与受喷面的间隙一般不大于3cm。

③ 钢筋网应与锚杆或其他固定装置连接牢固,在喷射混凝土时不得晃动。

(10) 采用钢架喷射混凝土时,钢架的型式、制作和架设应符合下列要求:

① 钢架支撑可选用H型钢、工字钢、U型钢、钢轨、钢管和钢筋格栅等制作,钢架加工尺寸等应符合设计要求。

② 钢架支撑必须具有必要的强度和刚度,钢架的设计强度,应能保证单独承受2~4m高的松动岩柱重量,其形状应与开挖断面相适应。

③ 支撑接头由螺栓连接牢靠,当作为衬砌骨架时,接头应焊接。

④ 格栅钢架的主筋材料应采用Ⅱ级钢筋或Ⅰ级钢筋,直径不小于22mm,联系钢筋可根据具体情况选用。

⑤ 钢管钢架应在钢管上设置注浆口,架设后应注满水泥砂浆。

⑥ 钢架应按设计位置架设,钢架之间必须用纵向钢筋联接,拱脚必须放在牢固的基础上。钢架与围岩应尽量靠近,但应留 2~3cm 间隙作混凝土保护层。

当钢架和围岩之间的间隙过大时应设垫块。如钢架支撑作为衬砌混凝土骨架时,应用预制混凝土背板或填块固定牢靠。

⑦ 钢架应垂直于隧道中线,上下、左右允许误差 ±5cm,钢架倾斜度不得大于2°。拱脚标高不足时,不得用土、石回填,而应设置钢板进行调整,必要时可用混凝土加固基底。拱脚高度应低于上半断面底线 15~20cm,当拱脚处围岩承载力不够时,应向围岩方向加大拱脚接触面积。

⑧ 当钢架喷射混凝土作为永久性支护结构时,钢架与围岩之间的间隙必须用喷射混凝土充填密实。间隙过大时,可用钢楔或混凝土楔块顶紧,其点数单侧不得少于 8 个。喷射混凝土应由两侧拱脚向上对称喷射,并将钢架覆盖。

(11) 有水地段喷射混凝土时应采取以下措施:

① 当涌水点不多时,用开缝摩擦锚杆进行导水处理后再喷射;当涌水范围大时,设树枝状排水导管后再喷射;当涌水严重时,可设置泄水孔,边排水边喷射。

② 改变配合比,增加水泥用量。先喷干混合料,待其与涌水融合后,再逐渐加水喷射。喷射时由远及近,逐渐向涌水点逼近,然后在涌水点安设导管,将水引出,再在导管附近喷射。

(12) 砂层地段喷射混凝土时应采取以下措施:

① 紧贴砂层铺挂细钢筋网,并用直径为 22mm 环向钢筋压紧。

② 在正式喷射前应适当减少喷射机的工作气压,先喷射一层加大速凝剂掺量的水泥砂浆,再喷射混凝土。

(13) 喷射混凝土施工配套机具应符合以下要求:

① 机具密封性能良好;

② 输送连续、均匀,允许输送的最大骨料粒径为 25mm;

③ 输送距离(干混合料)应满足使用要求;

④ 输料管应具有良好的耐磨性能;

⑤ 生产能力(干混合料)为 3~5m^3/h;

⑥ 混合料的拌和应采用强制式搅拌机;

⑦ 供水设施应保证喷头处的水压为 0.15~0.2MPa。

(14) 喷射机使用过程中应遵守下列规定:

① 对喷射机应随时保养维修,使之经常处于不漏气、不堵塞的良好工作状态。

② 喷射机的工作气压应控制在 0.1~0.15MPa。可根据喷出料束情况适当调节气压。喷头处的水压应大于气压(干喷时水压应比气压高 0.05~0.1MPa)。

③ 喷头与受喷面宜垂直,距离应与工作气压相适应,以 0.6~1.2m 为宜。有钢筋网时,喷射距离可小于 0.6m,喷射角度可稍偏一些,喷射混凝土应覆盖钢筋网 2cm 以上。

④ 严格控制水灰比,喷到岩面上的混凝土应湿润有光泽,黏塑性好,无干斑或滑移流淌现象。

⑤ 控制喷层厚度,使其均匀,操作时喷头应不停且缓慢地做横向环形移动,循序渐进。

⑥ 作业完成后,喷射机和输料管内的积料必须及时清除干净。

⑦ 突然断水或断料时，喷头应迅速移离喷射面，严禁用高压气体、水冲击尚未终凝的混凝土。

⑧ 喷射作业人员必须穿戴安全防护用品。

4. 喷锚支护的质量要求

（1）喷射混凝土抗压强度检查应按下列要求进行：

① 隧道（2车道隧道）每10延米，至少在拱脚部和边墙各取一组试样，材料或配合比变更时另取一组，每组至少取3个试块进行抗压试验。

② 满足以下条件者为合格，否则为不合格。

a. 同批（指同一配合比）试块的抗压强度平均值，不低于设计强度或C20。

b. 任意一组试块抗压强度平均值，不得低于设计强度的80%。

c. 同批试块为3~5组时，低于设计强度的试块组数不得多于1组；试块为6~16组时，不得多于2组；17组以上，不得多于总组数的15%。

③ 检查不合格时，应查明原因并采取措施，可用加厚喷层或增设锚杆的办法予以补强。

（2）喷层与围岩黏结情况的检查，可用锤敲击，如有空响应凿除喷层，洗净重喷。必要时应进行粘结力测试。

（3）喷层厚度检查可分喷射过程和支护完成后两个阶段进行。喷射时可插入长度比设计厚度长5cm的铁丝，纵、横向1~2m设一根，作施工控制用。支护完成后每10延米至少检查一个断面，再从拱顶中线其每隔2m凿孔检查一个点。每个断面拱、墙分别统计，全部检查孔处喷层厚度应有60%以上不小于设计厚度，平均厚度不得小于设计厚度，最小厚度不得小于设计厚度的1/2。

（4）当发现喷层混凝土表面有裂缝、脱落、漏筋、渗漏水等情况时，应予以修补，凿除喷层重喷或进行整治。

（5）锚杆安设后每300根至少选择3根作为1组进行抗拔力试验，围岩条件或原材料变更时另作一组。同组锚杆28d的抗拔力平均值应满足设计要求；每根锚杆的抗拔力最低值不得小于设计值的90%。

（6）锚喷支护施工时，一般应做以下几项施工记录：

① 锚喷支护施工记录；

② 喷射混凝土强度、厚度、外观尺寸，锚杆锚固力或抗拔力等项检查和试验应制定相应报告表，准确记录锚喷支护有关的试验和测定方法；

③ 按设计要求进行的监控量测记录；

④ 在地质条件复杂地段应提供地质素描资料；

⑤ 隐蔽工程报告表。

任务六 隧道衬砌

一、衬砌一般技术规定

1. 隧道衬砌施工时，其中线、高程、断面尺寸和净空大小均须符合设计要求。衬砌材料的标准、规格及要求等，应符合交通部现行的《公路隧道设计规范》（JTGD70—2004）的规定。

2. 为确保衬砌不侵入隧道建筑限界，允许在放样时将设计的衬砌轮廓线扩大5cm；采用喷锚衬砌和复合式衬砌时，应按设计要求办理。

3. 喷锚衬砌和复合式衬砌施工时，应与设计单位密切配合，做好下列工作：

（1）调查隧道工程地质和水文地质情况，分析围岩稳定性特点，用工程类比法和现场量测手段，选定衬砌型式及设计参数（必要时进行验算），制定施工技术措施。

（2）根据地质情况的变化及围岩的稳定状态，及时修改设计参数或改变施工方法。

（3）对衬砌完成的地段，应继续观察隧道稳定状态，注意衬砌的变形、开裂、侵入净空等现象，及时记录，以便与设计单位共同处理，并作出长期稳定性的评价。

（4）整体式衬砌施工中，发现围岩对衬砌有不良影响的硬软岩层分界处，应设置沉降缝。Ⅴ～Ⅵ类围岩洞口约50m范围内，必要时可每隔10m左右设置沉降缝。在严寒地区，整体式衬砌、喷锚衬砌或复合式衬砌均应在洞口和易受冻害地段设置伸缩缝。

衬砌的工作缝应与设计的沉降缝、伸缩缝结合布置。在有地下水的隧道中，所有工作缝、沉降缝和伸缩缝均应进行防水处理。

二、整体式和拼装式衬砌安全技术要求

1. 衬砌所用的拱架、墙架和模板，宜采用定型的金属结构，要样式简单、装拆方便；模板应表面光滑、接缝严密。挡头板按衬砌断面制作。

衬砌施工中，根据不同的施工方法，可使用衬砌模板车或移动式模架，并配备混凝土泵或混凝土输送器灌注衬砌。

2. 拱（墙）架的间距应根据衬砌地段的围岩情况、隧道宽度、衬砌厚度及模板长度确定，一般可用1m，最大不超过1.5m。

3. 架设拱、墙架和模板，应位置准确，连接牢固，严防走动，并做好以下事项：

（1）拱架、墙架，使用前要先在样台上试拼装，重复使用时应注意检查，如有变形应及时修整。

（2）架立前应按线路中线和高程，结合允许施工误差和拱架预留沉落量的数值，对开挖断面进行复核和整修。

（3）模板接头应整齐平整，挡头板与岩壁间缝隙应嵌堵紧密。

4. 立拱架应以隧道中线为准，按线路方向垂直架设。拱架的夹板、螺栓、拉杆等应按装齐全。拱架（包括模板）高程应预留沉落量。施工中应随时量测、调整，使其符合要求。

立大跨度的拱架，应有足够的刚度和稳定性，在拱架外缘沿辐射线方向，应用支撑与围岩顶紧，防止灌注中拱架变形。

5. 立墙架时应做好以下事项：

（1）先墙后拱法施工，应按线路中线确定墙架位置。

（2）先拱后墙法施工，经复核检查中线及拱部净空无误时，可由拱脚挂线定位。

（3）立墙架时应对墙基高程应进行检查。

（4）不应利用墙架兼作脚手架，防止模板走动变形。

6. 拱圈施工应符合下列要求：

（1）拱圈环节长度应根据围岩情况和施工方法确定。

（2）灌注顺序应从两侧拱脚向拱顶对称进行，间歇及封顶的层面应成辐射状。

（3）分段施工的拱圈合拢宜选在围岩较好处。

(4) 先拱后墙施工的拱圈，灌注前应将拱脚支承面找平。石质隧道支承面可以碎石垫平，上铺 2~3cm 砂子，用水洒湿。土质隧道宜横铺一层 5cm 厚木板。拱脚以下超挖较多时，应用浆砌片石砌筑起拱线高程，不得用石渣回填。

(5) 跨越辅助坑道通过地段的拱圈，应采取保证其稳定的措施。

(6) 先拱后墙施工的拱圈采用砌块时，必须设置混凝土或钢筋混凝土托梁。托梁厚度（内弧）一般约为 50cm，或用两个砌块厚度。托梁混凝土强度达到 2.5MPa 后，方可开始砌筑。托梁应适当分节；有钢筋时分节处应预留接头，使托梁连成整体，但长度达到 30~50m 或在地质变化处和衬砌不同断面处均应断开。

(7) 采用砌块砌筑拱圈时，砌筑中要严格掌握灰缝大小，以利封顶。

(8) 钢筋混凝土衬砌先做拱圈时，应在拱脚下预留钢筋接头，使拱墙连成整体。

7. 边墙施工应符合下列要求：

(1) 基底虚渣、污物和基坑内积水必须排除干净，严禁向有积水的基坑内倾倒混凝土干拌合物。

(2) 采用浆砌片石砌筑时，石质基底应先铺一层砂浆再砌筑。砌体应保持表面平整，灰浆饱满，每砌高 1m 左右找平一次，相邻的竖向砌缝应错开。

(3) 砌筑中应注意边墙的稳定，超挖大的部位必要时应凿成台阶，并先用浆砌片石回填，防止边墙过早受力变形或倒塌。

(4) 边墙扩大基础的扩大部分及仰拱的拱座，应结合边墙施工一次完成。

(5) 采用片石混凝土时，片石离模板应大于 5cm，片石间距应大于粗骨料的最大粒径，并应分层掺放，捣固密实。

8. 拱圈封顶应随拱圈的灌注及时进行，墙顶封口应留 7~10cm 在完成边墙 24h 后进行。封口前必须将拱脚的浮渣清除干净。封顶、封口的混凝土均应适当降低水灰比，并应捣固密实。

9. 仰拱、铺底、水沟、电缆槽施工，应符合下列要求：

(1) 隧底虚渣、杂物等必须清除干净。超挖在允许范围内，用同标号的混凝土回填；超挖大于规定时，用浆砌片石或用混凝土回填。

(2) 仰拱与填充连续施工时，填充的混凝土不得侵入仰拱断面。

(3) 铺底或水沟坡面应平顺，使水流畅通。

(4) 电缆槽底有高低差时，纵向应顺坡连接。

(5) 制作水沟和电缆盖板，边缘应平顺整齐；盖板铺设时，应修凿垫平。

10. 隧道通过含有侵蚀性地下水地段时，衬砌应采用抗侵蚀性混凝土。施工时应做好下列工作：

(1) 对地下水做水质分析。

(2) 根据水质分析结果，确定抗侵蚀性作用的水泥品种。

(3) 采取防水措施，防止侵蚀性地下水接触混凝土。

(4) 提高混凝土密实度，加强其抗侵蚀性。

11. 衬砌灌注 10~20h 后即应养护。养护时间宜为 7~14d。寒冷和严寒地区，应做好衬砌的防寒保温工作。

12. 衬砌施工拆除支撑时，如围岩压力较大应先支顶后拆除。衬砌断面以外的支撑木和背板应尽量拆除。坍方地段的衬砌背后未能取出的木料，应作记录附于竣工文件。

13. 隧道拱墙背后的空隙必须回填密实，并应按下列要求与衬砌同时施工：

（1）先拱后墙法施工时，拱脚以上1m范围内的超挖，应用与拱圈相同材料一次填筑。

（2）边墙基底以上1m范围内的超挖，宜用与边墙相同材料一次施工。

（3）其余部位，超挖在允许范围内可用与衬砌同样材料回填；超挖大于规定时，可用片石混凝土或浆砌片石回填；当围岩稳定、干燥无水时，或必须在衬砌背后压浆的地段，可用干砌片石回填。

14. 拱架、墙架和模板的拆除，应符合下列要求：

（1）不承受外荷载的拱墙，混凝土强度达到5.0MPa或在拆模时混凝土表面和棱角不致损坏并能承受自重。

（2）承受围岩压力较大的拱墙，在封顶和封口的混凝土或砌体达到设计强度的100%。

（3）承受围岩压力较小的拱墙，当封顶和封口混凝土或砌体达到设计强度的70%。

15. 拼装式衬砌适用于围岩稳定的隧道，且洞口附近有较大平缓地形，作为预制拼装砌块场地之用。衬砌顺序为先墙后拱，边墙可采用砌筑或模筑；拱部用预制的砌块安装。施工时应注意以下事项：

（1）根据预制拼装砌块的工艺流程及施工进度要求，布置洞口施工现场。

（2）砌块用钢模制作。设计、制作的钢模应考虑到拼装时的施工误差，适当放大钢圈半径，并保证预制的砌块尺寸的精度。

（3）施工前应事先制定砌块拼装的工艺流程、拼装机械的操作规则以及施工安全措施，并对施工人员进行交底、培训。

（4）拼装前应对拼装机轨道的中线、高程和边墙顶高程进行核对。

（5）吊挂、转运、拼装砌块的过程中，要谨慎操作，防止碰撞。

（6）拼装中，一环未完不得停班；拼完一环即回填一环，回填未完不得拼装下一环。

三、喷锚衬砌安全技术要求

1. 喷锚衬砌施工，应按照规定的监控量测项目和要求，布置测点，观测数据，并会同设计人员对测试材料进行分析，据以确定最终支护施作时间和设计参数必要的调整。

2. 喷锚衬砌的锚杆宜用钢筋灌浆锚杆，每根锚杆的抗拔力不应低于50kN。锚杆的规格及布置参照下列规定办理：

（1）锚杆长度宜为1.5~3.5m，特殊情况通过计算确定。

（2）系统锚杆的布置宜呈梅花形排列，其间距不宜大于锚杆长度的1/2，且不得大于1.5m；局部布置的锚杆可根据实际情况确定。

3. 钢筋网可采用A3钢，钢筋直径宜为4~12mm。网格间距可采用15~30cm。

4. 喷混凝土和锚杆砂浆的材料应符合下列要求：

（1）水泥：优先采用普通硅酸盐水泥，也可采用矿渣硅酸盐水泥；在软弱围岩中可选用早强水泥或通过试验选用其他新品种水泥。水泥强度不得低于32.5MPa，有抗冻或防水要求时不宜低于42.5MPa；使用前应做强度复查试验。

（2）速凝剂：必须采用质量合格的产品，使用前应做速凝效果试验。根据水泥品种、水灰比等，通过不同掺量的混凝土试验选择最佳掺量，可采用水泥重量的2%~4%。要求初凝不大于5min，终凝不大于10min；使用时要准确计量。

（3）砂：喷混凝土应采用硬质洁净的中砂或粗砂，细度模数宜大于2.5，含水率宜为5%~7%。灌浆锚杆用砂的粒径不应大于3 min，使用前必须过筛。

（4）石：采用坚硬耐久的碎石或卵石，粒径不宜大于15mm，级配良好。当使用碱性速凝剂时，不得用含活性二氧化硅的石材。

（5）水：水中不应含有影响水泥正常凝结与硬化的有害杂质；不得使用污水、pH<4的酸性水和含硫酸盐量按硫酸根离子计超过水重1%的水。

5. 喷锚衬砌施工前，应作好以下准备工作：

（1）检查开挖断面净空尺寸。

（2）清除送动岩石和墙脚岩渣，并用风、水冲洗受喷面（当岩面受水容易泥化时，只能用高压风吹）。

（3）设置标志或利用锚杆外露长度以掌握喷射混凝土厚度。

（4）检查机具设备和风、水、电等管线路，并试运转。

（5）片面如有渗漏水应予以妥善处理。

6. 钢筋灌浆锚杆施工应符合下列要求：

（1）钻眼：钻眼前应根据受喷面情况和设计要求布置孔位，并作标记据以钻眼；钻孔直径应大于钢筋直径15mm，孔距误差不宜大于15cm；孔深误差不宜大于±5cm。

（2）灌浆：灌浆前应将孔眼吹净；水泥砂浆应拌合均匀，随拌随用；灌浆饱满，从孔底开始均匀进行，不得中断，严防拔管过快，导致砂浆脱节和灌浆不满。灌浆开始或中途停止超过30min，应用水或稀水泥浆润滑注浆罐及其管路。

（3）锚杆安装：安装前钢筋应除锈矫直；灌浆后应立即将钢筋匀速插入，位置居中；孔口可用木楔临时封固；锚杆尾端外露长度宜稍小于喷层厚度；安装好不得敲击和碰撞。锚杆插入深度不应小于设计要求的95%。

7. 钢筋网的铺设，可在岩面喷射一层混凝土后进行，如有锚杆则在锚杆安装后进行。铺设应符合下列要求：

（1）钢筋网使用前应清除锈蚀。

（2）钢筋网应随受喷面的起伏铺设，与受喷面的间隙宜为3cm；钢筋网的喷混凝土保护层厚度不得小于2cm。

8. 喷混凝土施工机具应符合下列要求：

（1）喷射机密封性能良好，输料连续、均匀，技术条件能满足喷射作业要求。

（2）空压机性能应满足喷射机工作风压和耗风量的要求。压风进入喷射机前，必须进行油水分离。

9. 喷射混凝土采用干喷时，所用水泥、砂石及速凝剂混合料应拌制均匀，颜色一致。

10. 喷射混凝土作业应符合下列要求：

（1）喷射作业应分段、分片由下而上顺序进行，每段长度不宜大于6m。岩面有较大凹处时，应先喷射凹处找平。

（2）一次喷射厚度可根据喷射部位和设计厚度确定，不掺速凝剂，拱部为3~4m，墙部为5~7cm；掺速凝剂，拱部为5~6cm，墙部为7~10cm。

（3）后一层喷射应在前一层混凝土终凝后进行，若终凝后间隔1h以上再次喷射时，受喷面应用风、水清洗。

(4) 喷射中如有脱落的石块或混凝土块被钢筋网卡住时,要及时清除。

(5) 正常情况下的回弹率,拱部不超过 25%,边堵不超过 15%。

11. 喷混凝土须紧跟开挖时,下次爆破距喷混凝土完成时间的间隔,不得小于 4h。

12. 喷射机的操作应遵守下列规定:

(1) 开始时先给风、再开机、后送料;结束时待料喷完,先停机,后关风。

(2) 供料连续均匀。机械正常运转时,料斗(罐体)内应保证足够的存料。

(3) 工作风应满足喷头处的压力在 0.1MPa 左右。

(4) 喷射完毕或因故不能继续操作时,喷射机和输料管内的积料必须及时清除干净。

13. 喷射手的操作应遵守下列规定:

(1) 开始时先给水、再给料,结束时先停料、后关水。

(2) 根据喷出料束情况适当调节风压,喷头处的水压应大于风压。

(3) 喷头宜垂直于受喷面,距离与风压取得协调,以 0.6~1.2m 为宜(挂网喷射可小于 0.6m)。喷头应不停地缓慢作横向环形移动,使喷层厚度均匀。

(4) 严格控制水灰比,喷上岩面的混凝土应呈湿润光泽、黏塑性好、无干斑或滑移流淌现象。

(5) 突然断水或断料时,喷头应迅速移离受喷面;严禁用高压风、水冲击尚未终凝的混凝土。

14. 喷混凝土终凝后 2h 起,即应开始洒水养护,洒水次数以能保持混凝土具有足够的湿润状态为度,养护期不得小于 14d。

黄土或其他土质隧道,喷混凝土以采用喷雾养护为宜,防止洒水过多软化下部土层。

15. 喷混凝土冬期施工应符合下列规定:

(1) 喷射作业区的气温不低于 5℃。

(2) 混合料进入喷射机的温度和水温,不低于 5℃。在结冰的层面上,不得喷射混凝土。

(3) 混凝土强度未达到 6MPa 前,不得受冻。

16. 喷射作业中,除应加强通风、照明、采取防尘措施降低粉尘浓度外,还应注意以下事项:

(1) 作业人员均须佩戴必要的防护用品,如口罩、眼罩、雨衣裤、长筒胶靴和乳胶手套等。

(2) 机具设备应置于安全地段。喷射机、灌浆机、水箱必须安装压力表和安全阀,定期进行耐压试验,合格方可使用。

(3) 发生堵管时,应尽快疏通。处理堵管时喷嘴前方严禁站人。

(4) 进场检查管道和接头是否有松脱和击穿可能,发现问题应立即处理。

17. 喷射混凝土的配合比及拌合均匀性每班应至少检查两次。

18. 锚杆安装后应作抗拔力试验,每 300 根至少选择 3 根作为一组,围岩条件或原材料变更时另作一组。同组锚杆 28d 的抗拔力平均值应满足设计要求;每根锚杆的抗拔力最低值不得小于设计值得 90%。

四、复合式衬砌

1. 初期支护施工中,对喷混凝土、锚杆及钢筋网的工艺要求,应按照有关规定办理。在自稳时间短的围岩中采用钢架支撑时,应按照规范办理;钢架与锚杆应焊接一体,使之共同起作用。

2. 复合式衬砌施工应根据对围岩和支护量测的变化规律，确定二次衬砌和仰拱的施作时间，并及时调整支护与衬砌设计参数，保证工程质量和施工安全。

3. 防水层应在初期支护变形基本稳定，二次衬砌灌注前进行，施作地段应在爆破安全距离以外。采用塑料防水板时，初期支护的喷层宜平顺，无钢筋或锚杆外露；若开挖面凸凹较大，应先设法大致找平再喷混凝土，以保证防水板与喷层能基本密贴。

4. 二次衬砌施作时间，应在围岩和喷锚支护变形基本稳定并具备以下条件时进行：
（1）位移速率有明显减缓趋势。
（2）水平收敛（拱脚附近）小于0.2mm/d。
（3）已产生的位移量占总位移量80%以上。

5. 当围岩变形较大，流变特性明显，应及早施作仰拱及二次衬砌。

6. 二次衬砌灌注前，应将喷层或防水层表面除去粉尘并洒水润湿。灌注混凝土应振捣密实，防止收缩开裂；振捣时不得损坏防水层。若衬砌背后需压浆，应预留压浆孔。

7. 二次衬砌拆模时间：若为不承重结构，当混凝土强度达到2.5MPa时即可拆模；若为承重结构，则应在混凝土强度达到设计强度70%以上时方可拆模。

任务七　洞口、明洞与浅埋段施工

一、洞口工程安全技术

1. 隧道洞口各项工程应通盘考虑，妥善安排，尽快完成，为隧道洞身施工创造条件。
2. 隧道引道范围内的桥梁墩台、涵管、下挡墙等工程的施工与弃渣需要相协调，尽早完成。
3. 洞口开挖土石方应遵守下列规定：
（1）进洞前应尽早完成洞口排水系统。
（2）按设计要求进行边坡、仰坡放线，自上而下逐段开挖，不得掏底开挖或上下重叠开挖。
（3）清除洞口上方有可能滑塌的表土、灌木及山坡危石等，不留后患。
（4）石质地层拉槽爆破后，应及时清除松动石块；土质地层开挖后应及时夯实整平边（仰）坡。
（5）洞口端墙处的土石方，应视地层稳定程度、洞口施工季节和隧道施工方法等选择施工时机和施工方法。
（6）洞口施工宜避开降雨期和融雪期。在严寒地区施工，应按冬季施工的有关规定办理。
（7）不得采用深眼大爆破开挖边（仰）坡。
（8）开挖中应随时检查边坡和仰坡，如有滑动、开裂等现象，应适当放缓坡度，保证边（仰）坡稳定和施工安全。
（9）开挖的土石方不得弃在危害边坡及其他建筑物稳定的地点，并不得影响运输安全。
（10）洞口支挡工程应结合土石方开挖一并完成。
4. 当洞口可能出现地层滑坡、崩塌、偏压时，应采取下列相应的预防措施：
（1）滑坡可采取地表锚杆、深基桩、挡墙、土袋或石笼等加固措施。

（2）崩崖可采取喷射混凝土、地表锚杆、锚索、防落石棚、化学药液注浆加固等措施。

（3）偏压可采取平衡压重填土、护坡挡墙或对偏压上方地层挖切等措施，以减轻偏压力。

（4）开挖中对地层动态应进行监控量测，检查各种处理措施的可靠性。

5. 开挖进洞时，宜用钢支撑紧贴洞口开挖面进行支护，围岩差时可用管棚支护围岩，支撑作业应紧跟开挖作业，稳妥前进。

6. 洞口衬砌施工应按《钢筋混凝土工程施工质量验收规范》（GB 50628—2010）的有关规定办理，并符合以下要求：

（1）土质地基应整平夯实，土层松软时，应加碎石，人工夯实，将基础置于稳固的地基上。

（2）基础处的渣体杂物、风化软层和积水应清除干净。

（3）洞口衬砌拱墙应与洞内相联的拱墙同时施工，连成整体。如系接长明洞，则应按设计要求采取加强连接措施，确保与已成的拱墙连接良好。

（4）端墙施工放样时，应保证位置准确和墙面坡度平整。

（5）灌注混凝土时应保证模板不移动。

（6）洞口端墙的砌筑与墙背回填应两侧同时进行，防止对衬砌边墙产生偏压。

（7）洞口衬砌完成后，及时处置洞门上方仰坡脚受破坏处。当边（仰）坡地层松软、破碎时，应采取坡面防护措施。

（8）当端墙顶水沟砌筑在填土上时，填土必须夯实。

（9）洞口的排水、截水设施应与洞口工程配合施工，并应与路堑排水系统连通。

二、明洞施工安全技术

1. 明洞施工方法的选择

（1）先墙后拱法：施工边坡能暂时稳定时采用。

（2）先拱后墙法：在施工边坡稳定性差，但拱脚承载力较好，能保证拱圈稳定时采用。

（3）墙拱交替法：用于半路堑式明洞施工，先作外侧边墙，再作拱圈，后作内侧墙。

当路堑式明洞拱脚地层松软，不能采用先拱后墙法施工时，应在起拱线以上挖出后，采用跳槽挖井法先灌注两侧部分边墙再作拱圈，最后作其余边墙。

2. 明洞施工开挖土石方注意事项

（1）根据地形、地质、边坡稳定程度和采用的施工方法，确定全投或分段开挖以及边、仰坡坡度。

（2）石质地段开挖，应防止爆破危害边坡及仰坡的稳定。

（3）松软地层开挖边坡或仰坡时，宜随挖随支护。

（4）开挖出的土石，应弃在无危害边坡及其他建筑物稳定的地点。

（5）不宜在雨季施工；否则应加强防护并随时检查山坡稳定。

3. 明洞施工衬砌注意事项

（1）明洞边墙应设置在稳定的基础上，偏压和单压明洞的外边墙基底，宜挖成向内的斜坡，以提高抗滑力，如基底松软，应采取增加承载力的措施。深基开挖，如地质不符设计，应提出变更设计，以策安全。

（2）灌注混凝土前应复测中线和高程，衬砌不得侵入设计轮廓线；防止外侧模板在灌混凝土时走模。

（3）采用跳槽边墙浇注拱圈时，应加强对拱脚的基底处理，保持拱脚稳定；脚基底过深时，应先浇注基础托梁，必要时加设使拱脚混凝土与岩壁连接牢固，防止拱脚基底松动沉落。

（4）先拱后墙法施工的拱圈，在起拱线以上1m范围内应紧贴岩壁灌混凝土，并同时作好纵向排水设施。

（5）各种栅洞的钢筋混凝土盖板梁宜预制，并注意吊装安全。

（6）明洞衬砌完成后，墙后如有排水设施，应与回填同时施工，并保证渗水排出通畅，外模拆除后，应立即做防水层并随时回填。回填应对称进行，分层夯实，每层厚不大于0.3m，两侧高差不大于0.3m，到拱顶仍应分层夯实回填。当拱圈混凝土强度达到70%且拱顶回填高度0.7m以上时，方可拆除拱架。

（7）明、暗洞衔接施工，宜采用先拱后墙法，在仰坡相对稳定的情况下，宜由内而外进行。在仰坡易塌的情况下，应先将明洞拱圈做到仰坡脚，再由内而外作拱圈，并保证仰坡稳定和洞外拱节连接良好，防止纵向受力变形。

4. 明洞衬砌边墙基础和遮光棚支柱基础等应设置在稳固地基上。如边墙基础挖到设计标高后，地质情况及允许承载力与设计要求不符时，应及时进行处理。

基础混凝土灌注前必须排除基坑内积水，并对基底进行固化处理。边墙基础应采用与边墙同级混凝土一次浇注而成。

5. 明洞衬砌完成后进行回填时，应符合下列要求：

（1）拱圈外模拆除后应立即做好防水层及拱脚处的纵向盲沟，保证排水顺畅。

（2）背回填应两侧同时进行。墙底部应铺填0.5~1.0m后碎石并夯实，然后向上回填。石质地层中墙背与岩壁空隙不大时可采用与墙身同级混凝土回填；空隙较大时，可采用片石混凝土或浆砌片石回填密实。土质地层，应将墙背坡面开凿成台阶状，用于砌片石分层码砌，缝隙用碎石填塞紧密，不得任意抛填土石。

（3）洞拱背回填应对称分层夯实，每层厚度不得大于0.3m，其两侧回填的土面高差不得大于0.5m。回填至拱顶齐平后，应立即分层满铺填筑至要求高度。

（4）使用机械回填应待拱圈混凝土强度达到设计强度且由人工夯实填至拱顶以上1.0m后方可进行。

（5）拱背回填需作黏土隔水层时，隔水层应与边、仰坡搭接良好，封闭紧密，防止地表水下渗影响回填体的稳定。

（6）明洞背后铺设或喷涂防水层时，应符合本规范有关要求。

6. 明洞与暗洞衔接施工宜采用先拱后墙法。在仰坡暂时能稳定时，宜由内向外进行施工；在仰坡易坍塌的情况下，宜先将明洞拱圈灌注到仰坡脚，再由内向外做洞内拱圈，并确保仰坡稳定。明洞与暗洞拱圈应连接良好。

三、浅埋段工程

1. 浅埋段和洞口加强段的开挖施工，应根据地质条件、地表沉陷对地面建筑物的影响以及保障施工安全等因素选择开挖方法和支护方式，并应符合下列规定：

（1）根据围岩及周围环境条件，可优先采用单侧壁导坑法、双侧壁导坑法或留核心土开挖法；围岩的完整性较好时，可采用多台阶法开挖。严禁采用全断面法开挖。

(2) 开挖后应尽快施作锚杆、喷射混凝土、铺设钢筋网或钢支撑。当采用复合衬砌时，应加强初期锚喷支护。Ⅱ类以下围岩，应尽快施作衬砌，防止围岩出现松动。锚喷支护及构件支护的施工应符合规范的要求。

(3) 锚喷支护或构件支撑，应尽量靠近开挖面，其距离应小于1倍洞跨。

2. 浅埋段的地质条件很差时，宜采用地表锚杆、管棚、超前小导管、注浆加固围岩等辅助方法施工。

3. 控制地表沉降，应采取如下技术措施：

(1) 宜采用单臂掘进机或风镐开挖，减少对围岩的扰动；当采取爆破开挖时，应短进尺、弱爆破。

(2) 设置拱脚锚杆，提高拱脚处围岩的承载力。

(3) 及时施作仰拱或临时仰拱。

(4) 地质条件差或有涌水时，宜采用地表预注浆结合洞内环形固结注浆。

(5) 加强对地表下沉、拱顶下沉的量测及反馈，以指导施工。量测频率宜为深埋段时的2倍。

任务八　辅助坑道施工

辅助坑道包括：平行导坑、横通道洞室与斜、竖井工程。

一、辅助坑道的一般规定

1. 隧道施工需要设置横洞、斜井、竖井或平行导坑作辅助坑道时，对坑道类型、平面位置、坡度高程、断面尺寸、支护类型和设备技术条件等的选择，均应符合原铁道部现行的《铁路隧道设计规范》（TB 10003—2005）的有关规定。

2. 坑道口的截水、排水系统和防护冲刷的设施，应在施工前妥善规划，尽快完成。坑道口或井口的洞门或锁口圈亦应尽早施工完成。

3. 辅助坑道需要支护的地段，开挖与支护应配合进行。辅助坑道的岔洞及与主洞连接处，支护应加强并紧跟开挖进行。

4. 辅助坑道不再利用时，除设计有规定外，宜按下列方法处理：

(1) 横洞、平行导坑、斜井的洞口宜用50号浆砌片石封闭，无衬砌时封闭长度宜为3~5m；有衬砌时，封闭长度不宜小于2m。竖井井口宜用钢筋混凝土盖板封闭。

(2) 与隧道连接处宜用50号浆砌片石加固，其长度不宜小于2m。

(3) 横洞、平导的横通道、竖井或斜井的连接通道，在靠近隧道15~20m范围内应进行永久支护或衬砌。

(4) 竖井设在隧道顶部时，回填高度应不小于10m。

(5) 横洞、平行导坑已作衬砌或喷锚支护的地段或无临时支护而围岩稳定的地段可不作处理；其余地段可根据地质情况分段作必要的支护。

(6) 横洞和平行导坑封闭前，应结合排水需要先做好暗沟，并应留出检查通道；斜井、竖井有水时，应将水妥善引入隧道侧沟。

二、平行导坑、横通道和洞室施工安全技术要求

1. 平行导坑因断面小又长期使用，故排水应畅通，轨道应平顺，管线要整齐保证净空，

以保证行车、行人安全。

2. 当采用喷锚作施工支护时，横洞与平行导坑的断面形式宜用拱形断面。

3. 平行导坑的横通道施工，应在平行导坑和正洞掘进至其位置时，将交叉口处一次挖成。如原确定的横通道位置地质不良，可根据实际情况调整通道间距。为提高运输效率，可每隔几个横通道设置一个反向通道，以利车辆调度。

4. 平行导坑掘进应超前于正洞，其超前距离可视施工条件决定，但不宜小于横通道的间距。

5. 开挖时如有地下水应及时将水沟做好；如地质松软水沟应铺砌，防止排水不畅影响施工。

三、斜井施工安全技术要求

1. 提升方案的安全性比较

根据计算提升量，应选择运行安全、管理简单，能耗小，投资少的提升设备和容器：

（1）倾角小于16°，提升量大，使用年限长的斜井，宜用胶带输送机提升。其能耗小，运行安全，但须设井上、井下渣仓多次倒运，石块尺寸要求严，井筒及设备复杂，成本高。

（2）倾角较大（但小于35°）提升量大的斜井，宜用箕斗提升，其提升速度快，运行安全，但井上、井下需设置装卸渣洞室、渣仓及栈桥，倒运次数多，场地布置复杂，建井时间长，费用高。

（3）倾角小于25°，提升量较小的斜井宜用串车提升，其设备简单，但摘挂钩多易溜车，安全性差。

（4）倾角小于25°，提升量较大的斜井，则宜用大型侧卸式矿车，其设备简单，安全性较串车好并能配合大型机械开挖，是较理想的提升容器。

2. 提升机具设备使用安全事项

（1）斜井提升设备的安装、换装以及天轮支架与栈桥的拼装、架设和拆除，均应按设计要求，制定专门的安全措施，严格按照高处作业与起重和有关安全规则的规定办理，事先做好技术交底，尽量利用吊装机械配合安装，统一指挥，避免事故发生。

斜井提升设备和运输，最大的安全问题是如何防止溜车事故，隧道局施工的大瑶山、军都山、云台山隧道，共建造和使用7组斜井，其中5组发生过溜车，有的斜井还不止一次，造成死亡5人、重伤3人、轻伤12人。

（2）绞车房应制定完善的管理制度和安全操作细则，建立检查交接班和运转记录。

绞车应设置深度指示器自动示警，并有防过卷装置（联锁保险系统）。

（3）斜井提升设备，必须按以下规定进行日常检查与定期检查试验（并作出记录）发现问题及时处理。检查时间与项目见表5-3。

表5-3 检查时间与项目

检查与试验项目	检查时间	负责部门或人
主要提升设备	每半年一次	机电科
防过卷、过速、过载装置、天轮、卸渣台	每月一次	对机械主管工程师
防溜车设备、阻车器、挡车栏、刹车闸、制动器	每日一次	分队机械工程师
钢丝绳	每日一次	检验工
地滚、轨道、行车限界	每日巡查一次	养路道班工长

（4）斜井运输速度规定见表 5-4。

表 5-4 斜井运输速度

施工阶段	斜井长度（m）	牵引提升速度（m/s）
斜井施工	不限	<3.5
正式运输	≤300	<3.5
正式运输	>300	<5.0

接近洞口与井底时速不大于 2m/s，升降速度不得超过 0.5m/s²

（5）斜井倾角大于 15°时，井内运输轨道必须有防爬措施，每根轨道应装两组防爬器。

（6）在斜井两侧的管道、电力线等，与运输轨道上的车辆外缘之间的安全距离（有人行道者另计）为：当使用构件支撑时不小于 25cm，喷锚支护时不小于 20cm，采用皮带运输机时不小于 40cm。

铺设双道时，两道上运行车辆之间空隙不小于 20cm。

（7）斜井口必须设置阻车器，并有专人管理，阻车器必须经常处于正位关闭状态，放车时方可打开。

当井深大于 100m 时，应在井口下 20m 处与接近井底 60m 左右或岔前 35m 处分别设置坚固的挡车栏。

当井深大于 200m 时，应在井内每 100m 设挡车栏一个。

（8）车辆连挂提升时，应有可靠的连接保险装置和断绳保险器，挂钩应加保险拴，车与车之间应用铁环及连杆联接，插销应有保险，并增加联接保险钢丝绳，提升钢丝绳应用地滚承托，同时应有避免车辆"蹬钩"与"蹬绳"的措施。如慢启动、缓停车，禁止猛启动、急刹车或因相互配合不协调出现"空绳"（松绳、重叠打弯）等现象，避免断绳溜车的事故发生。

（9）斜井井底停车场，应设避人洞，井底附近的固定机械，电器设备与操作人员均应设在专用洞室之内（位置应避开井口方向）。

（10）采用箕斗及皮带输送机提升渣子的斜井，井上井下均应设置渣仓来保证连续提升，井下仓进渣口格筛周围应有栏杆，禁止人员靠近，井上井下仓的出渣口也要禁止人员靠近。

（11）绞车房、井口、井底均应有专用信号联系，提升、下放与停留应各有明确的色灯和音响信号规定，主副井口与井底应设专职信号员负责接发车工作。卷扬机司机未得到井口信号员发给的信号，不得开动；卷扬机司机旁边应有监视人员值班。

（12）运输钢轨和其他长大件机具材料，必须制定装车捆扎与卸车及进出斜井和进入正洞的安全措施后，方可实施。

（13）斜井的一侧应设置行人台阶（一般宽度为 0.7m），严禁人员走道心，严禁乘坐箕斗、斗车和输送皮带。

（14）当斜井的垂直深度超过 50m 时，应配备人车，使人车应执行以下规定：

① 人车必须有盖，有可靠的防溜车装置，当断绳时能自动发挥作用，并设有手操纵的防溜车装置，有条件者应装闭路电视监视。

② 列车必须有车长跟随，车长应坐在列车行驶方向的第一辆车内的手操纵防溜车制动器手把处座席。

③ 每班运送人员前，车长必须检查人车的连接装置，保险链和防溜装置，先放一次空车，证实一切正常，接到工地值班员或负责人的命令才可发车。

④ 人车不能超载，车上人员与携带工具不得超出车厢。

⑤ 斜井运输中，绝对禁止在井口正线上进行摘挂车辆作业，防止溜车事故发生。

3. 斜井施工的开挖与支护

（1）斜井施工，应先做好洞门和有关工作。

（2）斜井开挖，钻爆作业除应符合正洞作业有关规定外，应注意以下几点：

① 打眼方向应与斜井倾角一致。

② 断面小或井深较浅时，可采用人工装渣，井下应有人员待避所，以便运输时人员避入，装渣车下井停车后人员方可出来工作，装渣高度不得超出车厢，人员进入待避所后专职信号员才能向井上发出提升信号。

③ 采用耙斗装渣机扒渣，一般每20m移动一次，距工作面的安全距离不小于6m，每次移动后均应检查机身与固定装置是否牢靠，装渣时，除司机外其他人员均应退至安全地点，工作中要注意保护电线路；装渣后应对机械进行检查、保养和用挡板防护；检查钢丝绳时如发现一个捻距断丝达总面积的10%，应立即更换。

（3）斜井施工，需要支护的地段，以采用喷锚支护为宜，倾角不大于25°的斜井，也可采用构件支护，其立柱斜度宜为斜井倾角之半，但最大不超过9°，各排架支撑间应用三道纵撑支稳，倾角大于30°且地质条件差的井身段支护衬砌其墙基的末端宜作成台阶形。

四、竖井施工安全技术要求

1. 竖井断面

竖井断面在地质条件较好时采用矩形，当围岩压力较大时宜采用圆形。井口周围应有完善的排水措施，并设安全栅栏和安全口，通向井口的轨道应设阻车器。井架上应设有防雨棚和避雷装置。井深大于40m时，可用简易井架（三脚架或龙门架）。

2. 竖井的塔架

竖井的塔架和提升设备的拼接安装换装和拆除，应制订安全措施，严格按照起重作业、高处作业办理；尽量采用机械吊装，严禁拼装钢构件时将手指伸入螺孔对位，以防断指。工作开始前应向工人进行技术交底，统一指挥，防止事故发生。

3. 竖井的开挖与支护

（1）竖井的锁口圈应于井深开挖前完成，并安装井盖，在有升降人员与物料上下时开启。

（2）竖井开挖、钻爆作业的基本要求同正洞，但爆破时井筒内不准有人，爆破后应清楚危石，每5~10m检查一次断面，处理欠挖保证净空，核对中线水平。

（3）装渣宜用抓岩机，以利安全和提高功效。

（4）宜采用喷锚支护，每次支护高度根据围岩稳定程度而定。

（5）采用构件支撑时，圆形一般用井圈支撑，矩形用框架支撑。

预制井圈按水平位置架设并将其与岩壁塞紧。井圈间距根据地址情况决定，一般为1m，各部位构件应支稳连牢形成整体。支撑后有效断面尺寸井圈中心应与竖井中心线基本吻合。

(6) 井口段、马头门、地质差的井身段采用模筑混凝土衬砌时，应分节自上而下进行，并按需要设置壁座。

4. 竖井的提升设备

(1) 竖井提升的卷扬机房，应有完善的管理制度和操作细则。

(2) 提升装置应有以下保险装置：

① 防止过卷装置，当提升容器超过正常卸载位置（或出车平台）50cm 时，必须能自动断电，并能使保险闸发生作用。

② 防止提速装置，当提升速度超过最大速度 15% 时，必须能自动断电，并能使保险闸发挥作用。

③ 当提升速度超过 3m/s，必须装限速器，保证提升容器在达到井口时速度不超过 2m/s；限速器凸轮板的旋转角度不应小于 27°。

④ 超负荷或失压保护装置。

⑤ 防止闸瓦过度磨损时的警铃和自动断电的保护装置。

⑥ 缠绕式提升装置，必须设松绳信号，并应将松绳保护接入安全回路。

⑦ 使用箕斗提升时，必须在井口渣台装置满仓信号，仓满时自动报警或断电。

(3) 设置保险装置后过卷高度不超过表 5-5 要求。

表 5-5 速度及高度

序号	提升速度（m/s）	过卷高度（m）
1	小于 3 的罐笼	>4
2	等于或大于 3 的罐笼	>6
3	箕斗（允许速度）	>4
4	凿井时期吊桶（允许速度）	>4
5	摩擦轮式提升装置速度小于 10	6~10
6	摩擦轮式提升装置速度大于 10	>10

(4) 提升绞车必须装有深度指示器、开始减速时自动示警的警铃，司机不离座位即能操纵的常用闸和保险闸。

常用闸和保险闸共同使用一套闸瓦制动时，操纵部分必须分开，双滚筒提升绞车的两套闸瓦的传动装置必须分开。

(5) 钢丝绳和连接部分应满足下列要求：

① 提升钢丝绳必须由专人每日检查一次，对易损部分的断丝、锈蚀，应停车检查并作出记录；每 6 个月（自悬挂之日起）应试验一次；悬挂吊盘用的钢丝绳，每 12 个月试用一次；日查由项目部机械人员负责，半年与一年的试验由上一级机电管理部门负责。

② 提升与制动钢丝绳使用中的检查，出现以下 6 种情况之一者就必须更换：

a. 提升和制动钢丝绳直径减少到 10% 时、罐道钢丝绳直径较少到 15% 时，必须立即更换。

b. 钢丝有变黑、锈皮、点蚀麻坑等损伤时，不得用于升降人员，若锈蚀严重，点蚀麻坑形成沟纹，外层钢丝松动时必须更换。

c. 有接头的钢丝绳，只允许用在水平坑道和 30°以下的斜井中运输物料。钢丝绳受到卡罐，突然停车等猛烈拉力时，必须停车检查。遭受猛力拉过的上段，发现有损坏或其长度增长 0.5% 以上时，必须更换。

d. 钢丝绳使用后期，断丝或伸长发展突然加快（例如连续 3 天出现显著伸长或 1 个捻距内每天都有断丝出现）必须立即更换。

e. 使用中的钢丝绳在定期试验检查中发现安全系数小于表 5-6 的数字，必须更换。

当钢丝绳选定后，应根据不同安全系数核定允许载重量，并在使用现场挂牌标明。

表 5-6 安全系数

序 号	使用类别	安全系数
1	专门升降人员用	7
2	升降人员与物共用	
	升降人员时	7
	提升物料时	6
3	专门升降物料时	5
4	悬挂吊盘时	5

f. 各种钢丝绳在一个捻距内断丝截面积与钢丝绳总截面积之比，达到表 5-7 的百分比时，必须更换。

③ 单绳缠绕式提升的新钢链绳在悬挂时的安全系数应不小于表 5-8 的规定。

5. 竖井施工期间吊桶的使用条件

（1）吊桶必须沿钢丝绳隧道升降，在施工初期尚未设罐道时，吊桶升降距离不得超过 40m，施工时吊桶下面不装罐道的部分也不得超过 40m。

表 5-7 面积比

序 号	使用类别	百分比（%）
1	专门升降人员用	5
2	专门升降物料用	10
3	平衡用	10
4	防坠器的制动用	10
5	罐道用	15
6	无极绳运输用	25
7	专为运物料、皮带运输机用	25

表 5-8 安全系数

序 号	使用类别	百分比（%）
1	专门升级人员用	9
2	升降人、物共用	
	升降人员用	9
	提升物料时	7.5
3	专为提升物料时	6.5

续表

序 号	使用类别	百分比（%）
4	悬挂吊盘、水泵、安全梯、抓岩机等用	6
5	罐道绳和防撞绳	6
6	防坠器的制动绳、缓冲绳（按动荷载设计）	5
7	专为运物料、皮带运输机用	5

（2）吊桶与钢丝绳的连接，应通过钩头连接方式，并设保险，防止脱钩。

（3）吊桶上方应设置保护伞。

（4）乘坐人员时身体任何部分与工具不得越出桶沿。

（5）自动翻转式吊桶升降人员，必须有防止吊桶翻转的安全装置，并设保险。

（6）吊桶升到地面时，应在吊桶停稳和井盖关闭后，人员才能从地面平台进出吊桶。

（7）当吊桶通过吊盘喇叭口、接近井口或井底时，均应减速。

（8）运送人员时速度不得超过 5m/s；无稳绳地段不得超过 1m/s；运送石渣及其他材料不得超过 8 m/s；无稳绳地段不得超过 2m/s；运送爆破物品不得超过 1m/s。

6. 罐笼运输

（1）竖井使用吊笼应安装导向设备。吊笼导向卡子与导向柱间的安装间隙，不得超过 10mm，导向柱宽度磨损达到设计宽度的 10% 时，必须更换。

木堆道任何一侧磨损量超过 15mm，或其总间隙超过 40mm，必须更换。

钢轨罐道轨头任一侧磨损超过 8mm，或轨腰磨损超过原有厚度的 25%，罐耳任何一侧磨损超过 8mm，或同一侧罐耳和罐道的总磨损量超过 10mm，或者罐耳和罐道的总间隙超过 20mm 时，必须更换。

组合钢罐道任何一侧磨损超过原有厚度的 50% 时，必须更换。

钢丝绳罐道和滑套总间隙超过 15mm 时，必须更换。

（2）罐笼的结构和运行要求：

① 罐笼的净空高度不得小于 1.8m，罐顶应设铁盖（或铁门）。罐底必须满铺钢板不得有孔，如底部有阻车器的连杆装置，必须设牢固的检查门。

两侧用钢板挡严（靠罐道处钢板上不得带孔）内装扶手。进出口两头必须装罐门或罐帘，高度不得小于 1.5m，下部距罐底不超过 25cm，罐门不得向外开。

进出矿车的罐笼内必须装阻车器。

② 提升或放下的最大载重量，应在井口公布。

装载人数按每人在笼内最少占有 0.2m² 的有效面积计算得出，公布在井口。

提渣、升降人员和下放物料的速度不得超过 3 m/s，加速度不得超过 0.25 m/s。

③ 用罐笼升降超限的设备、构件时，必须制定专门的安全措施，报处总工程师批准后实施。

④ 罐笼（吊桶）提升，钢丝绳偏角不应超过 1.5°。

⑤ 建井时期使用无防坠器的临时罐笼升降人员时，必须有安全措施。

⑥ 不得使用损伤的罐笼。

⑦ 罐笼升降作业时，下面不得停留人员。

(3) 罐笼的检查

① 提升容器、连接装置、防坠器、罐耳、罐道绳、阻车器、托台、装卸渣设备、钢丝绳以及卷扬机备部分，必须设专人进行检查。

机械分队实行日检制，工程队实行周检制，处机电科实行月检制。发现问题应作出记录并责成专人限期处理。

② 检修井筒或处理事故的人员，需要站在罐笼或箕斗顶上工作时，罐笼或箕斗顶上必须装栏杆和保护伞，人员应佩戴安全帽，提升容器的上下速度，一般为 0.3~0.5m/s，最大不超过 2m/s。

7. 井口上下均备有信号装置

每一提升装置，都必须有从井底联络员发给井口联络员和井口联络员发给卷扬机司机的信号装置，井口信号装置必须用卷扬机的控制回路闭锁，联络员发出信号后。卷扬机才能启动，除常用的信号装置外，并必须有备用信号装置。井底车场和井口之间，井口和卷扬机之间，除上述信号装置外，还必须有直通电话或传话筒。

一套提升设备供给井中上、中、下备洞室使用时，各洞室必须有信号装置和闭锁，所发出的信号必须有区别。

井底车场的信号必须经由井口联络员转发，井底车场不得直接向卷扬机司机发信号，但发紧急停车信号外，不乘人的箕斗除外。

8. 制定安全措施

下放或提升大型机具与物料，必须制定专门安全措施，确保安全。

9. 加强值班保卫工作

竖井施工场地，应由值班保卫人员禁止闲杂人员入内。

任务九　道床施工

轨道工程施工，除应遵守《轨道工程施工安全技术规则》外，在长隧道中，做整体道床和铺钢筋混凝土宽轨枕，因工作面狭小、工序多、干扰大，为保证工序衔接和安全质量要求，应注意以下工作。

一、整体道床施工安全作业技术要求

1. 各工序之间应保持一定的距离，基底的处理超欠挖工作与道床施工平行作业时，应超前混凝土灌注段 200m，钢轨架设和悬挂支撑块，应超轨距水平调整工作至少 50m；轨距水平调整段应超前混凝土灌注地段至少 25m。

2. 利用辅助导坑分段灌注时，分段两头至少各保留 25m 作调整线路方向高低之用，曲线段适当加长。

3. 洞内运料：人工推车速度不大于 5km/h，机动车速不大于 10km/h，并设置车挡与标志，同时要制订行车安全管理制度，防止车辆伤害事故发生。

4. 整体道床施工应根据隧道长度，施工方法、工期要求、机具设备及劳动力情况，结合隧道主体工程，通盘安排进行施工。

整体道床施工宜在隧道主体工程完工后进行；控制工期的长隧道可在开挖面贯通后进行；如须在贯通前施工时，应保持与贯通面有足够的一段距离，便于贯通后调整中线。

5. 整体道床施工前，除应备齐施工机具设备、砂石材料、钢轨及扣件，预制钢筋混凝土支承块和测量标桩外，在洞内还应做好下列工作：

(1) 完成基底施工，作好施工排水与基底处理。

(2) 修筑排水测沟，并铺好水沟盖板。

(3) 修筑人行道，人行道的高程误差不宜大于 +10mm、-20mm，靠道床一侧宽度误差不得大于 ±10mm。人行道混凝土强度达到 5MPa 时，可铺设运输轨道。

(4) 埋设测量标桩。

6. 整体道床基底处理工作应按隐蔽工程办理。处理工作的内容包括：欠挖检底，超挖回填，清除虚渣、杂物，做好施工排水等。每段处理完毕，在灌注混凝土前应经专职检查人员验收签认后方可进行道床混凝土施工；并应逐段作竣工记录，以便接收单位验收和抽验。

7. 基底处理应符合下列规定：

(1) 欠挖时，必须按设计断面挖够。

(2) 超挖深度小于 20cm 时，应用与道床同等级混凝土一次灌注。超挖大于或等于 20cm 时，应先用 C15 混凝土铺底。

(3) 基底为软岩且有地下水时，应设临时排水沟疏干岩面积水，冲洗干净后立即用混凝土将基面封闭。必要时可增设仰拱或用钢筋混凝土封底。

(4) 道床灌注前，基底面应无流动水和积水。

8. 整体道床测量标桩的设置应符合以下要求：

(1) 控制桩的中线、水平应根据隧道贯通测量经过调整闭合的控制点测设；直线每隔 100～200m、曲线每隔 50m，在中线上设置一个控制桩。测量允许误差：中线偏移不得大于 2mm，水平不得大于 ±2mm，纵向距离不得大于 1/5000。

(2) 施工标桩的测设应根据控制桩加密，直线每隔 6.25m（当用 25m 长钢轨时也可隔 5m），曲线每隔 5m 测设一个施工桩。两标桩间距离的误差不得大于 1/2000。标桩的中线、水平误差应与控制桩相同。

9. 钢轨的架设和调整应符合以下步骤和要求：

(1) 使钢轨大致定位，采用新钢轨施工时，有硬弯的钢轨必须在架设前进行校正。

(2) 架设钢轨支撑架时，12.5m 钢轨宜安设 5～6 榀，25m 钢轨应相应增加榀数。

(3) 按设计位置用扣件将钢筋混凝土支撑块扣紧并固定在钢轨上，使承轨槽与轨底密贴。支撑块位置的允许误差依次为：顺线路方向 ±10mm，横向 ±2mm，水平高差 ±2mm。

(4) 钢轨方向、水平、轨距经过反复调整后，要求达到的精度：轨距误差不大于 ±2mm，-1mm，水平误差不大于 ±2mm。

二、钢筋混凝土宽轨枕道床施工安全技术作用技术要求

1. 由于钢筋混凝土宽枕重量大，排列密，采用人力铺设不但会扰动已压实的平整道床，并且劳动强度高，发生砸、碰等事故机遇较多，故应采用小型机具，最好采用机械化铺设。

2. 铺设前应对机具、场地与设施进行检查，特别是起重钢丝绳、滑车、挂钩、启动电机、开关和制动与信号装置要全面检查，并执行交接班制度。

3. 对起吊、运输、换装、拖拉、对位、铺设、整道等作业，要严格按照有关规定办理，做好劳动组织工作，防止事故发生。

4. 灌注道床混凝土应符合下列要求：

（1）混凝土灌注前，应将铺底或仰拱填充的表面及人行道与道床混凝土接触面凿毛，将基面（包括为铺底的基岩）用水冲洗干净，凹处积水要擦干；将支撑块充分润湿；所有钢轨扣件、支撑架横梁及直立螺杆应加护罩；对钢轨及支撑块的方向、轨距、水平位置以及扣件的连接、轨底坡度等再作一次检查，技术要求应符合规定。

（2）支撑块四周及底部应加强捣实，与道床混凝土结合应良好。

（3）道床表面应抹面整平，道床面与支撑块承轨槽面高差及排水坡度应符合设计要求。

（4）在混凝土灌注过程中，应随时检查轨距、水平位置，发现问题应立即纠正。

（5）混凝土灌注后应避免与流动水相接触，也应避免隧道漏水直接冲刷新灌注的道床。加强混凝土养护，并经常维护其湿润状态。

（6）道床混凝土强度达到5MPa时，方可拆卸钢轨及钢轨支撑架；道床上槽孔应回填整平。在混凝土未达到设计强度70%之前，严禁各种车辆在道床上通行。

5. 混凝土宽枕道床施工，可按照以下程序进行：

（1）根据线路中线和高程，做好水沟、人行道和电缆槽，并铺设盖板。

（2）挖好道渣槽，清除污泥杂物，洗净基底；有渗水时，应引向水沟排出。

（3）灌注道渣槽混凝土。

（4）铺设道渣层，应分两层铺设并夯实整平。

（5）测量中线、水平，应用白灰标出中线以备铺设轨枕。

6. 混凝土宽枕道床施工中，各工序的工艺操作应符合下列要求：

（1）道渣槽基底应稳固，基底纵坡应与隧道纵坡一致。

（2）道渣槽混凝土厚度及其横向排水坡度应符合设计要求，槽内无积水，保持干净。

（3）道渣槽混凝土达到设计强度50%时，可进行铺渣；达到100%时可进行压实。

（4）道床底渣粒径宜为25~70mm，厚度应按设计要求铺设。底渣应分层夯实，或用振动压路机碾压密实，夯实压缩率应控制在8%左右。曲线地段应利用底渣设置超高。

（5）轨枕底应铺设两条面渣带，粒径宜为20~40mm，宽950mm，厚50mm，铺设后应整平，无三角坑。

（6）道床面高程应符合设计要求，误差不得大于±5mm。道床应保持清洁。

7. 整体道床和混凝土宽枕道床施工中，有关竣工的质量要求及本规范如有未尽事宜时，应按照现行的《铁路轨道施工规范》有关规定办理。

任务十　隧道改建、加固与靠行车线施工

在行车线上或靠近车线施工与勘测设计，必须把行车安全放在一切工作的首位，严格照章办事，加强施工纪律，确保安全生产。

一、隧道改建、加固的一般规定

1. 在运营线上改建隧道，应确保行车安全。改建施工方案应根据改建的部位和要求，结合铁路运输情况，综合考虑制定。

2. 全面改建的隧道，宜设有统一协调有关行车和施工问题的联合指挥机构。

3. 施工人员除应熟悉和遵守铁路技术管理和铁路工务、运输有关规定外，并应制定现场的行车安全制度和应急措施。

4. 列车到达前，洞内外应即撤除所有障碍，全部工作人员撤至安全地点躲避。

5. 施工期间，在洞内外的临时建筑设施，应提供尽量大的行车限界。临时建筑限界（施工限界）应符合有关规定。

暂时存放的料具应在临时行车限界以外并堆码稳定，其临时行车限界不得小于机车车辆限界每边各加150mm（曲线上应按规定加宽）。

6. 施工地段就近两端的车站，应设置机车车辆限界检查门，由专人认真检查并与车站值班员共同签证确认不超过规定限界后，列车方可通行。

7. 在行车线上使用车辆做运输工作时，应按现行的《铁路技术管理规程》有关规定，切实做好清点、防护和联系等工作。

8. 在有可靠防护的固定施工地段内使用车辆运输时，应根据区间行车状况选择车型。条件许可时，可铺设洞外岔线采用重型轨道车或机车；岔线的设置必须符合现行的《铁路技术管理规程》的有关规定。

9. 在洞内外临时转移现有线路，正式运行前，事先应进行试运转；正式运行后，必须组织人员加强养护，定期检查，逐步改善列车运行条件。

二、隧道改建、加固施工安全技术要求

1. 改建施工前，应详细调查原隧道设计、施工的历史和使用情况以及与改建有关的条件。

2. 隧道改建的施工方法，应根据设计文件、地质情况，既有线路条件、行车要求等，进行研究、比较确定。

3. 针对改建工程的特点，施工前应做好线路测量、施工材料、通信联系等有关准备工作。

4. 改建施工时，开挖前对原衬砌的拱圈宜事先加固，可用预制钢拱架支顶，前后连成整体并用木楔背紧，且须经常检查其限界及稳定情况，防止变形侵入施工限界。

5. 单线隧道改建施工的开挖作业宜成环进行，可采用分段跳跃式施工。

6. 单线改建为多线隧道时，衬砌拱架的架设应特别加强支撑，防止灌注中变形。

7. 拆除原有部分衬砌时，宜采用预裂爆破。钻爆作业宜采用多循环、弱爆破，布眼宜密，装药宜少。爆破时，洞内施工设施应妥善防护。

8. 新旧衬砌混凝土的接触面，必须严格按照设计的要求处理。当原有衬砌存在不安全因素时，应采取加强措施。

9. 隧道的改造和加固，除认真执行施工作业防护的有关规定外，其他不安全因素还很多。其中在已通车的电气化隧道作业，应特别注意"天上"与"地下"的接触网与轨道信号铺设的保护和人身安全的保护。没有可靠的经上级批准的措施和手段不得施工。

10. 开挖爆破作业除执行国家与有关规定外，要认真研究竣工文件，熟悉设计文件，制订施工安全措施；并应遵守以下规定：

（1）有可能受爆破振动、弃渣打击的既有线设施，都必须在爆破前给予有效的覆盖与防护，需要移出的尽量移出。

（2）不得采用火化起爆。在已通电的电气化区段、严禁使用电雷管。

（3）拆除原有衬砌时，宜用预裂爆破，钻爆作业，宜采用多循环弱爆破方案（必要时使用"膨胀"爆破法），并对有扰动的围岩和不拆除的衬砌给予必要加固。

(4) 绝对禁止在规定放炮时间以外的时间放炮，亦不得装药待爆或将爆破器材带入和存放在隧道内。

(5) 工地负责人要亲自到现场检查防护和各项工作，符合要求方可发出放炮信号。

(6) 放炮后，应立即清理废渣，并检查处理工作面危石，检查线路是否受到损坏；工作台是否有变化；行车限界是否有保证，有无瞎炮和余药等。确认符合要求，才可开通线路。

(7) 改造隧道需要挑顶时，应由洞内向外延伸，由稳定围岩向差的地段推进，从干燥向渗漏水地段施工，"步步为营"以策安全。

11. 尽量采用喷锚支护，工序紧跟。若利用原衬砌作支撑点时，应采用环形支持，原衬砌受力部位必须加密钢拱架，扩大部位的支柱，应沿拱圈辐射方向架立，左右对称进行，各纵梁支柱间须连接牢靠，必要时起拱线以下亦须支撑。

12. 在电化区段施工时，应严格按照停电作业与不停电作业的有关规程办理。

13. 凡是工作位置距地面 2m 以上时，应按照"高处作业"规定办理，防止坠落事故。应因地制宜，设置坚固、简便、移动迅速的脚手平台。

14. 进行压浆治漏，应另制订安全操作细则，防止化学制剂对人的危害与火灾发生。

三、在行车线上施工必备的安全条件

1. 在运行线上进行隧道改建和整治病害与勘测设计有关作业，应由建设单位组织运营、设计、施工部门，成立联合指挥机构，以便协调解决行车与施工安全问题，并要严格执行《铁路技术管理规程》《铁路工务安全规则》《铁路增加第二线及改建既有线工程石方控铀爆破施工技术规定》《基建施工确保运输安全的规定》等相关规定。

2. 施工需要封锁区间或限速运行时，应按所在区段铁路局（分局）的规定办理申请。

3. 施工防护和各种轻、重型车辆使用临时道口与岔线设置等，应按照《铁路技术管理规程》《铁路路行车线上施工技术安全规则》办理，领导干部应组织职工学习有关规程，熟悉有关规定。

4. 驻站联络员，工地防护员，必须经过严格训练和考试合格，才准担任此工作，否则发生事故应追究工地责任人责任。

5. 为防止列车超出车辆限界（如油罐车翻盖、货车位移等）损伤施工人员与设施，应在施工隧道两端就近站，远的一边设置临时行车限界检查门，由专人看守，并随时向车站和工地报告信息。

6. 在隧道内搭设的工作台，必须坚固可靠，放置稳妥，设安全防护栏杆和梯子，并符合其边缘至机车车辆限界的净距在直线上不得小于15cm，曲线上另计加宽。施工用的风、水、电管线以及机具，亦不可侵入行车限界，放置应稳固。

7. 参见施工人员，必须身体健康，无耳聋、色盲，并熟悉《铁路技术管理规程》和工务、车务有关规定，并经安全考试合格，方可上岗。

8. 施工负责人，每天均应安排巡道员 24h 值班检查清道情况。巡道人员应携带信号旗（灯）和喇叭等规定物品，正确使用，确保行车安全。

9. 在新线铺轨后，办理临时运营前已通行工程列车的情况下在隧道内工作，须要封锁线路，应报上级主管单位批准。工作量不大，可利用列车间隙时间者，应取得车站值班员或行车调度同意，并办理手续。凡有碍行车的施工，必须按有关规定设置防护，其防护距离不得小于 400m。

四、在行车线上或靠近行车线上进行其他有关作业安全技术要求

洞门土石方与衬砌作业（如刷仰坡、做天沟、砌洞门等）；路堑开挖、刷坡（特别是高边坡）；路基与防护工程；桥涵工程等。行车安全与人身安全问题也非常突出，绝不能马虎一点。一定要按照《铁路行车线上施工安全规则》中有关限界、施工、防护、道口、材料装卸和堆码、轨道车及小车使用、工程列车运输、驻站联络员与工地防护员职责等章节的规定办理。

小　　结

隧道工程在建设的诸多工程项目中，属高风险项目，应引起各方面足够重视。总结世界各国隧道建设的经验教训，由于受勘察手段的制约，要准确无误地搞清隧道岩性和围岩分类基本是不可能的。这就要求无论是在隧道设计的前期研究工作中、隧道的修建中，还是后期的运营管理中，对隧道工程中可能发生的相关问题都要引起高度的重视。

单元六　公路工程主要工序与特殊季节施工安全技术

教学目标
1. 掌握公路工程主要工序施工安全技术。
2. 掌握公路工程特殊季节施工安全技术。

任务一　模　　板

一、模板作业场地

1. 模板作业场地的布置。木料、钢模、模板半成品的堆放，废料堆集和场内道路的修建，应做到统筹安排，合理布局。

2. 作业场地应搭设简易作业棚，修有防火通道，配备必需的防火器具。四周应设置围栏，作业场内严禁烟火。

3. 钢材、木材应堆放平稳，原木垛高不得超过3m，垛距不得小于1.5m，成材垛高一般不得超过4m，每增加0.5m应加设横木。垛距不得小于1m。作业场地应避开高压线路。下班前应将锯末、木屑、刨花等杂物清除干净，并要运出场地进行妥善处理。

二、模板制作

1. 制作模板时应细致选料。制作钢模不得使用扭曲严重、螺丝孔过多、开裂的材料。木模不得使用腐朽、扭裂和大横节疤的木料。

2. 制作钢木结合模板时，其钢木结合部位的强度、刚度应符合设计要求。

3. 制作中应随时检查工具，如发现松动、脱落现象，应立即修好。

4. 用旧木料制作模板时，应将钉子拔掉收集好，不得随地乱扔。

三、模板支立及拆除

1. 在基坑或围堰内支模时，应检查基坑有无塌方现象，围堰是否坚固，确认无误后，方可操作。

2. 向基坑内吊送材料和工具时，应设溜槽或绳索系放，不得抛掷。机械吊送应有专人指挥。模板要捆绑结实，基坑内的操作人员要避开吊送的料具。

3. 用人工搬运，支立较大模板时，应有专人指挥，所用的绳索要有足够的强度，绑扎牢固。支立模板时，底部固定后再进行支立，防止滑动倾覆。

4. 支立模板要按工序操作。当一块或几块模板单独竖立和竖立较大模板时，应设立临时支撑，上下必须顶牢。操作时要搭设脚手架和工作平台。整体模板合拢后，应及时用拉杆斜撑固定牢靠，模板支撑不得钉在脚手架上。

5. 用机械吊运模板时，应先检查机械设备和绳索的安全性和可靠性，起吊后下面不得站人或通行。模板下放，距地面1m时，作业人员方可靠近操作。

6. 高处作业应将所需工具装在工具袋内。传递工具不得抛掷或将工具放在平台和木料上，更不得插在腰带上。

7. 在用斧锤作业时，应照顾四周和上下的安全，防止误伤他人。斧头刃口处应配刃口皮套。

8. 拆除模板时，应制订安全措施，按顺序分段拆除，不得留有松动或悬挂的模板，严禁硬砸或用机械大面积拉倒。拆下带钉木料，应随即将钉子拔掉。

9. 拆除模板不得双层作业。3m 以上模板在拆除时，应用绳索拉住或用起吊设备拉紧，缓慢送下。

任务二 木 工 机 械

一、使用木工机械应遵守下列规定

1. 开机前必须添加润滑油，先试机，待各部机件运转正常后，方可开始工作；
2. 机械运转中，如有不正常的声音或发生故障时，应先切断电源，再进行检修；
3. 操作人员工作时，要扣紧衣扣和袖口，理好衣角，严禁戴手套作业；留长发的必须戴工作帽，长发不得外露；
4. 木工机械上的转动部分，要装设防护罩或防护板；工作中更换刨刀、锯片、钻头或刃具时，必须切断电源，停止转动后方可拆装；
5. 使用铁夹钩吊运送木材时，应将铁夹钩钩牢，防止木材掉下。

二、带锯机

1. 开动带锯前，必须检查锯条有无裂纹、扭曲和锯条的松紧程度。如锯条齿侧的裂纹长度超过锯条宽度的 1/6，锯条接头超过 3 个，锯条中间及后背有裂纹，锯条接头处裂纹超过 10mm 时，都不得使用。锯条的松紧程度应根据锯条的厚薄、宽窄进行调整，经试运转正常后，方可开始工作。

2. 原木入锯前，应清除钉子和砂石等杂物。跑车上的原木要稳定牢固，进锯速度要均匀。锯短木要用扒钉或拉杆固定后再行加工。

3. 不得加工超过机械规定限度的特大原木。加工较长木材时，必须配备副手协助工作。

4. 不得用潮湿或带油的手指接触启动开关和其他电器设备。如发生电器设备故障或损坏时，不得擅自拆卸检查。

5. 跑车开动后，跑车前后和锯条两侧不得有人走动或停留。

6. 使用平台式带锯时，上下手操作人员要配合一致，上手不得将手送进台面，下手应等料头出锯 20cm 后，方可接料。

7. 小平台的电器开关要随用随开，用后立即关闭。平台式带锯加工木料回料时，木料要离开锯条 2~5cm，并要注意劈裂和木节撞击锯条发生事故。

8. 作业中如遇停电，应将电闸关闭，防止来电后机械自行转动造成事故。控制松放，以防锯条回卷伤人。锉锯条时，要戴防护眼镜。修磨带锯的砂轮应有防护罩，操作时应站在砂轮侧面。

9. 带锯机的修理或拆放成捆的锯条，应踏紧锯条端。

10. 连接锯条，必须接合严密，平滑均匀，厚薄一致。

三、圆盘锯

1. 操作人员应戴防护眼镜，站在锯片一侧，禁止站在与锯片同一直线上。锯片上方必须安装安全挡板和滴水设施。锯片不得有连续断齿。

2. 接料要待料出锯片 15cm，不得用手硬拉，木料锯到接近端头时，应由下手拉曳，上手不得用手推进。

3. 作业过程中不得将木料抬高或左右扳动，必须紧贴靠山。送料力量要均匀，不得用力过猛，遇木节应减速。不得用木料挡刹锯片强制停车。调换锯片时，要等锯片自然停稳后方可进行。

4. 长度不足 50cm 的短料，不得上锯。半成品、边角料应堆放整齐。

四、平刨机

1. 刨料前应将所刨材料上的钉子、灰垢和冰雪等杂物清除后，再进行操作。

2. 应根据所刨木料材质情况，调整刨料速度。作业中严禁手指放在木节上。

3. 刨木材的大面时，手必须按在木料的上面；刨木材的小面时，手可以放在木料的上半部。手指必须离开刨口 3cm 以上，每次刨削量不得超过 1.5mm。被刨材料长度超过 2m 时，必须两人操作。料头越过刨口 20cm 后，下手操作者方可接料，但不得猛拉。

4. 活动式的台面，调整切削量时，必须切断电源和停止转动后才能进行调整，防止台面与刨刀接触造成事故。

5. 刀架夹板必须平整贴紧。合金刀片焊缝的高度不得超出刀头。

6. 平面刨作业中，操作人员不得将手伸进安全挡板里侧移动挡板，不得拆除安全挡板进行刨削。

7. 材料需要调头刨削时，必须双手持料离开刨口，并注意周围环境，防止伤人。

五、压刨机

1. 压刨机床必须使用单项开关，不得使用倒顺开关；

2. 送料必须平直，发现材料走横或卡位，应停机拨正；操作人员接送时，手指应离开滚筒 20cm 以外，接料必须待料送出台面；

3. 操作人员应站在机床一侧操作，每次刨削量不得超过 3mm；

4. 所刨材料不得短于前后压滚距离；厚度小于 1cm 时，必须垫衬托板。

六、手电钻

1. 作业前，应检查有无漏电现象，并应戴好绝缘手套，穿上胶鞋或脚踏在木板上进行操作；

2. 钻头必须卡紧，大型电钻必须用双手扶把，钻杆要垂直；钻孔接近完成时，应轻压电钻，防止卡钻或扭断钻头；

3. 由底部向上部钻孔时，应用手或杠杆顶托钻把，不得用肩扛顶托钻把；向下钻孔时，不得用脚扶钻头，脚必须离钻头 20cm 以外；

4. 电钻工作中，应用钻把调整对准孔位，不得手扶钻头对孔；

5. 操作中发现异常声音，应停止使用；工作后应切断电源，收好导线。

七、台钻

1. 所钻材料必须夹紧，较长材料应使用托架；材料调头时，应双手扶料并要注意周围环境；

2. 操作中如发生凿芯被木渣挤塞，应抬起手柄用刷子等清除木渣，严禁用手清渣；

3. 拆装钻头时，应全部停钻后方能进行；钻头装夹必须牢固；
4. 不得用手触摸转动中的钻头，不得将工具或其他物品放在工作台上。

任务三 支 架

1. 支架所用的桩木、万能杆件应详细检查。不得使用腐朽、劈裂、大节疤的圆木及锈蚀、扭曲严重的万能杆件和钢管等。
2. 地基承载能力应符合设计标准，否则应采取加固措施，使其达到设计要求。
3. 根据施工季节，支架工程应采取防冲刷或防冻胀等安全措施。
4. 支立排架要按设计要求施工，应有足够的承载能力和稳定性，并要与支保桩联结牢固，防止不均匀沉落、失稳和变形。
5. 支立排架时，应设专人统一指挥。支立排架以整排竖立为宜。排架竖立后，用临时支撑撑牢后再竖立第二排。两排架间的水平和剪刀撑用螺丝拧紧，形成整体。
6. 用吊机竖立排架时，应用溜绳控制排架起吊时的摆动。
7. 支立排架时，不得与便桥或脚手架相联，防止支架失稳。

任务四 脚 手 架

1. 木、竹脚手架的捆扎材料，应使用8～10号镀锌铅丝和直径不小于10mm的三股白麻绳或水葱竹篾。水竹脚手架采用质地新鲜、坚韧带青的新水竹劈制成，厚度为0.6～0.8mm，宽度为5mm左右为宜。断腰、大节疤和受潮霉的竹篾不得使用。
2. 钢管脚手架连接材料应使用扣件，接头应错开，螺栓要紧固。立杆底端需使用立杆底座。铅丝和白麻绳不得连接钢脚手架。
3. 脚手板要铺满、绑牢，无探头板，并要牢固地固定在脚手架的支撑上。脚手架的任何部分均不得与模板相联。
4. 脚手架要设置栏杆。敷设的安全设施应经常检查，确保操作人员和小型机械安全通行。
5. 脚手架上的材料和工具要堆放整齐，积雪和杂物应及时清除。有坡度的脚手板，要加设防滑木条。
6. 悬空脚手架应用栏杆或撑木固定稳妥、牢靠，防止摆动摇晃。
7. 搭设在水中的脚手架，应经常检查受水冲刷情况，发现松动、变形或沉陷应及时加固。在脚手架上作业人员应配带救生设备。
8. 搭设钢管井架相临的两立杆的接头应错开，横杆和剪刀撑要同时安装。滑轨必须保持垂直，两轨间距误差不得超过10mm。
9. 吊篮应严格按照设计要求施工。悬挂吊篮的钢丝绳围绕挑梁不得少于3圈，卡子不得少于3个。一个吊篮的保险绳索不得少于2根。钢丝绳不得与构造物或其他物件相摩擦。
10. 脚手架高度在10～15m时应设置一组（4～6根）缆风绳。每增高10m应再加设一组。缆风绳与地面夹角为45°～60°。缆风绳的地锚应设围栏，防止碰撞破坏。
11. 拆除脚手架时，周围应设置护栏或警戒标志，并应从上而下地拆除，不得上下双层作业。拆除的脚手杆、板应用人工传递或吊机吊送，严禁随意抛掷。

任务五 钢 筋

1. 钢筋施工场地应满足作业需要，机械设备的安装要牢固、稳定，作业前应对机械设备进行检查。
2. 钢筋调直及冷拉场地应设置防护挡板，作业时非作业人员不得进入现场。
3. 钢筋切断机作业前，应先进行试运转，检查刃口是否松动，运转正常后，方能进行切断作业。切长料时应有专人把扶，切短料时要用钳子或套管夹牢。不得因钢筋直径小而集束切割。
4. 采用人工锤击切断钢筋时，钢筋直径不宜超过20mm，使锤人员和把扶钢筋、剪切工具人员身位要错开，并防止断下的短头钢筋弹出伤人。

任务六 焊 接

一、电焊

1. 电焊机应安设在干燥、通风良好的地点，周围严禁存放易燃、易爆物品。
2. 电焊机应设置单独的开关箱，作业时应穿戴防护用品，施焊完毕，拉闸上锁。遇雨雪天，应停止露天作业。
3. 在潮湿地点工作，电焊机应放在木板上，操作人员应站在绝缘胶板或木板上操作。
4. 严禁在带压力的容器和管道上施焊。焊接带电设备时，必须先切断电源。
5. 储存过易燃、易爆、有毒物品的容器或管道，焊接前必须清洗干净，将所有孔口打开，保持空气流通。
6. 在密闭的金属容器内施焊时，必须开设进、出风口。容器内照明电压不得超过36V。焊工身体应用绝缘材料与容器壳体隔离开。施焊过程中每隔半小时至一小时外出休息10~15min，并应有安全人员在现场监护。
7. 把线、地线不得与钢丝绳、各种管道、金属构件等接触，不得用这些物件代替接地线。
8. 更换场地，移动电焊机时，必须切断电源，检查现场，清除焊渣。
9. 在高空焊接时，必须系好安全带。焊接周围应备有消防设备。
10. 焊接模板中的钢筋、钢板时，施焊部位下面应垫石棉板或铁板。

二、气焊

1. 气焊作业应遵守电焊施工安全技术中的有关规定。
2. 乙炔发生器应采用定型产品，必须备有灵敏可靠的防止回火的安全装置。
3. 乙炔发生器与氧气瓶不得同放一处，距易燃易爆品不得少于10m。严禁用明火检验是否漏气。氧气、电石应随用随领，下班后送回专用库房。
4. 氧气瓶、乙炔发生器受热不得超过35℃，防止火花和锋利物件碰撞胶管。气焊枪点火时应按"先开乙炔、先关乙炔"的顺序作业。
5. 氧气瓶、氧气表及焊割工具的表面，严禁沾污油脂。
6. 乙炔发生器应每天换水。严禁在浮筒上放置物件，不得用手在浮筒上加压和摇动。

添加电石时严禁明火照明。

7. 乙炔发生器不得放在电线的正下方,焊接场地距离明火不得少于10m。

8. 氧气瓶应设有防振胶圈,并旋紧安全帽,避免碰撞、剧烈振动和强烈阳光暴晒。

9. 乙炔气管用后需清除管内积水。胶管回火的安全装置冻结时,应用热水溶化,不得用明火烘烤。

10. 点火时焊枪不得对人,正在燃烧的焊枪不得随意乱放。

11. 电石应放在干燥的地方,移动或搬运应将桶上的小盖打开,轻移、轻放。开桶时头部要闪开,不得用金属工具敲击桶盖。

12. 施焊时,场地应通风良好。施焊完毕,应将氧气阀门关好,拧紧安全罩。乙炔浮筒提出时,头部应避开浮筒上升方向,提出后应挂放,不得扣放在地上。

任务七 锅 炉

1. 有安装锅炉能力的使用单位,经当地劳动部门同意后,可以自行安装立式锅炉和快装锅炉。新安装或检修后的锅炉,自检合格后,报当地劳动部门检查批准后,方可点火运行。

2. 锅炉一般应安装在单独建造的锅炉房内。锅炉房如与生产厂房相连时,应用防火墙隔开,其锅炉的容量应符合有关规定的要求。

3. 为了保证锅炉安全运行,必须建立健全严格的规章制度。

4. 锅炉在运行中,如发生有严重威胁锅炉安全运行等情况时,应采取紧急停炉措施。

5. 投煤时应注意检查煤炭中混杂的有害物质。

任务八 水 上 作 业

一、水上作业

1. 在通航江河上施工的安全管理工作应符合现行的《内河交通安全管理条例》的规定,开工前应报告当地港航监督部门。

2. 施工所使用的船只应经船检部门检查合格后方可使用。施工期间按规定应设置临时码头、航行标志及救护、消防等设施。

3. 船只在航行前,应检查各部位的机械与设施是否良好,不得带病作业。

4. 应掌握和及时了解当地的气象和水文情况,遇有大风天气应检查和加固船只的锚缆等设施。遇有雨、雾天,视线不清时,船只应显示规定的信号,必要时应停止航行或作业。

5. 定位船及作业船锚碇后,应在涉及航域范围内设置警示标志。抛锚时,锚链滚滑附近不得站人。

6. 船只靠岸后(或在两船间倒运货物时)应搭设跳板、扶手或安全网,经踏试稳定牢固,方可上下人或装卸货物。

7. 装船时严禁超载、偏载,必要时应加配重,调整平衡。卸船时应分层均匀卸运。

8. 打桩船、起重船施工前应了解作业区域的水深、流速、河床地质等有关情况,为船舶行驶、抛锚、定位做好安全准备工作。

9. 抛锚、就位应保持船体稳定。如用两艘船体联结时，必须连接牢固，稳定可靠。

10. 使用轮胎或履带吊车在船上打桩、起重作业时，船体应按施工要求进行加固，并在吊车轮胎（或履带）下加铺垫板。

11. 牵引或在旁侧拖带作业船时，严禁超载，牵引（或拖带）用的钢丝绳必须联结牢固。

12. 交通船应按规定的载人数量渡运，严禁超员强渡。船上应配有救生设备。船行中途遇有阵风、雨时，乘船人员不得走动或站立。

二、潜水作业

1. 潜水作业前施工负责人应将下潜任务、下潜环境、工作部位、水深、流速、流向等，向潜水员做明确交待，下潜深度应符合现行的国家标准《产业潜水最大安全深度》（GB/T 12552—1990）的规定。

2. 在作业条件比较困难的情况下，应在搭设的平台上另备一套潜水装具，并指派一名预备潜水员，以便在必要时下水协助和救援。

3. 夜间潜水作业，除平台上的照明外，还应另装照明度较大的灯具，照在潜水点的水面上。

4. 在寒冷环境作业时，应遵守下列规定：

（1）潜水员应穿保温内衣，双手应擦防冻油、戴手套。

（2）潜水前，供气软管应用压缩空气吹通几分钟，接头部位应用棉垫包裹严密；出水时要用热水管加温排气阀，以防排气阀冻结。

（3）在冰层上入水要凿开能确保潜水员安全上下的洞口；水面有浮冰时，供气软管、信号绳与冰块摩擦接触处，应有防割断措施。

（4）潜水员行走的冰面和潜水用梯均应有防滑措施。

5. 潜水作业范围的水面上，严禁其他作业。

6. 潜水员在进行冲泥和吸沙作业时，要在头盔的排气阀上包裹纱布，防止沙粒、污泥等进入排气阀内。

7. 潜水员在水下行进时，要尽量避免在倒塌的物体或杂乱的索具空当内穿越。

8. 在检查船舶推进器或解除推进器的缠绕物时，严禁开动推进器，并派专人监护。

9. 信绳员和掌握供气软管人员，应负责做好潜水员下潜和上升的安全工作。

10. 在沉井、钻孔桩内作业，应遵守下列规定：

（1）作业时，沉井内的水位应不低于沉井外的水位。

（2）沉井内壁不得有钢筋头、扒钉头、铁线、铁钉等外露，潜水员不得进入刃脚下工作。

（3）潜水员在沉井内吸泥时，不得用手脚触动正在工作的吸泥管头部，吸泥机的开闭由地面电话员提前通知潜水员。

（4）在钻孔桩内作业，桩内泥浆面必须高于护筒外的水位；潜水员在护筒底缘以下部位作业时，必须有安全防护措施。

11. 水下起吊作业应遵守下列规定：

（1）进行水下起吊作业时，应根据被吊物的特点和当地的水情制定方案。

（2）潜水员应熟悉被吊物的特点、体积、重量、吊点和沉没原因。

（3）在起吊时，潜水员应将沉落物件拴牢，经检查确认拴挂牢固，待潜水员上升出水后再起吊。

（4）打捞沉船、钢结构、圆筒等物件时，潜水员严禁在上述打捞物件内穿行，不得进入已有断裂或破损面的船体内。

（5）潜水员不得在水中悬吊的物体上工作或从悬吊物件下穿越。

12. 水下焊接和切割，应遵守下列规定：

（1）潜水员应熟练掌握焊接及切割技术和作业要领。

（2）电焊钳、切割把、电缆等必须绝缘良好，头盔外面和领盘上应涂抹或包裹绝缘物质，作业时应戴橡皮手套，观察窗下应加装防护镜。

（3）电路应安装保护装置。

13. 水下爆破作业，应遵守下列规定：

（1）潜水员应熟悉爆破器材的性能和引爆的安全操作技术。

（2）根据爆破波及范围，划定危险区，引爆前应派人警戒。

（3）雷管在使用前应做测试，在同一起爆点，不得使用不同型号的雷管。

（4）炸药包装好后，应由潜水员带下水，不得用绳索下放；炸药包布设完毕，潜水员出水，并躲避到安全地点后，方可引爆。

（5）引爆线路的开关应设专人严格管理，未经负责人许可严禁通电。

（6）发生"盲炮"时，应在切断电源15min后，再下潜取出。

任务九　高　处　作　业

1. 高处作业的含义和级别划分应符合现行的国家标准《高处作业分级》（GB/T 3608—2008）的规定。

2. 悬空高处作业必须设有可靠的安全防护措施。

悬空高处作业包括：在开放型结构上施工，如高处搭设脚手架等；在无防护的边缘上作业；在受限制的高处或不稳定的高处作业；在没有立足点或没有牢靠立足点的地方作业等。

3. 从事高处作业人员要定期或随时体检，发现有不宜登高的病症，不得从事高处作业。严禁酒后登高作业。

4. 高处作业人员不得穿拖鞋或硬底鞋。所需的材料要事先准备齐全，工具应放在工具袋内。

5. 高处作业所用的梯子不得缺档和垫高，同一架梯子不得两人同时上下，在通道处（或平台）使用梯子应设置围栏。

6. 高处作业与地面联系，应有专人负责，或配有通讯设备。

7. 运送人员和物件的各种升降电梯、吊笼，应有可靠的安全装置，严禁作业人员乘坐运送物件的吊篮。

任务十　特　殊　季　节

一、雨季

1. 雨季及洪水期施工应根据当地气象预报及施工所在地的具体情况，做好施工期间的防洪排涝工作。

2. 在雨季施工时,施工现场应及时排除积水,人行道的上下坡应挖步梯或铺砂。脚手板、斜道板、跳板上应采取防滑措施。加强对支架、脚手架和土方工程的检查,防止倾倒和坍塌。

3. 雨季施工时,处于洪水可能淹没地带的机械设备、材料等应做好防范措施,施工人员要提前做好安全撤离的准备工作。

4. 长时间在雨季中作业的工程,应根据条件搭设防雨棚。施工中遇有暴风雨应暂停施工。

二、冬季

1. 冬季施工应严格执行冬季施工的有关规定,做好保温、防冻等安全防护措施。

2. 冬季施工在江河冰面上通行时,事先应详细调查冰层的厚度及承载能力。冰面结冻不实地段,严禁通行。结冻不实地段、可通行地段都应设明显标志。初冬及春融季节应经常检查冰层变化情况,以确定可否通行。

3. 江河流冰前应制定出防流冰方案,并将停留在冰面上的车辆、船只、机械和物资提前撤至安全地带。

4. 爆破流冰通道时,除应遵守国家现行的《爆破安全规程》外,还应在爆破前详细检查冰面后再进行作业。爆破流冰时应穿好救生衣,必要时应备有救护船只。

三、夜间施工

1. 夜间施工时,现场必须有符合操作要求的照明设备。施工驻地要设置路灯。

2. 施工中的小型桥涵两侧及穿越路基的管线等临时工程,应设置围栏,并悬挂红灯示警标志。

3. 大型桥梁攀登扶梯处应设有照明灯具。

4. 夜间作业船只或在通航江河上长期停置的锚船、码头船等应按港航监督部门规定,配置齐全的夜航、停泊标志灯。船只停靠码头应设照明灯。

四、边通车、边施工地段的交通管理

1. 改建工程中,边通车、边施工路段的安全生产,应加强对通行车辆的安全管理,确保施工、交通安全。

2. 改建工程需挖除旧路路基、路面进行重建的路段,在施工路段的两端应竖立显示正在施工的警告标志。标志应鲜明、醒目。标志与施工路段的距离,应根据开挖宽度、路线等级、交通量等情况确定。

3. 一侧拓宽或两侧拓宽的改建工程,原有道路的路面宜先保留,以维持交通。

4. 在拓宽地段,如须在原有道路上运送土石方,宜采用机动车辆运输。采用手推车运输时,可划分部分路面,专供手推车行驶。并应做到:

(1) 剩余部分路面宽度应保证机动车行车安全。

(2) 要用红白相间的栏杆等隔离设施,与机动车行车道隔开。

(3) 设专职人员指挥来往车辆。

5. 通车路段的路面应经常清扫干净,防止车辆碾飞土石伤人或雨后泥泞影响通车。

6. 在原有路段上,进行降坡改建的工程,有条件的可修建临时便道维持交通,也可在降坡地段半幅施工,另半幅做通车之用。

7. 半幅通车路段，在车辆驶出（入）前方应设置指示方向和减速慢行的标志。同时在施工作业区的两端设置明显的路栏。晚间要在路栏上加设施工标志灯。半幅施工区与行车道之间设置红白相间的隔离栅。

8. 半幅施工的路段不宜过长，一般以不超过300～500m为宜。

9. 在单车道维持通车路段上，当路段不长，交通量不大时，可在该路段的适当地点设置车辆会让处；当施工路段较长、交通量较大时，应实行交通管制。每班配置专职人员和通讯设备，指挥交通，疏导车辆。

10. 在居民点或公共场所附近开挖沟槽时，应设护栏及搭设跳板供行人通过。夜间应设置照明灯和红灯。

11. 在原地拆除旧桥（涵）重建新桥（涵）时，应先建好通车便桥（涵）或渡口。在旧桥的两端应设置路栏，夜间应在路栏上悬挂警示灯，并在路肩上竖立通向便桥或渡口的指示标志。

小　　结

本单元对公路工程施工的相关工序及特殊季节的施工安全技术进行讲解，一方面对上述单元内容进行补充，另一方面强调本单元内容需特别注意的施工安全技术。

单元七　交通安全设施施工安全技术

教学目标

1. 了解标志牌加工安全技术。
2. 了解标志结构件加工安全技术。
3. 掌握标志基础施工安全技术。
4. 掌握标志安装施工安全技术。
5. 掌握护栏施工安全技术。
6. 掌握标线施工安全技术。

交通安全设施是高等级公路的重要组成部分。随着我国高速公路建设的迅速发展,交通安全设施在公路中所占的地位越来越重要。实践证明,完善而合理的交通安全设施的设置,不仅可以有效地减少事故的发生和事故造成的损失,还可以提高行车的舒适,并为驾驶员提供良好的视觉诱导。

任务一　标志牌加工安全技术

一、切圆压边机的安全操作技术

1. 开车前,必须穿好工作服,扣好衣袖。
2. 清理机台,用毛刷清理机台、托料架、导轨上的所有铁屑、棉纱、边角余料等杂物。
3. 将工具、卡具、量具及工件放在不妨碍作业的地方,摆放整齐。
4. 检查主轴箱、减速器、液压箱中油位,不可低于标准线。
5. 各润滑部位加入纯净润滑油。
6. 接通控制电源,分别按下启动按钮,检查继电器、电磁阀是否正常。
7. 启动电机,检查转向是否正确、各运转声响是否正常。
8. 启动油泵,鉴别油泵运转状态是否正常,检查压力表所指压力是否正常。
9. 转入空运转,检查主轴箱、减速箱工作正常,液压管路无漏油现象,油缸活塞无漏油、爬行现象存在。
10. 切圆压边工件前,应将板材压紧固定。
11. 调整切圆压边速度和进给量,在铣削过程中不得调节,必须调节时,应停止进给,将溜板退回后再作调整。
12. 切圆压边过程中,严禁测量工件,严禁清理铁屑,严禁在横梁两侧传递物品。
13. 切圆压边作业完毕,应将溜板退至右端,停止进给,停止油泵,切断电源。
14. 每班作业完毕,应清理好工具、卡具、量具。

二、折弯机安全操作技术

1. 折弯机必须有专人负责，操作者必须熟悉该机的性能和安全使用知识。
2. 使用前应在各润滑点加注润滑油，检查油箱内油位到油标位置。
3. 根据板厚确定下模开口尺寸，一般开口尺寸为板厚的 6~10 倍，2mm 以内的薄板可为 6~8 倍。
4. 根据加工板料，参照折弯力与油压曲线，确定所需压力，调节远程调压阀，使压力稍大于所需压力。
5. 根据加工板料，调整模具及其间隙，对准上下模中心。
6. 滑块工作行程必须根据折弯的板材和折弯角度的不同而调整，在调整滑块行程时，必须把滑块停在上孔点。
7. 在操作时，手禁止放进上下模之间，以免发生事故。
8. 板料折弯时必须压实，以防在折弯时板料翘起伤人。
9. 调板料压模时必须切断电源，停止运转后进行。
10. 在改变可变下模的开口时，不允许有任何料与下模接触。
11. 机床工作时，机床后部不允许站人。
12. 严禁单独在一端处压折板料。
13. 运转时发现工件或模具不正，应停车校正，严禁运转中用手校正以防伤手。
14. 禁止折超厚的铁板或淬过火的钢板、高级合金钢、方钢和超过板料折弯机性能的板料，以免损坏机床。
15. 经常检查上、下模具的重合度；压力表的指示是否符合规定。
16. 发生异常立即停机，检查原因并及时排除。
17. 关机前，要在两侧油缸下方的下模上放置木块将上滑板下降到木块上，先退出控制系统程序，后切断电源。

三、剪圆剪板机的安全操作技术

1. 禁止下料超长、超厚，不许剪切淬过火的高速钢、工具钢及铸铁等。
2. 开机前应将离合器脱开，电动机不准带负荷启动。
3. 开机前先空车试剪切，空车试正常后，才可加工。
4. 禁止剪切有爆炸性物品、棒料、过薄工件及非金属。
5. 注意拉杆是否失灵，紧固螺钉是否牢固，送料时手指不能进入刀口。严禁两人在同机同时剪两件，剪床后不准站人。
6. 禁止操作者离开或托人代管开动着的设备。
7. 要经常注意夹紧机构及离合器、制动器有无异常失灵现象；剪切时应精力集中，若发现设备有异常现象，应立即停止剪切，切断电源，通知有关人员检修。
8. 工作完毕下班前，应切断电源，擦净设备，做好点检记录。

四、刻字机安全操作技术

1. 开机前应按说明书检查设备。
2. 开机后必须将机床每个轴回归原点，对照原点标记，确认原点位置正确。
3. 开始加工之前检查：主轴冷却回路有无漏水现象；机床运行是否有异响；主轴上刀具是否夹紧、夹胆是否清洁；刀具是否完好；程序号是否正确。

4. 停机时间超过2h,必须温机30min后方可开始加工首件,首件交检过程中机床必须一直空运行,不得停机等待测量结果。

5. 加工中应关好所有安全门、电气控制柜门,严禁随意打开。

6. 随时注意机床运行状况,一旦发生异常,应立即按下急停按钮,但如果已有报警信号产生,则应保持机床运行状态直至其自行停止,不得擅自处理,并立即通知技术人员或维修人员进行处理。

7. 定人定岗操作,未经培训不得操作机床和调换到有不同机种的岗位。

8. 机床上的安全和连锁装置不得随意拆除,警示标牌不允许随意取下。

9. 机床运行中严禁身体的任何部位置于运动部件的运动区域内和附近,维修时必须先确认机床已停止运动,并按下急停按钮,必要时应关闭电源。

10. 机床运行时,工作台、夹具、导轨及导轨护板等禁止放置无关的物品。

11. 按键、开门、关门、装卸工件等操作时力度适中,严禁野蛮操作。

12. 操作人员应避免误按、误碰开关和按钮,以免造成不必要的危险。

13. 操作人员只能进行相应权限的操作,不得越权,更不得随意修改参数。

14. 夹胆规格应符合要求,主轴未装刀时,不能转动主轴。

15. 关机顺序:首先将机床各轴移到行程的中间位置,按下急停按钮,关闭机床控制电源,关闭控制回路总电源,切断总电源、关闭气源。

16. 工作完毕后,应及时清除铝屑,清洁机床,如实填写交接班记录。

任务二　标志结构件加工安全技术

一、电焊机安全操作技术

(一) 一般规定

1. 焊接人员应穿戴白色工作服(防止紫外线辐射)、绝缘鞋、防护镜(电焊帽)、电焊手套、鞋盖和口罩等。禁止在工作中吸烟。配合人员也应有相应的劳动保护用品。

2. 施焊现场的10m范围以内,不得堆放氧气瓶、乙炔发生器、木材和易燃油类。

3. 焊机应存放在清洁干燥和通风良好的地方,焊机下面应垫木板与地面隔离,以防受潮。

4. 长期未用的电焊机,使用时,须用摇表检查其绝缘是否良好,接线部分有否腐蚀和是否受潮。

5. 焊机电流大小应按该机规定的电流值与暂载率严格执行,不允许超负荷使用,并应尽量用无载自停节电装置。

6. 电焊钳握柄必须用绝缘耐热材料制成,握柄与电线的连接要牢固,并要用绝缘布包好。

7. 电焊用皮线必须绝缘良好,从电焊机到电焊钳之间的导线的长度不应超过30m,特殊需要时,也不应超过50m。

8. 焊接时的地线,不应接在建筑物、机器设备、各种管道、金属构架或铁道上,必须设专门地线。

9. 施焊前,要严格检查焊机及所用的工具是否良好,电焊机在负荷运转中,应经常检查其温升是否过高。如温升超过60℃须停机降温。

10. 焊接容器时,必须有接地线;焊接完毕,焊钳应离开容器放在外面。在潮湿处工作时，不可用手触摸电焊机的导线部分，带电的焊钳绝不允许用胳膊夹持，以防触电。

11. 在有起重钢丝绳区域内焊接时，电焊机临时地线的接头，必须用胶布包严和固定压紧，以免在吊装中因钢丝绳与地线接触打火而烧坏起重钢丝绳。

12. 清除焊渣时，面部必须避开清渣的焊缝，以免焊渣飞出伤眼。

13. 下班停止工作时，必须切断电源和关闭设备上的开关，并应将地线与手把线分开盘好，不许混在一起，以免合闸时短路造成事故。

（二）交流电焊机安全操作技术

1. 调节变压器时，必须使用手柄。移动电焊机时，不得用电缆拖拉。

2. 接线时要注意初、次级线，不要接错；输入电压必须符合电焊机的规定。

3. 严禁接触初级线路的带电部分。电焊机次级开关板的接线铜片，必须旋紧以保证接触良好。

（三）直流电焊机安全操作技术

1. 旋转式直流电焊机

（1）新焊机启动前，必须用一张弹性较好的纸衬在换向器和碳刷之间，将换向器上污物擦干净，使换向器与碳刷接触良好。

（2）碳刷架边缘，不许接触换向器的表面，至少要有 2~3mm 的距离。随着碳刷的磨损，应随时调整碳刷的位置，并经常擦干净。

（3）启动后，应检查碳刷与换向器的情况，如有带大量针头状黄色的环火或绿白色的火花，不应施焊，必须查出原因，排除后方可重新启动和施焊。

2. 硅整流直流电焊机

（1）电焊机在安装前，应检查硅整流元件与散热片的连接，如有松动，必须拧紧，以防接触不良烧毁硅整流元件。

（2）使用前，须先打开风扇电机，观察电压表指针位置是否正确，仔细察听是否有不正常的声音。

（3）应经常清洁硅整流器及其他部件，延长使用寿命。

（4）严禁用摇表测试电焊机主变压器的次级线圈和控制变压器的次级线圈。

（5）电焊机在搬运过程中，要尽可能地避免振动；电焊机的饱和电抗器切勿振动，更不应敲击，否则将影响焊机的性能。

任务三　标志基础施工安全技术

一、基础施工安全技术

1. 所有施工人员统一配备安全工作服及安全帽。
2. 施工时设置施工标志、警示灯等，围出施工区域以确保施工人员安全。
3. 挖基坑完成后，要及时进行混凝土施工，以防下雨对路基造成破坏或人员掉入基坑。
4. 若不能立即进行基础施工时，基坑周围要设置明显的安全设施，如安全标志、安全防护锥或用彩色隔离带、带有彩旗的防护绳将挖好的基坑围好。夜间应安放警示灯，以防人员、车辆掉入基坑。
5. 驾驶人员必须持证上岗，必须按规定程序要求进行操作。

二、混凝土搅拌机安全操作技术

1. 作业前的安全技术准备

（1）电动机部分，按通用操作规程的有关规定执行。

（2）检查电路和开关连接是否可靠，传动装置、保护装置是否完好无损。

（3）检查搅拌叶片有无松动或碰磨搅拌筒现象，出混凝土机构是否灵活。

（4）在搅拌筒内放入清水运转3min，以检查转动是否灵活无阻，转动方向是否正确。

（5）检查各润滑点油量是否充足，必要时添加润滑油。

2. 作业中的安全技术要求

（1）必须待搅拌机达到正常转数后，方可加料。

（2）加入搅拌筒内的料应符合要求，并且不可超过规定容量。

（3）严防块状硬物和金属丝、网、绳索等物进入搅拌筒，以免损坏叶片。

（4）搅拌机转动时，不准用手或木棒等物伸进搅拌筒内清理筒口的灰浆、材料。

（5）出混凝土浆时，必须使用摇手柄，不准用手扳转拌和筒。

（6）机械开动时，禁止进行任何修理作业。

（7）随时观察各部件工作是否正常，若有异常，应立即停车检修。

3. 作业后的安全技术要求

（1）清洗搅拌筒，清除混凝土浆残渣。

（2）切断电源，并按保修规程的规定进行例保作业。

三、运输车辆安全操作技术

（一）自卸汽车

1. 汽车发动后，应检试液压倾卸机构。

2. 由挖掘机装料时，自卸汽车就位后应拉紧手刹车。如挖斗必须越过驾驶室顶，驾驶室内不得有人。

3. 卸料时应选好地形，并观察上空和周围有无电线、障碍物和行人。卸完料后车斗应及时复还，不得边走边落。

4. 向坑洼地卸料时，必须和坑边保持适当的安全距离，防止边坡坍塌使汽车滑下或翻车。

5. 检修倾卸装置对，应撑牢车厢。

6. 自卸车的车箱内严禁载人。

（二）机动翻斗车

1. 车上严禁带人，会车、转弯时应减速，注意来往行人。

2. 向坑槽或混凝土集料斗内卸料时，应保持适当安全距离或设置挡墩，以防翻车。临近挡墩时应减速，不得猛冲。

3. 装卸时司机不得发动车辆。

四、发电机安全操作技术

1. 在露天工作的电动机，必须有防雨罩。

2. 电动机在启动前，必须检查电线及接头有无破损，接头是否松动，电机转动是否灵活。

3. 如启动后发现电动机有异响或转动不起来，应立即将闸刀断开，找出故障。

4. 电动机的接地线应连接可靠，绝缘电阻应不小于 0.5MΩ。

5. 电动机应无漏电现象，温升不能过高。一般三相异步电动机，A 级最大温升允许为 55℃，B 级最大温升为 65℃，E 级最大温升为 70℃，F 级最大温升为 105℃。

6. 操作高压油开关，启动高压电动机时，应戴绝缘手套，穿绝缘胶鞋。

7. 电动机停放地点必须保持干燥，禁止在电机旁堆放杂物和易燃品。

8. 电动机与其他机械连接时，其连接处应加装防护罩。

9. 严禁带电更换保险丝或保险片，禁止用一般金属丝代替保险丝。

10. 电动机停止工作或发生停电，操作人员离开工作岗位时，应将闸刀断开。

11. 电动机停止运行前，应将载荷降至最小，然后切断电源，启动开关拨到停止位置。

12. 变速电动机停止运转时，应先将转速逐级降到最低，然后切断电源。

13. 在潮湿地区，电动机停用后，必须采取防潮措施。使用停放很久的电动机时，应首先用摇表检查电动机绝缘电阻。如绝缘电阻超过规定，应拆开烘干后再用。

任务四　标志安装施工安全技术

一、安装 标志施工安全技术

1. 在已通车路上施工，应先与当地公安交通管理部门取得联系，同意后方可施工。

2. 工作前必须戴好安全帽，严格检查各种设备和工具是否完好可靠。

3. 做好安全防范措施，在距施工现场 1000m、500m、100m 处分别放好减速标志（60km、40km、20km）及用安全锥隔离出施工区域，工人身着反光背心，施工车上插安全旗，并配有专人负责指挥车辆，确定无危险后方可工作。

4. 多人操作时要有专人指挥，交底要清楚，严格按指挥命令或信号工作，如遇操作者看不清手势时应设有传助手，准确传递信号。

5. 起吊工件时，应先检查捆缚是否牢固，然手试吊离地面 0.5m，经检查确认稳妥可靠后方可起吊。

6. 起吊周围应设警戒线，严禁在吊臂或吊物下停留及通过，在有风天要使用缆绳固定标牌，风缆绳与地面应成 45°角。

7. 从车上往下卸标牌时，至少要有四人同时用力，防止标牌掉下砸伤人。

8. 安装完毕后打扫干净施工现场，清点好工具和使用的机件，防止工具和机件留高处后掉落伤人，待一切施工车辆离开现场后，撤掉安全标志牌。

二、高空安装标志施工安全技术

1. 施工人员进入现场必须戴好安全帽，禁止跑跳，要注意来往车辆，要注意脚下是否有障碍物，以保证安全。

2. 吊装作业时应设监护人员，必须专人指挥，严禁吊物下作业。

3. 标志牌在高处安装时，人员必须在脚手架上或使用举升设备作业，在高空要时刻注意脚手架上或使用举升设备的探头板及拌脚物。

4. 在公路和交通繁华的道路上作业时，必须尽可能缩短作业和设备在道路停车部位上停留时间，在通车部位上作业时，须指派专人担任探望疏通工作并在作业点前后设明显警示标志。

5. 在高处临边作业时，必须系好安全带，戴好安全帽。

6. 在高空安装时，工具、结构件、标准件等物品，必须放牢，下面不得有人，防止坠下砸伤人。

7. 高处作业时，必须将衣袖扎紧，穿防滑鞋。

8. 凡患有高血压、心脏病、癫痫病、精神衰弱、视力不佳、饮酒、睡眠不足者，禁止参加高空作业。

三、安装汽吊的安全操作技术

1. 汽吊司机必须经专业技术培训，考试合格取证后方可上车独立操作。

2. 司机应熟知汽吊的机械原理、保养规则、安全操作规程，并按规定严格执行。严禁酒后或身体有不适应症时进行操作。

3. 使用前应详细检查作业场地是否平整坚实，支腿是否牢固，操作手柄、制动器及其他操作件装置是否灵敏可靠，在确认没有异常后方可开始工作。

4. 在吊钩升降时，必须做到工件在车尾方向起吊，起吊时必须先进行试吊，要避免起吊过高，尽量减少物体在空中停留时间，被吊物起落时速度要缓慢均匀。

5. 作业时，要勤观察钢丝绳的磨损情况，当起重臂仰角很大时，应先将吊物下放到停放位置，在保持吊索张紧状态下，将起重臂放低、松绳、摘钩。

6. 起重臂抬落回转时必须做到：起吊重物时，不得落臂。在落臂时油门要小，抬臂时油门要大，回转动作要平稳，不得突然反转，负重在接近额定重量时，不得在离地面0.5m以上空中回转。

7. 严禁吊重行驶，在行驶时必须将起重臂放在托架上，吊钩在保险杠的挂钩上，并将钢丝绳拉紧。

8. 工作完毕后，起腿、回转臂杆不得同时进行。在公路上行驶，要严格遵守交通规则，转弯要慢，下坡时要严格控制车速，不得空挡滑行。

四、运输车辆安全操作规程

（一）一般安全要求

1. 严格遵守交通规则，注意交通安全。驾驶车辆必须证照齐全，不准驾驶与证件不符的车辆。严禁酒后开车。

2. 发动前应将变速杆放到空挡位置，并拉紧手刹。用平稳启动后，应五指并拢，握紧摇柄，从下面向上提动。身体要闪开摇柄转动的范围。

3. 气制动的汽车，严禁气压低于0.4MPa（重型汽车不低于0.6MPa）时起步。若停放在坡道上，气压低于上述压力时不得滑行滑动。

4. 在施工现场行驶时要低速慢行，不得压坏上方及两侧的电线、器材及设施等。汽车进入炼油厂防火区，排气管必须带有防火罩。

5. 汽车涉水或通过漫水桥时，应事先查明行车路线，并需有人引车。如水深超过排气管时，不得强行通过。涉水过程中严禁熄火。

6. 车辆通过泥泞路面时，应保持低速行驶，不得急刹车。在冰雪路面上行驶时，应装防滑链条，下坡时不得滑行，并用低速挡控制速度，禁止急刹车。

7. 倒车调头时，应注意地形及环境情况，并用喇叭、信号以及手势使周围及过往车辆行人注意。在场地狭窄、人多的地方或夜间倒车调头，应有人指挥。

8. 在坡道上被迫熄火停车时，应拉紧手制动，下坡挂倒挡，上坡挂前进挡，并将前后轮楔牢。

9. 发动机温度过高需打开水箱盖时，要戴手套，防止蒸汽或水喷出烫伤。

10. 车辆陷入坑内，如用车牵引，应有专人指挥，互相配合。

11. 装大型构件或用挖掘机装土石方时，司机应离开驾驶室，防止物体突然落下伤人。

12. 司机离开驾驶室时，应拔掉钥匙，锁好车门。

（二）载重汽车

1. 货车载人应按车辆管理部门规定执行。任何人不得强令司机违章带人。载人货车的安全装置必须良好。

2. 不得在中途搭客捎脚、超载搭货，或进行其他违章活动。

3. 装载构件和其他货物时，高度从地面算起不应超过 4m，宽度两侧各不得超出车厢 0.2m，长度前后共不得超过车身 2m，超出部分不得触地。如装运异型特殊物件，应备专用搁架。装载特大、异型物件、高物件或超出车身物件时，必须装好绑牢，慢速行驶。发现货物绑扎不安全时，应立即停车处理。

4. 运输超限设备或构件时，除应严格遵守交通部门的规定外，还必须研究妥善的运输方案，制定安全措施。

5. 装运易燃、易爆或其他危险品，应有明显标记，遵守安全行车有关规定。

任务五 护栏施工安全技术

一、防撞护栏安装工安全操作技术

1. 防撞护栏安装人员须经专业培训后方可进行安装工作，打桩机操作工须持证工作。

2. 防撞护栏安装人员须着同一反光标志服，方可进入施工场地。

3. 立柱打桩前测量人员须根据施工图纸要求对路面测量。测出桩高尺寸和桩位标志，并从桥梁、涵洞、通道、立交、分隔带开口及入口处为控制点，进行测距定位。

4. 放样后调查每根立柱的地基状况，如遇地下管线、排水管等或涵洞顶部埋深不够应改变立柱的固定方式或调整立柱位置。

5. 禁令标牌在作业区前 200m 以外设"前方施工减速慢行"反光标牌、导向标牌各一块。顺行车方向用黑黄间锥形标将占用的车道圈围起来，占用宽度不准超过半个行车道，锥形标摆放间距为 10~20m。

6. 各类安全施工标志齐全规范、干净清晰，设置地点准确，白天设置，晚上恢复。

7. 不在主线上装卸施工材料，施工机械和车辆不停留在行车道和超车道上。

8. 施工车辆严格遵守交通规则，严禁随意调头、逆行和长时间停靠，施工车辆后方悬挂"施工车辆，随时停车"的警示牌，并在停车前、后 50m 设警示牌，停车时必须打开警示灯。

9. 施工车辆持"施工车辆通行证"上路，并将通行证置于前挡风玻璃处，随时接受路政人员检查，自觉遵守高速公路交通管理规定，服从管理。

10. 施工人员穿越高速公路时要做到一站、二看、三通过。

二、打桩机安全操作技术

1. 打桩机操作人员，必须熟悉本机械的构造、性能、操作要领及安全注意事项，经有关劳动部门考核审批合格，并取得合格证后，方可单独操作。

2. 操作人员在操作时，必须精力集中。不得与无关人员说、笑、打、闹，操作中不准吸烟及吃食物。

3. 严格遵守打桩机的有关保养规定，认真做好各级保养，确保打桩机处于良好状态。并要注意合理使用，正确操作。

4. 打桩机在工作前，应作好以下各项准备工作：

（1）向施工人员了解施工条件和任务及施工中发现的问题与本班应注意的事项。

（2）根据施工人员所要求的振动力，调整打桩机变速齿轮的位置。

（3）检查电缆、导线的绝缘是否良好。检查控制器触点是否良好，界限是否正确。

（4）检查电源的电压是否符合要求。

（5）按日常保养项目对各部进行润滑、保养。

5. 打桩机在工作中的安全注意事项：

（1）打桩机工作时，要有专人指挥。指挥人员与操作人员在工作前要相互核对信号。工作中应密切配合。

（2）开始时，应用电铃或其他方式发出信号，通知周围人员离开。

（3）打桩机与桩帽，桩帽与管柱（或桩）平面要垫平，联结螺栓应拧紧，并应经常检查是否有松动。

（4）打桩机的启动应由低速挡逐挡加快到高速。

（5）打桩机在工作中应密切注视控制盘上电流、电压的指示情况。若发现异响或其他异常情况，应立即停机检查。

（6）经常检查轴承温度及轴承盖螺钉是否有松动现象，要严格检查偏心铁块联结螺钉有无松动，防止发生事故。

（7）下沉时，管柱（或桩）周围严禁站人。

（8）打桩机配合射水、吸泥下沉时，应与有关人员预先联系，并在工作中互相关照。

（9）接长管柱或桩及安装桩帽时，工作人员必须佩戴安全带。

（10）下沉过程中，严禁进行机械的保养、维护工作。

6. 打桩机停止工作后，应立即切断电源，并对打桩机和电动机进行检查保养。

7. 打桩机长期停用，应入库保管，电动机要做好防潮保护，控制盘上的仪表，应拆下装箱保管。

任务六　标线施工安全技术

一、热熔划线机安全操作技术

1. 作业前的安全技术准备

（1）操作者必须经过培训方可操作。

（2）操作者必须穿戴棉制品工作服、无暴露的工作鞋，配戴防护眼镜和手套。

（3）检查供气系统调压阀、安全阀等装置是否安全可靠。

(4) 检查液压系统有无渗漏；检查液压油是否充足，不足时，应予加足。

(5) 检查导热油量，需要加添时，必须按规定牌号加注，严禁使用不同牌号的导热油，且油必须清洁，严防混入水及其他杂物。

(6) 检查紧固调整喷枪、喷嘴、漆料针，使喷枪垂直地面。在两个限定盘中央，严禁带压调整以免造成人身伤害。

(7) 划线机必须备有合格的防火、灭火工具和治疗烫伤的药物。

(8) 施工前，应检查制动装置、转向装置等部位，确保其功能良好。

2. 作业中的安全技术要求

(1) 可燃气点火操作时，点火人员必须使用专用点火工具，做到先点火，后供可燃气体。

(2) 机械停用1h以上时，需关闭燃烧器，以防止导热油、涂料老化。

(3) 作业中，储料罐内涂料不得少于储料罐容积的1/4。

(4) 施工中，应经常观察各操作系统是否正常，各仪表的表示值是否在正常范围之内。

(5) 施工作业中，必须请专人在前面指挥交通，并保持一定的安全作业范围。

(6) 施工中，喷涂系统出现故障时，严禁带压进行调整，以防造成人身伤害。

(7) 停止划线作业时，如热熔釜仍在加热和保温，操作人员不得擅离岗位。

3. 作业后的安全技术要求

(1) 工作结束后，立即关闭燃气罐阀门，待储料罐内温度降至常温后，清理罐内及管路中的涂料。

(2) 车辆应停放于安全可靠的地方，要有一定安全距离，并卸下可燃气罐，放置于危险品库，妥善保管。

(3) 释放压缩机空气，放掉气罐内的积水。

(4) 按规定进行例行保养。

二、热熔釜安全操作技术

1. 作业前的安全技术准备

(1) 操作者必须经过培训方可操作。

(2) 操作者必须穿戴棉制品工作服、无暴露的工作鞋，配戴防护眼镜和手套。

(3) 检查燃气供给系统，确保其安全可靠。

(4) 检查导热油传导系统有无渗漏，导热油是否充足，导热油不足时要及时加添，但必须注意防止混入水及杂物。

(5) 必须配备合适有效的灭火工具及治疗烫伤的药物。

(6) 热熔釜首次填料时，不得超其总容量的1/3，热熔釜必须安放平稳牢固。

2. 作业中的安全技术要求

(1) 点火时，点火人员必须使用专用点火工具，并应先点火后供可燃气体。

(2) 搅拌器必须在涂料熔解后，方可启动。

(3) 作业中，热熔釜内的涂料不得少于其容积的1/4。注意控制温度，防止涂料老化。

(4) 热熔釜在进行加热和保温时，操作人员不得擅离岗位。

3. 作业后的安全技术要求

(1) 停工后,卸下可燃气罐放置于危险品库中,妥善保管。

(2) 按规定进行例行保养。

小　　结

交通安全设施一般包括防撞护栏、标志、标线等,本单元从交通安全设施的制作、施工方面讲解其应掌握的安全技术。

单元八　人身安全

教学目标
1. 了解人的不安全行为的生理因素、心理因素。
2. 了解人失误的原因。
3. 了解控制人的不安全行为的途径。

任务一　人的不安全行为的分析与控制

一、人的不安全行为的生理因素

1. 视觉

人在接受外界信息时，通过视觉器官接收的信息约占全部信息的80%以上。可见视觉是接收外界信息的主要手段，其余的大部分信息又主要是靠听觉来获得的。

（1）常见的几种视觉现象

由于生理、心理及各种光、形、色等因素的影响，使人在利用视觉的过程中，会产生适应、眩光、视错觉等现象。这些现象在安全生产管理过程中应该加以分析利用。

（2）视觉损伤与视觉疲劳

① 视觉损伤

在生产过程中，除切屑颗粒、火花、飞沫、热气流、烟雾、化学物质等有形物质会造成对眼的伤害之外，强光或有害光也会造成对眼的伤害。研究表明，眼睛能承受的可见光的最大亮度值约为 $106cd/m^2$（亮度单位：坎德拉每平方米）。如越过此值，人眼视网膜就会受到损伤。300mm以下的短波紫外线可引起紫外线眼炎。紫外线照射4～5h后眼睛便会充血，10～12h后会使眼睛剧痛而不能睁眼，这一般是暂时性症状，大多可以治愈。常受红外线照射可引起白内障。直视高亮度光源（如激光、太阳光等），会引起黄斑烧伤，有可能造成无法恢复的视力减退。低照度或低质量的光环境，会引起各种眼的折光缺陷或提早形成老花。眩光或照度剧烈而频繁变化的光可引起视觉机能的降低。

② 视觉疲劳

长期从事近距离工作和精细作业的工作者，由于长时间看近物或细小物体，睫状肌必须持续地收缩，这将引起视觉疲劳，甚至导致睫状肌萎缩，使其调节能力降低。长期在劣质光照环境下工作，会引起眼睛局部疲劳和全身性疲劳。全身性疲劳表现为疲倦、食欲下降、肩上肌肉僵硬发麻等自律神经失调症状；眼部疲劳表现为眼病、头痛、视力下降等症状。此外，作为眼睛调节机能的睫状肌的疲劳，还可能形成近视。

视觉损伤和视觉疲劳引起的视力下降，常会导致工作效率的降低和事故的发生。因此，保护劳动者的视力十分重要。

③ 视觉的运动规律

人们在观察物体时，视线的移动对看清和看准物体有一定规律。掌握这些规律，有利于在生产过程中提高工作的可靠性。

a. 眼睛的水平运动比垂直运动快，即先看到水平方向的东西，后看到垂直方向的东西。所以，一般机器的外形常设计成横向长方形。

b. 视线运动的顺序习惯于从左到右、从上到下、顺时针进行。

c. 对物体尺寸和比例的估计，水平方向比垂直方向准确、迅速，且不易疲劳。

d. 当眼睛偏离视野中心时，在偏离距离相同的情况下，观察率优先的顺序是左上、右上、左下、右下。

2. 听觉

听觉的功能可以分辨声音的高低和强弱，还可以判断环境中声源的方向和远近。

听觉特性

① 听觉绝对阈限

听觉的绝对阈限是人的听觉系统感受到最弱声音和痛觉声音的强度，声强是指在垂直于声波传播方向单位时间内通过单位面积的平均声能

② 听觉的辨别阈限

人耳具有区分不同频率和不同强度声音的能力。辨别阈限是指听觉系统能分辨出两个声音的最小差异。辨别阈限与声音的频率和强度都有关系。

③ 辨别声音的方向和距离

在正常情况下，人的两耳的听力是一致的。

3. 人的反应时间

人们在操纵机械或观察识别事物时，从开始操纵、观察、识别到动作，存在一个感知时间过程，即存在一个反应时间问题。

二、人的不安全行为的心理因素

1. 能力

能力是指一个人完成一定任务的本领，或者说，能力是人们顺利完成某种任务的心理特征，能力标志着人的认识活动在反映外界事物时所达到的水平。影响能力的因素很多，主要感觉、知觉、观察力、注意力、记忆力、思维想象力和操作能力等。

感觉是大脑对直接作用于感觉器官的客观事物个别属性的反映，而知觉则是大脑对感觉的客观事物的整体反映。即对感觉到的客观事物所做出的反应。一般情况下两者密切相关，感觉是知觉的基础，没有感觉，也就不可能有知觉，感觉越丰富，知觉就越完整、越正确；知觉是感觉的升华。另外，客观事物的个别属性和其整体总是密切相连的，因而人们很少有单纯的感觉，而总是将感觉的事物以知觉的形式直接反映出来。所以人们通常把感觉和知觉称为"感知"。例如车工通过声音或跳动等现象感觉到"螺丝松动"后，便会立即做出"拧紧螺丝"的反应。

2. 注意

在安全管理工作中，调查和了解事故的原因时，许多人会简单地回答："当时没注意"。可见，"没注意"或"不注意"常常是导致事故的一种原因。其实，"没注意""不注意"是和"注意"密切相关的，而且是和"注意"相比较而言的。因此，要了解为什么会出现"不注意""没注意"等心理现象，首先有必要了解和认识"注意"。

注意是指心理活动对一定事物或活动的指向或集中。其中指向是指在每一瞬间，心理活动都有选择地朝向一定事物而离开其余事物。集中是指把心理活动倾注于一定事物，使活动不断深入，使对该事物的反应达到一定的清晰和完善的程度。注意本身不是一种独立的心理活动过程，而是伴随着感觉、知觉、记忆、思维、情感、意志等心理过程存在的心理特性，能保证心理过程的顺利进行。注意与这些心理过程同时产生，并贯穿于它们的始终。注意能保证人及时发现客观事物及其变化，使人更好地适应环境，在安全生产中有着特别重要的意义。工人在操作机器时集中注意力，是减少误操作、避免事故发生的重要保证。

3. 性格

性格是人们在对待客观事物的态度和社会行为方式中区别于他人所表现出来的那些比较稳定的心理特征的总和。道德品质和意志品质是构成性格的基础。

尽管人的性格有千差万别，但就其主要表现形式，可归纳为冷静型、活泼型、急躁型、轻浮型和迟钝型5种。在安全生产中，有不少人就是由于鲁莽、高傲、懒惰、过分自信等不良性格促成了不安全行为而导致伤亡事故的发生。

4. 气质

气质主要表现为人的心理活动的动力方面的特点。它包括心理过程的速度和稳定性、强度以及心理活动的指向性（外向型或内向型）等。人的气质不以活动的内容、目的或动机为转移。气质的形成主要受先天因素的影响，教育和社会影响也会改变人的气质。

人的气质分为多血质、胆汁质、黏液质和抑郁质4种类型，各种类型的典型特征如下所述。

（1）多血质型

具有这种气质的人活泼好动，反应敏捷，喜欢与人交往，注意力容易转移，兴趣多变。

（2）胆汁质型

这种类型的人直率热情，精力旺盛，情感强烈，易于冲动，心境变化剧烈。他们大多是热情而性急的人。

（3）黏液质型

具有这种气质的人安静、稳重，情绪不外露，反应缓慢，注意稳定且难于转移。

（4）抑郁质型

这种类型的人观察细微，动作滞缓，多半是情感深厚而沉默的人。

气质类型并无好坏之分，任何一种气质类型都有积极的一面和消极的一面。

5. 需要与动机

动机是由需要产生的，合理的需要能推动人以一定的方式、在一定的方面去进行积极的活动，达到有益的效果。

随着社会的发展，人为了个体和社会的生存，对安全、教育、劳动、交往的需要比对食、住、行的需要更为强烈。其中对安全的需要（免除灾害、意外事故、疾病等安全需要）更为突出。安全既是每个人的需要，也是家庭、社会、工厂和国家的需要，只有将安全意识提高到这个水平，安全管理人员才能各尽其责，操作人员才能自觉地遵守安全操作规程，才能杜绝重复事故的发生，达到满足安全需要的目的。

6. 情绪与情感

情绪是由肌体生理需要是否得到满足而产生的体验，属于人和动物共有的；而情感则是人的社会性需要是否得到满足而产生的体验，属于人类特有。而情感则很少有冲动性，其外部表现也能被加以控制。

7. 意志

意志就是人自觉地确定目标，并调节自己的行动克服困难，以实现预定目标的心理过程，它是意识的能动作用表现。

人们在日常生活和工作中，尤其是在恶劣环境中工作，必须有意志活动的参与，才能顺利地完成任务，所谓有志者事竟成就是这个道理。

坚强的意志品质主要是指意志的坚定性、果断性、自制性和恒毅性较强，而意志薄弱主要是指上述的意志品质较差。

任务二　人失误的分析与预防

一、人失误的定义

按系统安全的观点，人也是构成系统的一种元素。当人作为一种元素发挥功能时，会发生失误。人失误是指人的行为的结果偏离了规定的目标，并产生了不良的影响。

实际上，不安全行为也是一种人失误。一般来讲，不安全行为主要是指操作人员在生产过程中发生的，是直接导致事故的人失误，人的不安全行为是导致工业事故的直接原因。而人失误可能发生在从事计划、设计、制造、安装、维修等各项工作的各类人员身上。管理者发生的人失误是管理失误。所有的工业事故中都涉及一系列的管理失误，这些管理失误使得不安全行为和不安全状态得以存在和发展。现代安全理论认为，管理者发生的失误是一种更加危险的人失误。

二、人失误的分类

为了找出造成人失误的原因、采取恰当措施防止发生人失误或减少发生人失误的可能性，人们对人失误进行了不同的分类。人失误分类方法很多，下面介绍按人失误原因进行的分类。

按人失误产生的原因可以把人失误分为以下三类。

1. 随机失误

由于人的行为、动作的随机性质引起的人失误。如用手操作时用力的大小、精确度的变化、操作的时间差、简单的错误或一时的遗忘等。随机失误往往是不可预测、不能重复的。

2. 系统失误

由于系统设计方面的问题或人的不正常状态引起的失误。系统失误主要与工作条件有关，在类似的条件下失误可能发生甚至重复发生。通过改善工作条件及职业训练能有效地克服此类失误。

系统失误又有2种情况：

（1）对工作任务的要求超出了人的能力范围。

（2）在正常作业条件下形成的下意识行动、习惯做法往往使人们不能适应偶然出现的异常情况。

3. 偶发失误

偶发失误是指一些偶然的过失行为，它往往是事先难以预料的意外行为，如违反操作规程、违反劳动纪律等。

三、信息处理与人失误

1. 人的信息处理过程

人的信息处理过程可以简单地表示为输入→处理→输出。输入是经过人的感官接受外界刺激或信息的过程。在处理阶段，大脑把输入的刺激或信息进行选择、记忆、比较和判断，进而做出决策。输出是通过人的运动器官和语言器官把决策付诸实现的过程。

2. 信息处理过程中的人失误倾向

人在信息处理过程中常常出现以下一些失误倾向。

（1）简单化

人具有图省力、把事物简单化的倾向。如在工作中把自认为与当前操作无关的步骤舍去，或拆掉安全防护装置等。

（2）依赖性

人具有依赖性，喜欢依赖他人，如上级、下级和同事等，或依赖他物，如规程、说明书及自动控制装置等。

（3）选择性

对输入的信息进行迅速的扫描并选择，按信息的轻重缓急排队处理和记忆。这使得人们的注意力过分地集中于某些特定的事物（操作、规程或显示装置）而忽视其他。

（4）经验与熟练

对于某项操作达到熟练以后，导致不经大脑处理而下意识地直接行动。这一方面有利于熟练、高效地工作；而另一方面，这种条件反射式的行为在一些特殊情况下，如危急情况下则是有害的。

（5）简单推断

当眼前的事物与记忆中的过去的经验相符合时，人们就容易认为事物将按照以往经验的那样发展下去，从而对其余的可能性不再加以考虑而排斥。

（6）粗枝大叶、走马观花

随着对输入的信息的扫描范围和速度的增加而忽略细节，或舍弃定量而只收集一些定性的信息。

为了克服上述倾向，在工艺及操作、设备等的设计中要采取恰当的技术措施。

四、心理紧张与人失误

不注意是大脑正常活动的一种状态，注意力集中程度取决于大脑的意识水平（警觉度）。研究表明，意识水平降低而引起信息处理能力的降低是发生人失误的内在原因。根据人的脑电波的变化情况，可以把大脑的意识水平划分为无意识、迟钝、被动、能动和大脑出现空白5个等级。

任务三 控制人的不安全行为的途径

一、建立与维持对安全工作的兴趣

防止安全事故发生，控制人的不安全行为的一个途径是使劳动者建立和维持对安全工作的兴趣。

兴趣是力求认识某种事物、乐于从事某种活动的倾向。这种倾向会使一个人的注意力经常集中趋向于某种事物。因此兴趣是一个人从事某项工作的强大的推动力和最有力的动机。安全管理人员在开展工作的过程中，可以利用劳动者的个性和心理，建立和维持对安全生产的兴趣。

1. 自卫感

自卫感即害怕个人被伤害。这是个性心理特征中最强烈且较普遍的一种特性。例如，一个下意识怕被伤害的工人，如能引起注意安全的兴趣，则可使其对机器作适当的防护而站在一个安全的位置。对智能发展不足的人而言，这往往是唯一能成功被利用的特性。再如，亲朋、父兄中有人曾因安全事故而伤亡的青年工人，往往自卫的心理较重，人道感也较强。

借自卫感来建立与维持兴趣的方法有：描述危害的后果，但不应使用太恐怖的方法。例如，要讲碰伤手脚引起感染的恶果，导致微小伤害的原因同样会导致严重伤害；可以利用海报、板报、讲演、电影、幻灯、电视等形式进行宣传。

假如有一个轻视个人安全但有荣誉感的鲁莽汉，对具有这种心理特征的人过分强调自卫，反而会促使其逞能，更易任意将自己暴露于危险之中；若对其强调集体的荣誉，将有利于动员他努力防止伤亡事故。

对于热心于安全生产的人，并非是有强烈自卫心的怕死者。出于责任感、人道感，有自卫心的人也常有舍己为人、忘我地去抢救受伤人员的事例。

2. 人道感

人道感即希望替他人服务。人道主义是人类广泛具有的本质，对受伤者应有强烈的同情心。人道感最好发挥于工人尚未置身于危险以前。当然，重视急救、强调拯救生命及避免灾害扩大以及利用事故频率的数字更易唤起有人道感的人的合作。

3. 荣誉感

荣誉感即希望与人合作、关心集体的荣誉。当工人具有健全的荣誉心时，可用下列方法来建立和维持其对安全工作的兴趣。

（1）告诉工人，发生工伤事故将影响班组、企业的安全记录。有荣誉感的人为保持本工作部门的安全记录，不会产生不安全行为。

（2）有荣誉感的人喜欢支持上级，并遵守安全规程。对此类人不必过分强调与群众合作的好处，而应强调不合作是不荣誉的。

（3）告诉工人不安全行为不仅易于发生事故，而且也减少产品数量和降低产品质量，还会增加国家经费开支。这对调动有荣誉感的人的安全生产积极性是有利的。

4. 责任感

责任感即能认清自己所尽义务的心理特征。大多数人不论对自己或他人都有某种程度的责任感，责任感也是一种易于被利用以引起安全兴趣的特征。

可以增加有责任感的人在安全生产工作中所负的责任；也可用指派工作的方法以发展其兴趣。例如，选派其当安全员，或令其负责安全指导之类的宣传工作等。

5. 自尊心

自尊心即希望得到自我满足与受到赞赏。自尊心来自于对自己工作价值的认识与报偿。称赞其工作良好，即表扬，乃是引起自尊心的一种刺激。也可用展览图表或统计数字来显示职工安全努力的成果，或颁发奖状或奖金给表现良好的个人或集体。

有自尊心的人，在给予其部分安全生产管理责任时，往往会有特别积极的表现。

6. 从众性

从众性即害怕被人认为与众不同。有从众性心理的人一般均愿意遵守安全规程和安全习贯。对具有这种特性的人，可利用制订标准（公布大多数人都能接受的标准），采用比较法指出违反劳动纪律和安全规程为大家所不齿），强调系统性和规律性（如定时上油、更换工具，定期召开安全会议）以及指出违反安全法规会脱离群众等方法调动其安全兴趣。

7. 竞争性

竞争性即希望与人竞争。这种人在有人与其竞争时，往往比单独工作时有干劲。对此种人，可确定有竞争性的安全目标，如安全行车若干千米、几百天或几年无事故等。

8. 希望出头露面

对这种人可加重其安全工作的责任，如指派其作群众安全监督岗，令其管理个体防护器时，在安全互检中指定其作组长或评定人员等。

9. 逻辑思考力，即理解的特殊能力

这种人往往以"明察秋毫"自负，好做公正的结论。如果以事实和数据为基础，进行事故分析，可引起此种人对安全的兴趣以修正其不安全的行为；也可安排其在安全组织中担任一定职务，用以发挥其思考力的特征。

10. 希望得到精神奖励和物质奖励

通常许多人希望得到精神上、经济上或其他形式的鼓励。因此，当工人在安全工作方面有突出表现时，可给予表扬或酬劳（如发奖金、发奖状、给赠品，或指派有关安全活动的任务），以建立其对安全的兴趣。要把精神鼓励与物质奖励结合起来。

在安全生产管理的实践中，可以充分利用上述心理特征为安全生产服务。

二、安全教育与训练

安全教育与训练是防止和改变人的不安全行为的重要途径，可增强人的安全素质，提高安全意识。

安全教育与训练的重要性，首先在于它能提高企业领导和广大职工搞好安全工作的责任感和自觉性。其次，安全技术知识的普及和提高，能使广大职工掌握工业伤害事故发生发展的客观规律，提高安全技术操作水平和掌握检测技术和控制技术的科学知识，学会防止工伤事故的技术本领，有利于搞好安全生产，保护好自身和他人的安全健康，提高劳动生产率。

安全教育的阶段划分：

安全教育可以划分为3个阶段：（1）安全知识教育；（2）安全技能教育；（3）安全态度教育。在安全教育中，第一阶段应该进行安全知识教育。对于潜藏的只凭人的感觉不能直接感知危险性的危险因素的操作，安全知识教育尤其重要。通过安全知识教育，使操作者了解生产操作过程中潜在的危险因素及防范措施等。但是，安全教育不只是传授安全知识，尽管它确实是安全教育的一部分，然而并不是安全教育的全部。通过安全教育，操作人员虽已充分掌握了安全知识，但是如果不把这些知识付诸于实践，仅仅停留在"知"的阶段，那么就收不到实际的效果，只能是空谈而已。安全教育不仅要"应知"，而且要"应会"，即具有一定的熟练技能。

小 结

本单元从人的生理和心理进行人的不安全行为分析，导致人失误的原因，并阐述控制人的不安全行为的途径。

单元九 案例与实务(事故篇)

施工安全不容忽视!近年来发生的一起起重点工程和超大型起重机械事故带给我们的都是惨痛的教训。作为肩负着为社会基础设施建设做贡献的工程建设者们,我们需要做的是从这些事故中反思如何才能避免再次发生类似的事故。以下通过对一些公路桥梁建设领域发生的典型事故案例分析,或许能够让我们有所启迪,有所警醒。

案例一 兰新二线小平羌隧道坍塌

一、事故概况

1. 事故发生时间:2011年4月20日4时05分。
2. 事故发生地点:兰新铁路第二双线甘青段小平羌隧道出口DK349+055~DK349+035掌子面。
3. 事故发生单位:兰新铁路甘青有限公司。
4. 事故类别:坍塌。
5. 事故等级:重大事故。
6. 事故伤亡情况:12人死亡。

图9-1为事故现场。

(a)

(b)

图9-1 事故现场照片

二、工程概况和事故相关单位概况

1. 工程概况

兰新铁路第二双线是连接甘肃、青海、新疆三省区省会城市的一条铁路大动脉,是中长期快速铁路网规划中以客运为主的干线铁路,线路全长1776km,项目投资估算总额1435亿元,工期5年。2009年6月8日,国家发改委印发《关于审批新建兰新铁路第二双线项目建议书的请示的通知》（发改基础［2009］1487号）；2009年6月17日，兰新铁路第二双线土地预审报告经国土资源部审核，下发《关于新建铁路兰新第二双线工程建设用地预审意见的复函》（国土资预审字［2009］268号）；2009年7月14日，环保部下发《关于新建铁路兰州至乌鲁木齐第二双线环境影响报告书的批复》（环审［2009］344号）；2009年8月20日，国家发改委批复了《兰新二线可行性研究报告》（发改基础［2009］2159号）；2010年1月1日，兰新铁路第二双线正式开工。

由中国中铁二局集团有限公司承建的新建兰新铁路第二双线西宁至张掖段站前工程LXS-8标，设计里程为DK345+155~DK407+122，线路长61.363正线千米，位于甘肃省中牧山丹马场和张掖市民乐县境内，海拔高度3500~2700m。小平羌隧道地处祁连山中高山区，位于甘肃省张掖市山丹县西南方向祁连山小平羌沟至大平羌沟之间，平均海拔高度为3100~3800m。洞身地表起伏较大，地表自然坡度30°~40°；隧道起讫里程为DK345+329~DK349+312，隧道长度3983m。小平羌隧道距民乐县城约120km，距张掖市约187km。

2. 事故相关单位概况

（1）建设单位：兰新铁路甘青有限公司（以下简称甘青公司）

兰新铁路甘青有限公司是2008年10月根据铁道部和甘、青、新三省区关于共同出资修建兰新铁路第二双线省部会议纪要精神成立的正局级单位，负责兰新第二双线甘、青段和宝兰客专甘肃段的建设任务。公司内设综合部、计划财务部、工程管理部、安全质量部、物资设备部、生产调度部6个部室和玉门、张掖、西宁、定西、天水5个现场指挥部。按照部省会议纪要精神，铁道部分别明确兰州铁路局和青藏铁路公司作为出资者代表；甘肃省、青海省分别明确甘肃投资集团铁路有限公司、青海交通投资公司作为出资者代表，2009年11月16日，公司正式注册成立。

（2）施工单位：中国中铁二局集团有限公司（以下简称中铁二局）

中铁二局隶属于中国中铁有限公司，是国务院国资委管理的大型国有企业，具有铁路工程总承包特级资质，房屋建筑工程、公路工程、市政工程施工总承包一级资质，桥梁工程、隧道工程、公路路基工程、铁路铺架工程专业承包一级资质和城市轨道交通工程专业承包资质。具体施工是由中铁二局下属的第一工程有限公司进行，具有房屋建筑施工总承包一级、公路工程施工总承包一级、市政公用工程施工总承包一级，地基与基础、桥梁、隧道及建筑装饰工程专业承包一级资质。

（3）监理单位：华铁工程咨询有限责任公司（以下简称华铁工程咨询公司）

华铁工程咨询公司为中铁总公司所属子公司，具有工程监理综合资质。

（4）设计单位：中铁第一勘察设计院集团有限公司（以下简称中铁第一勘察设计院）

中铁第一勘察设计院拥有综合类甲级勘察、综合甲级设计资质。

三、事故发生经过和事故救援情况

1. 事故发生经过

2011年4月19日23时30分，钢筋班组安装完成DK349+035处最后一环工22型钢拱架，经领工员王某检查无异常后，喷浆班组13人操作3台喷浆机喷浆。4月20日4时05分，带班员陈某出去组织后续施工材料，当走到距离作业面约40m处时突然听见身后一声巨响，回头看见隧道喷浆作业面上方围岩发生了坍塌，导致初期支护的工22型钢拱架及喷浆作业台架被砸垮，12名作业人员全部被埋入坍塌体中。事故发生后，中铁二局兰新线甘青项目部三工区立即组织抢险救援,于4时40分发现一名遇难者遗体,后因连续发生塌方,抢险工作被迫停止。经勘察事故现场,坍塌范围里程为 DK349+035～DK349+050,距离地表深度约100～110m。坍塌岩石块体约400方(最大块径约1m左右),塌腔高8～10m。

2. 事故救援情况

事故发生后,铁道部部长和甘肃省省委书记、省人大常委会主任做出重要指示,要求全力组织救援,防止次生灾害发生;省委副书记、省长指示要求张掖市委、市政府全力配合甘青公司做好失踪人员的搜救和事故抢险救援工作;铁道部副部长、甘肃省副省长及张掖市委市政府和山丹县委县政府接到报告后,立即赶赴现场组织领导事故救援善后和事故调查工作。与此同时,张掖市、山丹县安监局等相关部门和张掖市消防支队,张掖市矿山救护大队,张掖市应急救援指挥中心第一时间赶到事故现场,进行救援工作。

四、事故造成的人员伤亡和直接经济损失情况

事故造成12人死亡,直接经济损失约908万元。

五、事故原因及性质

1. 原因分析

小平羌隧道位于祁连山区域地质构造带(纵向长约1000km,横向宽200～300km)石炭系灰岩夹页岩、泥灰岩,泥盆系砂岩等软硬相间的地层中,由于多期构造运动挤压作用强烈,洞身发育多个向斜、背斜相间组成的复式褶皱。地表覆盖风化残积土层较厚,基岩露头较少。开挖揭示 DK349+050～DK349+035 洞段总体位于背斜构造北翼,岩层倾角较陡,节理发育,岩体破碎;岩层的层间结合力较差,加之小平羌隧道洞顶地表冻土冬春后开始融化,冰雪融水下渗软化软弱结构面,致使围岩抗剪强度降低,是该起事故发生的潜在客观因素。

2011年3月29日,业主、设计、施工、监理四方针对这种复杂的地质结构,进行了会商,对 DK349+060～DK349+040 段进行了设计变更,将原设计Ⅲa-2型衬砌支护提升至Ⅲb-2型支护,但由于作业班组未按变更后的Ⅲb-2型衬砌支护进行施工,仍按原设计Ⅲa-2型衬砌支护施工,2011年4月4日4:00时左右,DK349+035 掌子面爆破引起岩体扰动,20min后 DK349+055～DK349+035 段(20m长)左侧顶部塌方,塌方高度0～4m,所幸没有造成人员伤亡。4月4日的初次塌方经业主、设计、施工、监理四方会商认为是施工单位"现场隧道作业班组未按2011年3月29日现场会勘后确定的变更给定的工程措施施工(仍按原设计Ⅲa-2型衬砌支护参数进行开挖及支护),DK349+060～DK349+040 段拱部初期支护180°范围未设置钢筋网及格栅钢架,喷混凝土厚度不够,系统锚杆未完全按设计施作,加之现场施工、监控量测不到位是导致塌方的主要原因"(4月4日四方认可的会商纪要原文)。

4月4日塌方后,业主、设计、施工、监理四方又针对此次塌方再次提出了处理方案,采用全断面钢拱架,挂钢筋网,网喷混凝土加厚至28cm,衬砌结构采用Ⅳb-2型,预留注浆管对塌方的空腔进行压注水泥砂浆回填处理,支护级别实际提升到了Ⅳ级。

4月4日的塌方已经是可能再次发生塌方事故的前兆,此时,隧道上部围岩受力发生了很大变化,岩体已经处在一个极不稳定的临界状态。设计、施工、监理知道围岩结构不好,极不稳定,但没有引起足够的重视,在方案制定时对施工过程中作业人员的安全保障措施不详细,也未严格按照规定程序办理相关审批手续,施工单位按照四方口头商定的处理方案进

行处理，对已塌方段施工处理不及时，加之监理单位的监理监督检查不到位，截止4月19日，尚未处置完毕，引起岩体失稳，导致DK349+050～DK349+035段（15m长）发生二次塌方，造成重大人员伤亡。

2. 直接原因

（1）小平羌隧道岩层倾角较陡，节理发育，岩体破碎，岩层的层间结合力较差，加之小平羌隧道洞顶地表冻土冬春后开始融化，冰雪融水下渗软化软弱结构面，致使围岩抗剪强度降低，是该起事故发生的潜在客观因素。

（2）施工单位在4月4日塌方后，依四方商定的会议纪要作为技术交底内容，未单独编制塌方处理方案且未向监理报验，已塌方段施工处理缓慢，在4月5日至19日仅完成初期支护，未及时对上部空腔进行压注水泥砂浆回填处理，没有形成有效抵抗塌方冲击荷载的结构体系。

（3）由于4月4日塌方处理施工进度缓慢，拱顶空腔围岩临空暴露过久，引起围岩松动、风化，导致上部围岩抗剪强度进一步降低，引起岩体失稳，导致DK349+055～DK349+035段拱顶围岩发生整体坍塌。

3. 间接原因

（1）施工单位安全技术管理混乱，施工人员安全培训不到位，技术资料管理混乱，检验批报检资料滞后，同一时间的施工日志内容与报检内容不符；技术交底制度不落实，交底资料不全，无初喷混凝土安全技术交底和两台阶开挖方法的技术交底资料；特别是针对4月4日塌方，技术交底笼统，仅将会议纪要内容作为交底内容。

（2）监理单位监理基础工作薄弱，履行职责不力，监理制度落实不到位，管理手段弱化；监理日志记录不全面，监理旁站管理不规范，存在未旁站的现象；检验批及隐蔽工程签字审核把关不严，存在工程实体在前，审批签字在后的情况；对重大设计变更未严格履行审批职责；发现施工单位存在未按设计施工的情况，也没有按照规定采取停工整改措施。

（3）设计单位制定的4月4日小平羌隧道出口DK349+055～DK349+035段塌方处理方案不完善，未向施工单位提出施工过程中保障施工人员安全的措施建议。

4. 事故性质

这是一起由于地质构造复杂，冰雪融水的影响，加之参建各方对地质条件的复杂程度认识不足，防范措施不力，安全技术管理责任不到位导致的重大生产安全事故。

案例二　湖南凤凰堤溪沱江大桥垮塌事故

一、事故概况

1. 事故发生时间：2007年8月13日16时45分。
2. 事故发生地点：湖南省凤凰县正在建设的堤溪沱江大桥。
3. 事故发生单位：兰新铁路甘青有限公司。
4. 事故类别：坍塌。
5. 事故等级：特别重大事故。
6. 事故伤亡情况：64人死亡。

图9-2为事故现场照片。

图9-2 事故现场照片

二、工程概况和事故相关单位概况

1. 工程概况

堤溪沱江大桥工程是湖南省凤凰县至贵州省铜仁大兴机场凤大公路工程建设项目中一个重要的控制性工程。大桥全长328.45m，桥面宽度13m，设3%纵坡，桥型为4孔65m跨径等截面悬链线空腹式无铰拱桥。大桥桥墩高 33m，且为连拱石拱桥。2003 年 6 月，湖南省交通厅批准了凤大公路工程项目初步设计，并于同年 12 月批复了凤大公路项目开工报告。堤溪沱江大桥于 2004 年 3 月 12 日开工，计划工期 16 个月。事故发生时，大桥腹拱圈、侧墙的砌筑及拱上填料已基本完工，拆架工作接近尾声，计划于 2007 年 8 月底完成大桥建设所有工程，9 月 20 日竣工通车，为湘西自治州 50 周年庆典献礼。

2. 事故相关单位概况

（1）建设单位：湘西自治州凤大公路建设有限责任公司（以下称"凤大公司"），隶属于湘西自治州人民政府，为国有独资公司。

（2）施工单位：湖南路桥建设集团公司（以下称"路桥公司"），是国有独资大型企业，下辖 28 个分（子）公司、参股公司（单位）。具有建设部颁发的"公路工程施工总承包特级、公路路基工程专业承包一级、公路路面工程专业承包一级、桥梁工程专业承包一级、公路交通工程专业承包交通安全设施"建筑企业资质证书，2006 年 7 月取得安全生产许可证。路桥公司实行三级管理体制，二级机构道路七公司负责堤溪沱江大桥的具体施工任务。

（3）监理单位：湖南省金衢交通咨询监理有限公司，是由 45 位自然人股东持股的有限责任公司，具有公路工程甲级监理资质。

（4）设计和地质勘察单位：华罡设计院，全民所有制，隶属长沙理工大学。该院具有公路行业甲级"工程设计证书"、甲级"工程咨询资格证书"和甲级"工程勘察证书"。

三、事故造成的人员伤亡和直接经济损失情况

事故造成 64 人死亡，4 人重伤，18 人轻伤，直接经济损失 3974.7 万元。

四、事故原因及性质

1. 事故的直接原因

由于大桥主拱圈砌筑材料未满足规范和设计要求，拱桥上部构造施工工序不合理，主拱圈砌筑质量差，降低了拱圈砌体的整体性和强度，随着拱上荷载的不断增加，造成 1 号孔主拱圈靠近 0 号桥台一侧约 3~4m 宽范围内，即 2 号腹拱下的拱脚区段砌体强度达到破坏极限而坍塌，受连拱效应影响，整个大桥迅速坍塌。

2. 事故的主要原因

（1）施工单位方面的原因

施工单位严重违反工程建设质量和安全生产的法律法规及技术标准，施工质量控制不力，现场管理混乱。具体包括如下 6 个方面：一是项目经理部未经设计单位同意，擅自与业主商议变更原主拱圈施工方案，未严格按照设计要求的主拱圈砌筑方式进行施工。二是未配备专职的质量监督员和安全员，未认真整改落实监理单位多次指出的严重工程质量和安全生产隐患；主拱圈施工质量问题突出，如拱石材料未严格控制形状和尺寸，砌体砌缝宽度极不均匀，部分砌筑不密实，砌体存在空洞；主拱圈施工各环在不同温度无序合龙，造成拱圈内产生附加的永存的温度应力，削弱了拱圈强度。三是倒排工期赶进度，连续施工主拱圈、横墙、腹拱、侧墙，在主拱圈未达到设计强度的情况下就开始落架施工作业，降低了砌体的整体性和强度。四是技术力量薄弱，现场管理混乱。项目经理部技术、管理人员共 17 人，其中专业技术人员仅 6 人；施工人员技术素质低，劳务分包给不具备施工基本水平的农民工队伍，且在上岗前未按规定进行技术培训和安全教育，卷扬机操作人员、试验员、测量员等均无相应资格证书；工程材料质量把关不严，未按照设计要求控制拱石规格。五是道路七分公

司未按规定履行质量和安全管理职责。没有专门的安全生产管理机构，在巡查中走过场，未能发现存在的严重质量、安全生产隐患以及施工现场管理混乱问题，默认同意项目经理部招雇没有石拱桥施工经验的农民工及无证上岗等问题，违规同意项目经理部变更原主拱圈设计施工方案。六是湖南路桥建设集团公司对工程施工安全质量工作监管不力。湖南路桥建设集团公司对道路七公司的机构设置、人员配置、质量安全职责和控制措施监管落实不力；指导和监督道路七公司贯彻落实工程建设质量和安全生产管理的规章制度不力；对项目经理部长期存在管理混乱、人员不到位、无证上岗、工程质量等问题和对项目经理部变更原主拱圈设计施工方案、不顾工期延误现实盲目倒排工期赶进度的问题失察。

（2）建设单位方面的原因

建设单位严重违反建设工程管理的有关规定，项目管理混乱。具体包括如下5个方面：一是对发现的施工质量不符合规范、施工材料不符合要求等问题，未认真督促整改。二是未经设计单位同意，擅自与施工单位协商变更原主拱圈设计施工方案，且为确保凤大公路在"州庆"前交工通车，盲目倒排工期赶进度，将原计划3个月完成的主拱圈砌筑时间压缩为一个半月，严重影响大桥主拱圈砌筑质量。同时，为赶施工进度，越权指挥施工，甚至要求监理不要上桥检查。三是未能加强对工程施工、监理、安全等环节的监督检查，对检查中发现的工程质量问题未认真督促纠正；发现施工单位选用的施工材料不符合设计要求、施工人员未经培训等问题后未认真督促整改；发现监理人员资格不符合要求后也未采取任何措施。四是湘西公路局主要领导同时兼凤大公司主要领导，不能认真履行职责，放松对工程建设质量和安全生产的监督检查，没有督促整改工程存在的重大质量和安全隐患。五是湖南省公路局在将项目委托给州公路局后未认真履行自己的职责，疏于监督管理，没有及时发现和认真解决工程建设中存在的各种问题。

（3）监理单位方面的原因

监理单位违反有关规定，未能依法履行工程监理职责。具体包括如下四个方面：一是现场监理处对施工单位擅自变更原主拱圈施工方案，未予以坚决制止；在主拱圈施工关键阶段，监理处人员投入不足；对发现的主拱圈施工质量问题督促整改不力，不仅没向有关主管部门报告，有关监理人员还在主拱圈砌筑完成但拱圈强度资料尚未测出的情况下，即在验收砌体质检表、检验申请批复单、施工过程质检记录表上签字验收合格。二是工程监理单位湖南省金衢交通咨询监理有限公司，未能制止施工单位擅自变更原主拱圈施工方案，对发现的主拱圈施工质量问题督促整改不力，在主拱圈砌筑完成但强度资料尚未测出的情况下即签字验收合格。三是监理公司对现场监理处管理不力，派驻现场监理处技术人员不足；一半监理人员不具备执业资格；对驻场监理人员频繁更换，不能保证大桥监理工作的连续性。四是湖南省交通规划勘察设计院未能认真督促金衢监理公司贯彻落实有关工程质量和安全生产的法律法规和规章制度，对金衢监理公司在堤溪大桥工程监理中存在的问题失察。

（4）勘察设计单位方面的原因

勘察设计单位工作不到位，违规将地质勘察项目分包给个人，前期地质勘察工作不细，设计深度不够，施工现场设计服务不到位、设计交底不够。

（5）质量监督部门对大桥工程的质量监管严重失职

一是湘西州质监分站作为凤大公路的监理单位，工作严重失职。未制定月度、季度质量监督计划，未落实重点工程质量监督责任人；对施工方、监理方从业人员培训和上岗资质情况监督不力，大部分仅以口头形式向建设、施工、监理方通报质量监督结果和提出要求；发现重大质量和安全隐患后，未依法责令工程停工整改，也未向有关主管部门报告。二是省质监站对州质监分站业务工作监督指导不力。对凤大公路、堤溪沱江大桥这一"统贷统还"项目监管不到位，没有及时掌握凤大公路真实质量动态，对凤大公路工程建设中存在的管理混乱、施工质量差、存在安全隐患等问题失察。

（6）湘西州、凤凰县两级政府及湖南省有关部门对工程建设立项审批、招投标、质量和安全生产等方面的工作监管不力，对下属单位要求不严，管理不到位

一是湘西自治州交通局违规办理相关申报手续，在凤大公路工程建设项目立项审批过程中，违规补办并倒签工程招投标相关申报文件。二是凤凰县政府解决工程征地拆迁问题和保障施工环境不力，越权出台《凤大公路征地拆迁安置补偿办法》，导致凤大公路施工环境差，出现多次严重阻工，致使施工工期施延达一年多，导致后来为赶进度倒排工期。三是湘西自治州政府在工程建设项目立项审批过程中，违反基本建设程序和招投标法的有关规定，要求州计委、州交通局弄虚作假，补办、倒签有关上报文件；对因征地政策导致凤大公路项目工程多次严重阻工、拖延工期以及保障施工环境督促解决不力；要求盲目赶工期，向"州庆"献礼，而对50周年州庆项目倒计时目标管理的后期实施工作监督检查不到位。四是湖南省交通厅履行工程质量和安全生产监管工作不力。在工程可行性研究报告尚未批复的情况下，违规委托设计单位编制勘察设计文件；违规批准凤大公司的项目开工报告；对下属单位省质监站、公路局管理不力，督促检查不到位；对堤溪大桥工程建设中存在的重大质量和安全隐患失察。

案例三　贵开公路小尖山大桥垮塌事故

一、事故概况

1. 事故发生时间：2005年12月14日5时30分。
2. 事故发生地点：贵州省贵阳市至开阳县高等级公路小尖山大桥。
3. 事故类别：支架垮塌。
4. 事故等级：重大责任事故。
5. 事故伤亡情况：8人死亡，12人受伤。

图9-3为事故现场照片。

(a)

(b)

图9-3　事故现场照片（一）

图 9-3 事故现场照片（二）

二、工程背景及事故经过

小尖山大桥位于开阳县南江乡龙广村村后的两座大山之间，是贵开公路上一座重要桥梁。2005年1月开工建设，三段桥身的总跨度全长155m，大桥一跨长65m，桥墩高47m，最高支架50m，桥面水平高度到桥下深谷底端高57m。设计采用支架现浇，该大桥位于V字形河谷内，两岸地势陡峭，岩层为风化泥岩，承载力较低。当时正在浇筑顶板（箱梁底板和腹板的浇筑已经完成），顶板从第三跨开始浇筑，当施工到第二跨约1/3处时，突然发生垮塌。大桥支架垮塌首先是由第三跨开始的，继而影响到第二跨垮塌，最后第一跨也被拽出桥台，担在了山坡上。22名正在其上进行箱梁顶板浇筑的施工人员落入河谷，造成8人死亡、12人受伤。

据目击者称，13日晚，22名工人在桥上协同浇筑混凝土，到14日凌晨5时许，随着一声巨响，架设在3个桥墩上的两段正在浇筑的桥面垮塌，22名工人连同支撑桥面的模板、混凝土钢管支架一起从57m高空坠下，有不少工人被埋在谷底的废墟中，当场造成1人死亡，近20人受伤，100多米长的桥架坠落到山沟底部。

三、事故造成的人员伤亡

事故造成8人死亡，12人受伤。

四、事故原因及性质

1. 事故原因

（1）陡坡处支架基础未按照设计方案进行处理，支架搭设时基础施工不符合相关规范要求，部分支架主管与枕木之间缺垫板；垮塌的支架中可以发现有较多的钢管锈蚀较严重，现场存放的钢管有的已经损坏变形或锈蚀严重，部分支架钢管壁厚不够，可见支架的质量存在严重的问题，也说明施工单位和监理单位的质量和安全意识淡薄。

（2）支架预压时，预压范围不很充分，每跨有部分区域未压到。

（3）施工方项目经理对工程管理不到位，劳务工程以包代管，在支架搭设中大量使用未经培训的民工，在施工质量上存在一定问题。

（4）承担大桥超高支架安全监控的乙方（某科研设计院）没有按照合同要求报送现场监控资料。

（5）设计不完善：设计单位对上部结构采用有支架施工法的"施工方案阐述过于简单"。

（6）监理方、施工方在支架搭设过程及完工后的验收工作草率，且无文字记录。

（7）部分特种作业人员无特种作业资格证或资格证过期，部分安全管理人员未持《安全生产考核合格证》上岗。

2. 事故性质

经事故调查组调查，认定是一起重大责任事故。

案例四　甘肃平凉9.1架桥机事故

一、事故概况

1. 事故发生时间：2009年9月1日08时05分。
2. 事故发生地点：平定高速公路泾川县泾明乡山底下村高架桥工地。
3. 事故发生单位：甘肃省长达路业有限责任公司。
4. 事故类别：架桥机发生倾覆。
5. 事故等级：较大事故。
6. 事故伤亡情况：5人死亡。

图9-4为事故发生时的现场位置示意图。

二、工程概况和事故相关单位概况

1. 工程概况

平定高速公路是甘肃省第一条利用亚洲开发银行贷款建设的公路项目，是国家高速公路网"青岛—兰州高速公路"的重要组成部分。平定高速公路由3段组成，其中，东、

(a)　　　　　　　　　　　　　　(b)

图 9-4　事故发生时现场位置示意图

西两段在甘肃省境内，中段在宁夏自治区境内。东段起于平凉市泾川县的罗汉洞，止于甘肃—宁夏交界的沿川子；西段起于静宁县司桥，止于定西市安定区的十八里铺。路线全长 258.22km，主要工程中有大桥 65 座，总长 22833m；中桥 36 座，总长 2255m。该工程 2006 年 3 月正式开工建设，建设总工期 4 年。概算总投资 76.8 亿元。事故发生在东段 LD17 合同段长庆大桥建设工地（位于甘肃省平凉市泾川县泾明乡境内），大桥长度为 956.68m。

2. 事故相关单位概况

（1）建设单位：甘肃省长达路业有限责任公司，成立于 2001 年 2 月 16 日，隶属于甘肃省交通厅管理。主要负责建设项目筹划、筹资、设计、建设实施直至生产经营、归还贷款及债券本息等全面负责并承担风险的项目管理。成立现场管理项目办，负责项目建设实施过程中部分业主的管理职能。

（2）施工单位：甘肃路桥建设集团有限公司，隶属于甘肃省交通厅。具有公路工程总承包 1 级，路基、路面、桥梁、隧道工程专业承包 1 级资质，主要从事公路工程施工、工程试验、交通设施、房地产开发、物业管理等业务，下属 9 个分公司。发生 9.1 事故的项目由其下属的甘肃路桥第二公路工程有限责任公司承担。该公司成立于 1954 年，具有独立法人资格，是甘肃省建设厅批准的具有公路工程施工总承包 2 级资质，桥梁工程专业承包 2 级资质的国有企业，可承担单跨 100m 及以下桥梁工程的施工。

三、事故发生经过

2009 年 9 月 1 日上午 7 时许，甘肃路桥第二公路工程有限责任公司长庆桥项目现场施工队开始将前一天下午处于第 13 墩台和第 14 墩台之间桥孔悬挂状态的 T 型边梁吊装作业。即从桥面纵向中心线 3 号位置向桥面南侧 2 号位置移动，并准备最终将 T 型边梁停放并定位在桥面南侧最边缘 1 号位置。

由于受桥面支撑的限制，架桥机无法一次将 T 型边梁吊装就位，工人先将 T 型边梁停放在靠近南侧边缘 2 号支承垫石位置外的墩台泄水坡上，站在 2 号支承垫石位置的工人对墩台面的流水坡和高低相错之处用枕木对 T 型梁进行了固定，并在东西方对 T 型梁南侧进行了斜支撑。

随后站在墩台上的工人到 T 型梁面上，将连接主横梁纵移天车钢丝绳滑轮组与吊运的 T 型梁的横梁销轴分开后，架桥机操作员向北开动大车将南侧导梁中心线对准桥孔 T 型梁中心线，并接着有 2 人分别爬上南侧导梁东西两侧，开始将南侧东西两组主横梁纵移天车钢丝绳滑轮组从架桥机导梁北侧吊起移到南侧，准备分别重新将钢丝绳滑轮组与南北两侧吊运的 T 型梁的横梁销轴固定，另有 6 人分两组分别登上 T 型梁面开始对东西两组主横梁纵移天车钢丝绳滑轮组与吊运的 T 型梁的横梁进行销轴固定。

当北侧东西两组主横梁纵移天车钢丝绳滑轮组与吊运的 T 型梁的横梁销轴固定完成后，为使销轴固定后的东侧北面主横梁纵移天车钢丝绳滑轮组向上绷紧，站在 T 型梁面的指挥人员向架桥机操作人员下达向上提升的指令，操作人员将东部北侧横梁天车向上提升一会后，站在西侧南面固定销轴的人员突然发现 T 型梁面变化，并听到支撑梁断裂声，于是迅速跳到西侧已经架好梁的桥面上。

紧接着 T 型梁开始由北向南倾倒，由于 T 型梁设计抗弯力矩主要在 T 型梁纵向方向，横向方向抗弯力矩较小。受自身重力产生的弯曲力矩的作用，T 型梁的翼板从中间开始断裂，继而东西两段相继坠落地面。受 T 型梁下坠重力的作用，相连的捆梁钢丝绳向上滑脱后，强大的惯性力通过滑轮组钢丝绳将两组主横梁纵移天车的支撑连接剪断，并随后从架桥机南北导梁之间坠落地面；站在 T 型梁上的其他 5 名工人坠落地面，当场死亡。图 9-5 为事故现场图。

图 9-5 事故现场

四、事故原因

1. 事故的直接原因

事故调查人证表明，在实施 T 型桥梁起吊时，4 个吊点仅有 1 个单吊点连续启动，其他吊点没有同时启动，导致 T 形梁重心失去平衡发生倾翻、坠落，并引发两部小车推离轨道坠落。

现场察看得知，在桥面承台上无明显撞击痕迹，T 型梁从中部断裂，东侧先于西侧落地，而且南侧翼板砸入地面；西侧天车及轨道落在东侧天车及轨道上面，而且明显看到固定销轴的横梁南侧东西两端销轴及孔完好，表明当时尚未完成换销工作。同时桥面施工人员东侧地面可见 3 人滑落坠落地点，西侧 2 人滑落坠落地面，与桥面上当时站立的人员相符，也说明 T 型梁是在翻转滑落过程中断裂坠落的。

由此证明,由于当时调整 T 型梁就位过程中,提升吊点钢丝绳的误操作,继而导致 T 型梁翻转、断裂、坠落,是事故直接原因。

横梁南侧东西两端销轴及孔完好,证明事故发生时尚未完成换销(图 9-6)。

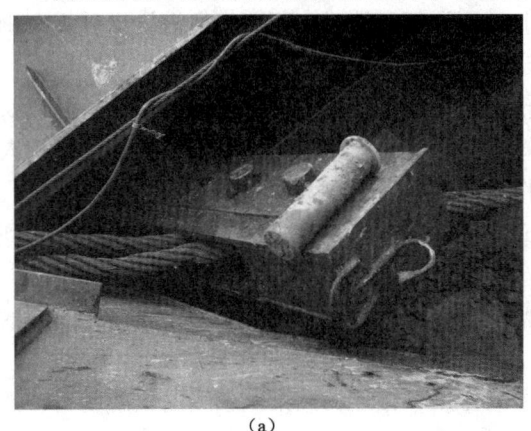

图 9-6 横梁南侧东西两端销轴及孔

2. 事故的间接原因

(1) 企业特种设备安全法规意识淡薄,主体责任落实不到位,现场施工安全管理薄弱,施工工艺执行不严。

一是企业 2009 年 5 月份开始安装使用架桥机,直到事故发生,一直未履行告知和检验验收手续,该设备未经安装验收,未经注册就投入使用。架桥机操作人员未经过培训,无特种设备操作证。

二是企业现场施工队伍更替频繁,安全教育落实不到位,工艺教育培训不到位,现场工人安全作业意识淡薄,架桥机设备维修检修、校验不到位。

三是施工单位既未按《建设工程安全管理条例》编制起重吊装工程专项施工方案,也未按《安全生产法》安排专门人员进行现场管理,确保操作规程的遵守和安全措施的落实。

四是从现场测量角度看,架桥机纵向走偏,横向轨道端部未安装止挡器,架桥机跨距移装、每次吊装梁后的校检、检查未能按工艺要求落实到位,也缺少有效的作业和安全管理记录。

(2) 监理公司监理不到位。

监理单位未能按照《建设工程安全管理条例》的规定,认真履行其与建设单位签订的合同所确定的责任和义务。在施工阶段,监理单位没有对施工现场安全生产情况进行巡视检查,特别是监理单位未能认真核查施工单位架桥机这一施工起重机械安装检查验收,对特种设备作业人员未持证上岗行为未加制止,没有履行对发现事故隐患,及时下达工程暂停令,要求施工单位停工整改,以及报告建设单位等职责。

(3) 监管部门监管缺失。

从询问笔录来看,对此次事故现场负有安全监督管理责任的市、县安监、质监部门,未能按照 2009 年国务院安全生产年的"三项行动"工作布置,认真履行日常的安全监督检查责任。

案例五　某路基施工中发生的压路机倾翻事故

一、事故经过

1993年9月6日，某项目经理部在进行路基填方作业收工时，发生了一起压路机倾翻事故，导致1人死亡。

8月22日，该项目开始对K174+200处深沟（沟深45m，需填土方5万m³）进行路基填方施工。当日，项目主要负责人在现场对现场负责人兼压路机驾驶员Y做了施工任务和施工方法的安排和布置。即：深沟填方采用机械施工，用推土机开一条便道（l80m，27°）连接沟底和地面，由一台推土机用钢丝绳拖拽一台装载机、一台压路机经便道下到沟底。施工方法是由推土机向沟下推土，压路机、装载机在沟下作业。项目领导曾口头交待机械送下去以后，不准再开上来，加油加水、机械故障维修都在沟底进行。机械将随着大沟的填方上升，直到填平到位，自然升至地面（其间，人员步行上下班）。

9月6日下午18:30现场收工，与Y配合作业的装载机驾驶员W向Y请示交待完工作后步行回驻地之后，Y却私自驾驶压路机回驻地。当爬到距沟底40多米（即才每到地面时），压路机失去动力，开始下滑，当下滑至距沟底28m拐弯处发生侧翻，Y被变形的驾驶室与方向盘卡住胸部，当现场步行回驻地的W发现时，只见Y的脸已被憋得红紫肿胀。因无立即拯救其出来的办法，只能眼睁睁地看着Y死去，其间大约经历了5min。

二、事故原因分析

1. 技术方面

（1）压路机检修保养不及时，技术性能不符合标准。

（2）上下沟的便道坡度过大，不符合规定。

（3）压路机驾驶员违反操作规程驾驶压路机爬陡坡（27°，一般应不超过8°~9°），正是由于这个原因使压路机负荷过大，液压驱动马达供油管路破裂，导致压路机失去动力，下滑。

2. 管理方面

（1）项目经理部没有机械管理制度和压路机操作人员的安全操作规程，对机械设备管理不严。

（2）缺少专门的管理人员进行现场指挥和监管。

（3）项目经理部在明知深沟填土施工危险性大的情况下，不做专门的安全施工方案，安全管理措施笼统且未形成有效文件。

（4）该项目经理部对违章行为不作查处，在此次事故前曾有过将机械设备从沟底开到地面的事件，项目负责人只是做了口头批评，并没有处理和通报，更没有进一步采取监控措施加以限制，等于纵容了违章行为。

三、事故结论和教训

1. 事故主要原因

项目经理部忽视安全管理，安全规章制度不齐全，现场安全监管不到位，操作人员冒险驾驶压路机爬陡坡，造成机械故障而引发事故。

2. 事故性质

本次事故属于责任事故。该项目经理部忽视安全管理，在安全规章制度、操作规程、安全预防措施的制定和现场管理、机械管理、人员管理以及纠正、查处违章上均存在明显缺陷，导致事故发生。

3. 主要责任

（1）压路机驾驶员擅自违反操作规程驾驶压路机爬陡坡，是引发事故的直接责任者。

（2）项目负责人忽视安全管理，各项安全措施不落实，安全生产条件不具备，应负直接领导责任。项目经理部安全等相关部门管理、监督不到位应负相应的管理责任。公司主要负责人对安全管理薄弱负全面领导责任。

四、事故的预防对策

1. 全面依法制定和完善安全规章制度，按照工种和现场实际情况细化安全操作规程和安全控制措施以及事故应急救援预案，并认真执行。

2. 施工现场必须设置专门的管理人员进行指挥和管理。安全重点环节、部位等应派专职安全管理人员跟班监督检查。

3. 对事故隐患和违章行为也应当比照事故"四不放过"原则进行严肃处理。

4. 进行全面而有针对性的安全培训教育，经考核合格方准上岗。

五、专家点评

本次事故充分体现了各项安全管理工作不落实所造成的严重后果。公路水运工程施工大量使用劳务公司，项目经理部的主要工作变成了经营、管理和技术支持。因此，如果安全责任意识不强，规章制度不健全，疏于现场安全监控，像这样的事故会更易发生。

国家有关法律、法规规定施工现场的安全生产管理由总承包单位负责。所以对劳务公司人员资格和安全技能、行为必须严格审核、监督；对其设备的安全技术性能和使用情况必须严格把关和监管。

案例六　WH 公路大桥工程中的翻船事故

一、事故经过

某公路工程公司第四项目经理部在 WH 公路大桥施工中，发生了一起渡船翻倾事故，造成 1 人淹溺死亡。

1989 年 6 月 10 日，WH 地区刮起了 5~6 级大风。该公路工程公司第四项目经理部领导研究决定：因风大，全队放假，主要领导去市里联系工作，购买机械配件。6 月 11 日，领导出发后，风力渐渐变弱了。于是，该队职工 G（有船工证，负责出水桩头的处理和驾驶渡船）吃过午饭后，在大约 12：40 时想起江中某桩头还没有处理完，就叫上一名工人同他一起上了船，船开动后径直向目标前进（与水流方向呈 90°角，属于违章行为），当行至岸边约 150m 处，风力突然加强，江水流速加快，渡船尚未来得及调整行驶方向，已经被掀翻。船上 2 人同时落水。码头上值班人员发现后，急忙呼救，项目的职工沿着江水往下追去，大约追出 400m 时，在岸边浅水水面上发现了那名工人，一些人对工人施行抢救，其他人继续往下追。追出大约 2km 后，仍不见 G 的影子，遂放弃追赶，改为在江两岸寻找。寻找工作同样没有结果。直到 6 月 12 日下午 16：00 左右，G 的尸体才被下游 2km 左右的某村村民在一个水湾中发现。

二、事故原因分析

1. 技术方面

G 违反操作规程,在禁止行船的大风情况下驾船,并不按规定航线,不按规定的逆水角度前进,人员未穿救生衣,导致死亡事故发生。

2. 管理方面

(1) 领导全部离开项目经理部,且未指派人员负责项目经理部工作,使项目经理部处于无人管理状态。

(2) 该项目经理部没有完善的渡船安全管理规定和船工的安全技术操作规程以及渡船管理人员的职责,虽然项目领导研究决定全体职工放假,是出于对安全生产的考虑,但并没有明确强调不准开行渡船,致使看守渡船码头的人员无法制止 G 出船行为。

(3) 疏于对职工的安全教育,安全意识淡漠。

三、事故结论与教训

1. 事故主要原因

项目经理部安全管理有漏洞,安全规章制度不齐全,船舶码头管理人员职责不清,现场安全监管不到位,发生事故前后项目处于无人指挥状态,驾船者违章行船偏离航线,逆水角度不符合规定而引发事故。

2. 事故性质

本次事故属于责任事故。该项目经理部安全管理有漏洞,安全规章制度不齐全,重点部位安全控制措施和手段不到位,项目领导不在岗的情况下没有指派专人负责,同时,缺乏对船舶等特种设备及其特种作业人员的安全管理,导致事故发生。

3. 主要责任

(1) 船舶驾驶员擅自违反操作规程驾驶船舶是引发事故的直接责任者。

(2) 项目主要负责人失位,导致现场处于无人指挥状态,加之该项目安全规章制度不齐全,管理职责不清,各项安全措施不落实等情况。因此,项目主要负责人应负主要领导责任。公司主要负责人对安全工作以及项目主要负责人疏于管理,负全面领导责任。

四、事故的预防对策

1. 根据施工过程,全面进行危险源辨识和重大危险源评价工作,并针对重大危险源制定详细的安全控制措施,明确相关人员的职责。渡口码头,船只使用、出行应建立安全管理控制程序。

2. 项目经理部建立领导值班制度,并认真执行。

3. 渡口码头等重点部位应有项目派出的管理人员现场监控。

4. 进行全员安全培训教育,经考核合格方准上岗。

五、专家点评

本起事故告诉我们,项目主要负责人要坚守岗位。需要外出时,应委托其他领导负责项目的各项活动,并向全项目经理部人员宣布。另外,企业职工仅有主人翁意识和责任感还不够,同时还要在工作时讲科学,按照安全规程进行施工,保证自己和他人以及国家、企业的财产安全更重要。

目前水上公路桥梁工程施工越来越多。因此,必须认真贯彻执行《中华人民共和国海上交通安全法》《中华人民共和国内河交通安全管理条例》《中华人民共和国水上水下施工作业通航安全管理条例》等法律法规，并结合施工生产实际制定严谨、有效的水上施工安全管理规定和措施加以认真落实。

案例七　某桥梁工程大梁支架坠落事故

一、事故经过

某公路工程公司 J 项目经理部在进行整体支架下落作业中，发生了一起整体支架坠落事故，造成多人受伤。

该项目经理部采取整体支架（下面由钢立柱支撑）上搭模板方法，进行现浇箱梁施工。1998 年 6 月 24 日下午，167 号~168 号左幅主跨混凝土达到强度要求后，开始进行整体支架下落作业。其方法和顺序是：第一步，整体支架（总质量 156t）用 10 个吊点吊住（在桥面上均匀架设 10 个 20t 手动葫芦，并进行起落；每个葫芦两人操作，承载钢丝绳为 24mm，每一吊点用 4 根钢丝绳连接，每根绳的破断力为 320kN）；第二步，撤去下面的钢立柱；第三步，由 10 只手动葫芦同时动作，将整体支架连同上面的模板向下落。当日下午 18：30 左右，整体支架下落了大约 2m 时（横梁底面距地面 5m），操作手动葫芦的 20 名人员，全部休息。另外 11 人站到支架上面，利用支架处理桥底面。这时，突然听到了钢丝绳发出的响声，接着一侧钢丝绳猛然断开，整体支架迅即向这一侧坠落（另一侧未坠落），支架上面所有作业人员全部随坠落支架滑落到地面。

二、事故原因分析

1. 技术方面

钢丝绳受力不均，导致某根钢丝绳的受力超过破断力，进而连锁反应，使一侧的钢丝绳接连全部断裂（用人控制 10 只手动葫芦同时动作，根本无法保证各吊点下落速度、下落高度相同，也就无法保证各吊点钢丝绳的受力相同）。

2. 管理方面

（1）施工方案未经严格审核，更没有按规定编制专项的拆除工程安全施工组织设计。

（2）此项作业没有进行安全技术交底。

三、事故结论与教训

1. 事故主要原因

本次事故主要是由于施工单位违章拆除作业，由 10 只手动葫芦同时动作，将整体支架连同上面的模板向下落，基本等同于被严禁的"站在被拆除物体上进行拆除作业"的情况。用人控制 10 只手动葫芦同时动作，根本无法保证各吊点下落速度、下落高度相同，也就无法保证各吊点钢丝绳的受力相同，致使钢丝绳断裂，整体支架坠落事故的发生。

2. 事故性质

本次事故纯系责任事故。由于该项目乃至该企业片面强调经济效益和施工进度，项目主要负责人违章指挥，在拆除工程前没有按规定编制专项的拆除工程安全施工组织设计，更没有经过严格审核和签认手续。

3. 主要责任

项目主要负责人违章指挥负主要责任。公司主要负责人疏于对项目主要负责人的安全教育和监督管理负主要领导责任。

四、事故的预防对策

1. 公司应建立健全安全技术管理制度，实施性施工组织设计应由公司一级审定批准后再由项目实施。

2. 公司应加强项目主要负责人的安全生产法律法规和安全技术方面的培训和考核，以提高他们的安全责任意识。

3. 项目经理部在下达施工方案、布置施工任务应在集体研究的基础上，坚持签认负责制，履行安全技术交底手续。

五、专家点评

目前，公路工程施工任务比较饱满。施工单位同时施工的项目比较多，项目经理的水平和经验参差不齐，同时也给企业对项目的现场监督管理带来了很大的难度。在这样的情况下，如果项目主要负责人的安全法律法规意识不强，片面追求进度和经济效益，就容易犯主观、武断的错误。因而导致隐患的大量存在和事故的发生，进而给施工进度和经济效益带来严重恶劣的影响。

因此，公路施工企业要认真组织学习安全法律法规和相关技术标准。针对本起事故，我们要特别强调对《中华人民共和国建筑法》《建设工程安全生产监督管理条例》等的学习。在实际工作中要切实依据法律法规的要求和施工生产的实际，对大型复杂和安全难点的施工采取必要的审批、验收等办法，认真履行相应的手续，明确责任，以此来约束项目主要负责人的安全生产行为。必要时，可采取企业向项目经理部委派质量安全监理的办法来强化现场安全监督管理工作。

案例八 重庆江津某桥梁工程高处坠落事故

一、事故经过

重庆江津市某桥梁工程在拆除引桥支架施工过程中，发生一起高处坠落事故，造成1人死亡。

重庆江津大桥在主体工程基本完成以后，开始进行南引桥下部板梁支架的拆除工作。1997年10月7日下午3时，该项目部领导安排部分作业人员去进行拆除作业。杨某（木工）被安排上支架拆除万能杆件，杨某在用割枪割断连接弦杆的钢筋后，就用左手往下推被割断的一根弦杆（弦杆长1.7m，质量为80kg），弦杆在下落的过程中，其上端的焊刺将杨某的左手套挂住（帆布于套），杨某被下坠的弦杆拉扯着从18m的高处坠落，头部着地，当即死亡。

二、事故原因分析

1. 技术方面

（1）进行高处拆除作业前，没有编制支架拆除方案，也未对作业人员进行安全技术交底，加之人员少，就安排从未进行过拆除作业的木工冒险爬上支架进行拆除工作，是事故发生的重要原因。

（2）作业人员杨某安全意识淡薄，对进行高处拆除作业的自我安全防护漠然置之，不系安全带就爬上支架，擅自用割枪割断连接钢筋后，图省事用手往下推扔弦杆，被挂坠地是事故的直接原因。

2. 管理方面

(1) 进行高处拆除作业，必须有本监护，但施工现场却无人进行检查和监护工作，对违章作业无人制止，是事故发生的重要原因。

(2) 施工现场安全管理混乱，"三违"现象严重，隐患得不到及时整改。

(3) 对作业人员未进行培训和教育，不进行安全技术交底，盲目蛮干，管理失控。

三、事故的结论与教训

1. 事故主要原因

本次事故主要原因是个人严重违章操作，高处作业不系安全带，现场无人监护，冒险蛮干导致事故的发生。

2. 事故性质

本次事故属于责任事故。该项目忙于赶工期、抢进度，忽视了安全管理，既没有制订详细的拆除方案，也不对作业人员进行安全拆除技术交底和培训，对违章作业无人监督检查，现场管理失控。

3. 主要责任

(1) 项目负责人施工前不编制安全拆除方案，也不进行安全技术交底工作，负有管理失误的责任。

(2) 作业者杨某高处作业不系安全带，冒险蛮干，应负直接责任。

(3) 现场管理人员不进行检查监督，对违章作业不及时纠正和制止，应负违章指挥责任。

四、事故的预防对策

1. 施工前编制拆除方案，制定安全技术措施

《中华人民共和国建筑法》和《中华人民共和国安全生产法》都有明确规定，对危险性大的、专业性强的作业都要预先编制安全技术措施和方案，分析施工中可能出现的问题，预先采取有效措施加以防范。

2. 先培训后上岗

项目应对高处拆除作业的人员进行相关知识的培训和教育后才能上岗。施工操作前，一定要进行安全技术交底，讲清危险源及安全注意事故。同时，在作业过程中，安全管理人员一定要进行现场监督检查，一旦发现不安全行为，要立即制止和纠正。

五、专家点评

从此起事故的原因看，进行高处拆除作业前，没有编制支架拆除方案，也未对作业人员进行安全技术交底，作业人员安全意识淡薄，进行高处拆除作业的人员自我安全防护意识淡漠。高处拆除作业，必须有人监护，对违章作业无人制止，施工现场安全管理混乱，应对作业人员应进行培训和教育，应进行安全技术交底，使管理有效。

案例九　湖北省襄樊市某桥梁工程火灾事故

一、事故经过

湖北省襄樊市某桥梁施工单位工地发生了一起因烘烤潮湿木板，烧毁14间职工住房的重大火灾事故，直接经济损失3万余元，幸无人员伤亡。

1993年3月11日，湖北省襄樊市某桥梁施工单位的一名职工在自己的住房内用碘钨灯

（1000W）烘烤湿潮木板，上班时忘记将插头拔下，致使木板着火，引燃被褥，大火很快蔓延。襄樊市消防中队接到火警后，立即派出 4 辆消防车前来灭火，但住地未设置消防栓，无法取水灭火，最终导致 14 间职工住棚全部被烧毁。

二、事故原因分析

1. 技术方面

（1）20 世纪 90 年代初，职工住地临建工程比较简陋。该单位施工现场职工住宅全部采用毛竹、席子、油毡等易燃材料搭建。一旦发生火灾，火势蔓延极快，且不易扑灭。

（2）该单位临建住房整体布局规划不合理，每排住房间距不足 3m，且两排住房之间还搭建有临时厨房，通道仅供人员行走，消防车开不进去。

（3）没有预留消防栓，消防车赶来时无法取水灭火，丧失了最佳灭火时间，致使大火蔓延。

2. 管理方面

（1）该施工单位没有制订防火管理措施和应急预案，也没有在住宅区配备必要的消防器材和工具，项目负责人也没有对职工住宅区进行安全防火监督检查，疏于管理。

（2）职工消防意识淡薄，违反劳动纪律私自在住房内用大功率碘钨灯烘烤潮湿木板，也无人劝说和制止，是本次火灾事故的直接原因。

三、事故结论与教训

1. 事故主要原因

本次火灾事故的主要原因是职工王某私自用碘钨灯在室内烘烤潮湿木板，忘记拔下插头，引起木板燃烧继而导致火灾蔓延扩大。

2. 事故性质

本次事故属于责任事故。该单位的负责人忽视消防安全，既未制订防火措施，也未配备消防器材，更未对职工进行防火宣传和教育，管理松懈，个别职工纪律散漫，私用电器，导致火灾发生蔓延扩大。

3. 主要责任

（1）施工单位负责人临建工程选材失误，住宅布局不合理，没有消防通道，不设置消防栓，不配备灭火器，未制定防火应急措施和方案，应负领导责任。

（2）职工王某违反劳动纪律，防火意识淡薄，麻痹大意，应负直接责任。

四、事故的预防对策

1. 施工临建工程，特别是职工住宅，必须是砖混结构，从源头上堵塞火灾漏洞。

2. 临建住房要统一规划，布局合理，预留消防通道，设置消防栓。还要配备一定数量的消防器材，并教会职工使用灭火器。

3. 要编制防火应急预案，健全各级安全生产责任制，要定期对消防安全和施工用电进行安全检查，使消防工作从思想上、组织上、措施上得到落实。

4. 加强对职工的消防安全教育，严格制度管理，对违反劳动纪律的要进行严肃处理。

五、专家点评

该施工单位没有制订防火管理措施和应急预案，也没有在住宅区配备必要的消防器材和工具，项目负责人也没有对职工住宅区进行安全防火监督检查。职工消防意识淡薄，违反劳动纪律。

因此要编制防火应急预案，健全各级安全生产责任制，定期对消防安全和施工用电进行安全检查，使消防工作从思想上、组织上、措施上得到落实。加强对职工的消防安全教育，严格制度管理，对违反劳动纪律的要进行严肃处理。

案例十　安徽省全椒县某道路工程触电事故

一、事故经过

安徽省全椒县某道路施工单位发生一起触电事故，造成 1 人死亡。

1996 年 9 月 21 日晚 9 时 40 分左右，安徽省全椒县某施工单位的 1 名职工张某下班后提水桶到锅炉处去打水冲澡，因嫌人多排队，水龙头放水太慢就私自到抽水泵处准备用水泵直接往桶里抽水，当张某用右手去开启水泵电源开关时，由于光线昏暗，闸刀盒开关下部无防护盖，右手触摸到裸露的线头上，当场触电死亡。

二、事故原因分析

1. 技术方面

（1）按照《施工现场临时用电安全技术规范》（JGJ 46—88）的规定，施工现场所有的闸刀盒要完整无缺，要配有开关箱，实行"一闸一箱"，并上锁有专人管理。但是该单位现场的闸刀开关一无开关箱，二不完整，三无专人管理。任何人要抽水都可以随意推上开关取水。

（2）按照规范要求，抽水房的灯光设置要明亮，但该现场却没有灯光照明，一片昏暗，看不清闸刀开关是否完整。

2. 管理方面

（1）该工地没有制定"抽水管理规定"现场用电混乱，未实行"一闸一箱"制度，闸刀开关露天设置，防护盖不完整，也无灯光照明，线头裸露，埋下隐患。

（2）电工缺乏日常监督检查和维修，管理人员对隐患视而不见，用电隐患未能及时发现和纠正。

（3）职工张某安全意识淡薄，麻痹大意，违反劳动纪律，不认真观察闸刀开关是否完整，盲目去推闸刀，导致触电死亡。

三、事故结论与教训

1. 事故主要原因

本次事故是由于施工现场临时用电不规范，抽水闸刀开关有缺陷，无照明灯光，张某违反劳动纪律，私自抽水触摸到裸露线头导致触电死亡。

2. 事故性质

本次事故属责任事故，现场临时用电管理混乱，隐患未能及时解决。

3. 主要责任

（1）职工张某私自到水泵处准备抽水，在无灯光照明的情况下，不注意观察，麻痹大意，冒然用手去推开关，导致触电死亡，应负直接责任。

（2）项目负责人不按用电规范制定管理规定，对电气开关不符合要求又没有提出整改意见，现场管理失控导致触电事故发生，应负全面管理不到位的责任。

（3）该项目的专业电工人员对临时用电不检查，不整改，对明显存在的隐患不立即纠正，应负一定的责任。

四、事故的预防对策

1. 项目负责人不能只重视生产第一线的安全问题，还要重视职工生活区的安全用电及生活问题。对临时用电不编制管理方案，电气安装有错误，夜间照明不具备，都说明了该项目负责人不懂电气使用规范。

2. 专职电工要有高度责任心，要对项目的各种临时用电勤检查，勤维修，勤整改，确保用电安全。

3. 项目部的每一个职工都要遵守劳动纪律，学习安全用电知识，发现电气隐患，立即报告项目负责人或专业电工，不了解电气的，绝不碰触，防止触电事故的发生。

五、专家点评

施工现场临时用电必须规范，应按用电规范制定管理规定，对电气开关不符合要求要提出整改意见，项目的专业电工人员对临时用电要检查、整改，对明显存在的隐患要立即纠正。

项目负责人要重视职工生活区的安全用电及生活问题。对临时用电要编制管理方案，专职电工要有高度责任心，要对项目的各种临时用电勤检查、勤维修、勤整改，确保用电安全，项目部的每一个职工都要遵守劳动纪律，学习安全用电知识，发现电气隐患，立即报告项目负责人或专业电工，防止触电事故的发生。

案例十一 安徽省天长市某道路工程压路机倾翻事故

一、事故经过

安徽省天长市某施工单位在路基碾压作业中，因压路机驾驶员操作失误，致使压路机整体倾翻，造成1人死亡。

安徽省天长市某道路施工单位承担205国道路基碾压施工任务。1996年10月29日，压路机驾驶李某驾驶CA25型轮胎压路机在执行碾压过程中，倒车时太靠近路基边沿致使压路机发生倾斜，李某慌乱失措，操作失误，造成压路机整体倾翻。李某来不及跳车被压在压路机下，当即死亡。

二、事故原因分析

1. 技术方面

事故发生的直接原因是驾驶员李某在执行碾压作业过程中，倒车时过分靠近路基边沿，造成压路机后轮下滑倾斜，如果李某冷静不乱，紧急刹车，压路机不会整体倾翻。但李某惊惶失措，未能立即切断动力刹车，致使压路机继续后退，造成整体倾翻事故。

2. 管理方面

驾驶员李某是该项目聘用的一名老驾驶员（55岁），项目负责人放松了对其进行安全教育和忠告，现场技术人员也未对其进行安全技术交底和严格要求，管理松懈，麻痹大意，导致事故发生。

三、事故结论与教育

1. 事故主要原因

本次事故主要原因是驾驶员李某临危处置不当，操作失误，导致压路机倾翻，本人应负主要责任。

2. 事故性质

本次事故属责任事故。该项目负责人忽视了对机驾人员的安全教育，现场监管不力，驾驶员麻痹大意，操作失误，导致事故发生。

3. 主要责任

（1）项目负责人对机械设备的管理不严，未制定机械安全操作规定，过分相信驾驶员的水平和能力，缺乏安全教育和培训，应负直接领导责任。

（2）驾驶员李某责任心不强，自恃驾驶技术熟练，麻痹大意，忽视了安全操作规程，临危慌乱，操作失误，造成机毁人亡，应负主要责任。

四、事故的预防对策

1. 本次事故是由于施工现场管理薄弱和本人操作不当造成的。单位应该组织相关人员学习《中华人民共和国安全生产法》和《建设工程安全生产管理条例》等法规，提高自身的安全生产意识和自我防护能力。

2. 本次事故的严重教训是驾驶员麻痹大意，不对作业环境和施工现场进行全面了解，也不认真分析在施工中可能出现的各种问题并预先采取有效的措施加以防止，对突然发生的事故不能冷静处理，应变能力差。

3. 项目负责人及现场技术人员应严格施工工序，实施精细管理，不放松"一机一人"的安全管理，特别要消除加班加点、疲劳驾驶等不利因素，避免事故重复发生。

五、专家点评

项目负责人要重视对机驾人员的安全教育，不许对机械设备加强管理，要制定机械安全操作规定，加强安全教育和培训。

单位应该组织相关人员学习《中华人民共和国安全生产法》和《建设工程安全生产管理条例》等法规，提高自身的安全生产意识和自我防护能力。项目负责人及现场技术人员应严格施工工序，实施精细管理，特别要消除加班加点、疲劳驾驶等不利因素，避免事故重复发生。

案例十二　广东省揭阳市某桥梁工程挂篮坠落事故

一、事故经过

广东省揭阳市某桥梁工程单位在施工过程中，由于起吊物件撞倒支撑挂篮后侧锚固的千斤顶，导致挂篮整体翻坠，造成4人死亡。

1996年7月15日上午9点，某桥梁工程进行挂篮施工的准备工作，浮箱上的起吊机正在往0号块桥面上吊运万能杆件（吊物重1.5t，长2m），当吊物上升到挂篮左侧上方时，站在0号块上的指挥人员指示吊车主臂向右旋转，以使吊物绕过挂篮落位于桥面上。在吊臂旋转的过程中，吊物的一端突然碰撞到支撑锚固蹬筋的千斤顶，并把千斤顶打倒，致使挂篮的两组后锚从横梁两端滑脱，挂篮失稳，整体从20m的高处坠落，正在挂篮上进行作业的7人随同挂篮一同坠入江中，3人获救，4人溺水死亡。

二、事故原因分析

1. 技术方面

（1）在建设单位对工期一再要求提前的情况下，施工单位组织"挂篮施工大会战"。为了赶进度，在没有制定"挂篮施工工艺方案"的情况下，仓促进行挂篮施工。作业现场多项工作齐头并进，管理十分混乱。该施工单位在安全与进度发生矛盾时，无奈地选择了"进度第一"，严重忽视了安全生产工作。

（2）按照挂篮施工设计要求，对挂篮的 4 个锚固点均应进行锚固，但为了省事，该挂篮只锚固了 2 个点。对此，工程负责人及现场技术人员视而不见不检查、不纠正。造成挂篮整体稳定性差，埋下事故隐患。

（3）吊车驾驶员在起吊作业过程中，看不见指挥人员的手势和信号（指挥吊车者无手旗和哨子），当吊物偏移视线完全被挂篮挡住时，驾驶员仅凭感觉操纵旋转吊车主臂，根本看不见吊物所在的高度和位置，盲目操作，导致事故发生。

2. 管理方面

（1）该工地管理混乱，既未编制"挂篮施工方案"，也未进行安全技术交底，匆忙组织大会战，忽视安全生产。

（2）施工负责人与现场技术人员，对存在的问题和隐患不检查、不纠正，隐患未能得到及时解决。

（3）《中华人民共和国安全生产法》要求，在进行吊装等有较大危险作业时，必须有专人进行指挥，但该工地指挥吊车人员没有明显的指挥信号，当吊物进入吊车驾驶员看不见的"盲区"时，依然指挥主臂旋转，严重违反了吊车"十不准吊"的原则。

三、事故结论与教训

1. 事故主要原因

本次事故的主要原因是该项目未认真编制"挂篮施工方案"，为赶工期盲目进行大会战，吊重违章指挥，致使吊物碰撞千斤顶导致挂篮失稳坠落，人员死亡。

2. 事故性质

本次事故属责任事故。项目负责人急于赶工期，组织大会战，指挥人员违章指挥，吊车驾驶员违章操作，对现场存在的隐患未能及时得到整改。

3. 主要责任

（1）项目负责人不按施工规范编制挂篮施工方案及进行安全技术交底，抢进度、赶工期，盲目组织大会战，应负主要领导责任。

（2）吊车指挥人员违章指挥，信号不明，判断失误，应负直接责任。

（3）吊车驾驶员违章操作，严重违反"十不吊"原则，凭感觉盲目操作，应负直接责任。

四、事故预防对策

1. 对建设单位提出的不合理、不符合施工客观规律的要求，要冷静对待，谨慎行事，不能盲目顺从而赶工期、抢进度，在工期与安全发生矛盾时，必须把安全生产放在首位。

2. 尊重科学和客观规律，认真编制施工方案并进行安全技术交底。对施工的重点部位要进行专项安全检查并对事故隐患进行整改和纠正。

五、专家点评

要按《中华人民共和国安全生产法》要求进行安全技术交底，在进行吊装等有较大危险作业时，必须有专人进行指挥，对现场存在的隐患应该及时整改。

小　结

从上述案例分析中我们不难发现，每一起施工质量事故发生的原因都是不相同的，诸如管理不到位、施工人员素质不够、方案不合理、机械设备质量问题等等。任何工程都由多个分项工程组成，这其中每一项分项工程以及分项工程之间的衔接的任何一个细节出了问题都可能会造成灾难性的后果。所以，技术人员的素质是最重要的因素，它决定了一项工程能否安全、合格地竣工。

加强安全教育。认真吸取事故教训，不断增强安全意识、责任意识和忧患意识，牢固树立"安全第一"的思想，切实摆正安全与效益、安全与工期的关系。健全安全保证体系，把领导负责、逐级负责、专业负责、岗位负责和要求全面落实到位。

设计单位：要强化工程设计安全，提高安全措施的针对性、可靠性，切实解决好设计与现场实际脱节的问题，保证设计方案科学合理、安全可靠。对认识和判断不明的工点，其工程措施要宁强勿弱。同时要根据现场实际，适时调整安全措施，避免安全风险扩大，酿成事故。

施工单位：要按照标准化管理要求，加强现场技术管理，严格规范工艺流程，杜绝擅自改变设计施工方法、不按程序施工、违反操作规程施工的现象。要依靠技术创新，提高施工机械化水平，加大安全投入，健全应急机制。

监理单位：要加强对施工方案的安全审核，加强对各项安全措施的检查，加强对施工工艺工法、施工规范程序的检查。同时要提高监理人员自身的素质，监理人员要能领会设计意图、掌握常用施工工法的监控要点、熟悉各种超前地质预报方法的基本原理，能及时发现和制止施工过程中的不安全操作。

建设管理单位：要全面落实原铁道部各项安全管理规定，定期检查和不定期抽查设计、施工和监理单位的安全责任落实情况，及时发现和制止不能满足安全生产各项操作，加大安全奖惩力度，要把安全管理和平时考核、信誉评价挂钩。针对高风险隧道的关键工序，要制定安全可控的具体管理办法。

单元十 案例与实务（施工方案篇）

案例一 路基开挖施工安全专项方案

一、工程概况

本合同段位于山岭重丘区，全长 8.78km，其中 K9+300～K12+100、K13+600～K16+070 为挖方地段。K9+300～K12+100、K15+100～K16+070 为土质边坡，最大挖深 9m；K13+600～K15+100 为石质边坡，最大挖深 21m。针对本标段挖方段较多、挖方量较大、高度较高的特点，编制如下安全方案。

二、编制依据

《建筑工程安全生产管理条例》
《公路桥涵施工技术规范》
《公路工程施工安全技术规程》
《爆破安全规程》

三、安全技术措施

1. 路基施工工艺

路基开挖的施工顺序：清表、排水设施修建、机械开挖、土石方运输、边坡或基底检平。

2. 路基（挡墙、边坡）施工主要安全隐患

（1）爆破开挖作业施工中，造成爆炸危险；
（2）临时用电不规范，造成触电事故；
（3）落石造成物体打击；
（4）人工边坡施工（清石、坡面防护施工）造成高空坠落；
（5）机械施工造成机械伤害；
（6）因坡脚开挖而导致坍塌、垮方、滑坡事故；
（7）路堑坍陷发生翻车，行人高处坠落等；
（8）因施工造成过往车辆堵塞。

3. 可造成的伤害

对人体可造成重伤甚至死亡；对机械可造成损坏，甚至报废。

4. 防范措施

（1）土方开挖安全防范措施

① 开挖前需做好路堑顶的截水沟和排水沟。土方采用挖掘机开挖，配合卸车运输，并用推土机作业为主，禁止使用爆破施工。具体要求如下：

② 土方开挖应按图纸要求自上而下的进行，不得乱挖或超挖，无论工程多大，土层多

深，均严禁用爆破施工或掏洞取土。

③ 开挖过程中如发生土层性质有变化时，应修改施工方案，并及时报监理工程师批准。

④ 土方开挖前，必须了解土质、地下水等情况，查清地下埋设的管道、电缆和有毒有害气体等危险物以及文物古迹的位置、深度走向，并加设标记，设置防护栏杆。施工现场技术负责人在开工前必须对作业人员详细交底，内容包括：地下设施情况及其危险性，施工作业方法，安全技术措施要点等。

⑤ 开挖深度超过2m时，其开挖边缘上面作业同样应视为高处作业，要设置警告标志。特别是在街道、居民区、行车道和现场通道附近开挖土方时，不论深度大小都要设置警告标志和高度不低于1.2m的双道防护栏或定型护身栏，夜间还要设红色标灯。

⑥ 在沟槽（坑）边缘1m以内不准推土或堆放物料；距沟槽（坑）边缘1~3m间堆土高度不得超过1.5m，距沟槽（坑）边缘3~5m间堆土高度不得超过2.5m；停放车辆、设备、起重机械、振动机械不少于4m；小翻车往沟槽内卸料时要设专门通道，并在距沟槽（坑）边缘1m处设置限制器。

⑦ 要特别注意在靠近建筑物、设备基础、电杆及各种脚手架附近挖土时，必须采取安全防护措施。

⑧ 开挖沟槽时，应当根据土质情况进行放坡或支撑防护。挖掘深度超过1.5m，而且不加支撑，应按规定确定放坡坡度。如果因施工区域狭窄原因不能放坡，则应按规定采取围壁措施。要注意固壁支撑的木料，不能有槽、朽、断、裂现象。

⑨ 人力挖掘土方安全措施：

a. 对锹、镐、锤等操作工具应随时检查，确保木柄结实，连接牢靠。

b. 开挖土方，操作人员之间必须保持足够的安全距离，横向间距不小于2m，纵向之间不小于3m。

c. 开挖土方必须自上而下顺序放坡进行，严禁采用挖空底脚的操作方法。

（2）石方开挖安全防范措施

开挖石方，必须采取能够确保路基边坡稳定的方法，不允许放大炮。由于路线附近居民较多，须采取切实、有效的施工措施。

具体如下：

① 对开挖断面较小，开挖浅及半填半挖地段，采用风动凿岩机钻孔、松动爆破法施工。边坡以打浅眼、放小炮结合人工刷坡的方法施工，确保边坡稳定、表面平整。

② 对于开挖断面较大，边坡高度大于6m的地段，宜采取纵向掘进的方法施工。在地表岩石风化破碎地段，采用松动爆破。在石质坚硬、整体性较好的地段，先人工清理地表，潜孔钻机钻孔，阶梯深孔松动爆破。炮位呈宽孔距、小排距、梅花形布孔。塑料导管MS雷微差挤压爆破。为确保边坡稳定，先采用潜孔钻机沿边坡面先行钻孔，实施预裂后，再进行主体爆破，或者采用预留光爆破层的方法，在主体爆破之后，再进行光面爆破。

③ 钻机作业面，包括采用炮眼法、药壶法等爆破创造阶梯临空面、钻机进退场通道及钻机作业平台。由于钻机重量大、钻孔深，要求地面必须平整、坚实、有较好的作业面，所以在进钻前，要先清除地面杂物和覆盖土层，对个别空出岩块、裸露孤石，放小炮予以炸平，以保证钻机安全作业、自如移动，按设计钻孔的位置和角度钻孔。

④ 钻孔是爆破质量好坏的重要环节，严格按照爆破设计的位置、方向、角度进行钻孔，

先慢后快。钻孔过程中，必须仔细操作，严防卡钻、超钻、漏钻及错钻，为了得到比较光滑平整的边坡面，采用预裂和光面爆破，用弱性装药结构、低爆速的炸药、减弱炸药爆破时对孔壁中冲击压力，保证边坡稳定和坡面平整。光面和预裂钻孔，施钻前应沿边坡线将孔口周围松散覆盖层清除，开辟钻机运转工作面，准确测放孔底中心，偏离设计坡面不应大于孔深的2%（垂直边坡方向）孔底均应在同一孔底板平面上。

⑤ 进行爆破前，加大对当地居民的宣传力度，使其远离爆破区域。在爆破过程中除严格控制药量外，指定专人负责警戒。严禁夜间进行爆破作业。

⑥ 严禁在残眼上打孔。

⑦ 凿打炮眼时，坡面上的浮岩危石应予以处理。

⑧ 机械扩眼，宜采取湿式凿岩机或带有捕尘器的凿岩机。凿岩机支架要牢固，严禁用胸部和肩头紧顶把手。风动凿岩机的管理要顺直，接头要紧密，气压不应过高。电动凿岩机的电缆线要悬空挂设，工作时应注意观察电流值是否正常。

⑨ 空压机必须在无荷载状态下启动。开启送气阀前，应将输气管道连接好，不得扭曲。在征得凿岩机操作人员同意后方可送气，出气口前方不得有人工作或站立。储气瓶内压力不得超过规定值，安全阀应灵敏有效，运转中应注意检查是否有异常情况，不得擅离岗位。

⑩ 选择炮位时，炮眼口应避开正对的电线、路口和构造物。

（3）深挖路堑安全措施

对边坡高度大于或等于20m的深孔路堑，由于其边坡较高，易于坍塌，是影响全线按期完工的重点工程。深孔路堑施工前先做好准备工作，详细了解工程地质情况，包括土石界限，岩层风化厚度及破碎程度，岩层的构造深度等，根据工程量的大小和工期编制施工组织设计，确定配备机械设备类型和劳动力。对于土质高路堑，边坡坡度要严格按照设计施工，单边坡路堑用多层横向全宽挖掘，双边坡用分层纵挖法。不得采用不加控制的爆破法施工和掏洞取土法施工。石质高路堑严禁采用大爆破法施工，防止由于工程行为诱发边坡垮塌。要采用中小爆破法施工，机械打眼、力求爆破后的石块小一些，便于机械清方。单边坡石质深路堑用深粗炮眼、分层、多排、多药量、群爆、光面、微差爆破方法，避免用松动爆破、药室爆破法施工。对易产生失稳的边坡，采用放缓边坡，加强坡面防护、设减载平台、截水沟等处理方案，并上报业主、监理工程师批准实施。

（4）高陡边坡施工安全措施

① 开挖前，须做好坡顶的截水沟，特别是雨季施工要保证截水沟的畅通，排、泄水不能对下方路基和开挖断面产生危害。

② 作业人员必须绑系安全带，绑挂安全带的绳索应牢固地拴在树干或插固的钢钎上，绳索应垂直。不得在同一安全桩上栓2根以上安全绳或在1根安全绳上栓2人以上。

③ 边坡开挖中如遇地下涌水，应先排水，后开挖。

④ 开挖工作应与装运作业面相互错开，严禁上、下双重作业。

⑤ 弃土下方和有滚石危及的区域，应设警告标志，如下方有道路，作业时严禁通行。

⑥ 开挖前应对填方部分进行清表、碾压使之达到设计要求填方条件，便于开挖时利用挖方进行就地路基填方施工，减少事后翻填环节。

⑦ 爆破作业前，在填方路基路肩处，临时设立一道50cm高的挡碴墙，防止滚石伤人伤物，对路基下方的构造物造成威胁。

⑧ 爆破开挖，均采用中小型爆破，标段内一般使用爆眼法爆破施工。

⑨ 爆破作业事先须进行地形地质和周边环境调查、确定爆破方案、阶梯高度的确定、炮孔布置、药量计算、起爆网络设计及计算等。爆破施工阶段的流程：平整工作面、孔位放线、钻孔、孔位检查、装药、填塞、网络连接、安全警戒、发令起爆、爆破后检查、解除警戒。

⑩ 爆破断面施工应从上向下分台阶逐级施工，禁止掏眼法挖土或将坡面挖成反坡施工，产生滑坡，造成危害。

⑪ 每次爆破完毕，需对坡面松动的围岩进行人工清理。

⑫ 高陡边坡处施工必须遵守下列规定：

a. 坡上作业人员必须戴安全帽、系安全带（绳）；

b. 坡边开挖中如遇一下涌水，应先排水，后开挖；

c. 开挖工作应与装运作业面相互错开，严禁上、下双重交叉作业；

d. 弃土下方和有滚石危及范围内的道路，应设警告标志，作业时坡下严禁通行；

e. 坡面上操作人员对松动的土、石块必须及时清除，严禁在危石下方作业、休息和存放机具；

⑬ 施工中如发现山体有滑动、崩塌迹象危及施工安全时，应暂停施工，撤出人员和机具，并报上级处理。

⑭ 在落石和岩堆地段施工，应清理危石和设置拦截设施后再行开挖。其开挖面坡度应按设计进行，坡面上松动石块应边挖边清除。大型机械进场前，应查清所过通道、桥梁的净宽和承载力是否足够，否则应先予以拓宽和加固。

⑮ 当有机械在危险地段作业时，必须设明显的安全警告标志，并设专人在操作人员能看清的地方指挥，驾机人员只能接受指挥人员发出的规定信号。

⑯ 施工中遇有土体不稳、发生坍塌、水位暴涨、山洪暴发或在爆破警戒区内听到爆破信号时，应立即停工，将人和机械撤至安全地点。当工作场地发生交通堵塞，地面出现陷车（机），机械运行发生打滑，防护设施毁坏失效，或工作面不足以保证安全作业时，亦应暂停施工，待恢复正常后方可开工。

⑰ 边坡防护作业，必须搭设牢固的脚手架，对地基和脚手架所用材料，扣件或连接件，要认真检查，合格后方可使用。

⑱ 人工抬运石块和搬运砂浆、混凝土等材料所用工具必须牢固可靠，如绳、筐、桶等。

⑲ 骨架梁施工应自下而上进行，抬运跳板应坚固，并设防滑条。

⑳ 严禁在施工完毕的坡面，墙顶上行走，上下边坡时设置爬梯。

㉑ 锚索孔施工钻孔机的施工平台应进行受力验算。

㉒ 施工应采取必要的安全防护措施，如挂设安全防护栏截网，施工时禁止上下层交叉作业。

㉓ 施工机械设备的安全要求：机械、电气设备的布局要合理，且要装设安全防护装置，操作者要严格遵守安全操作规程，操作前要对设备进行全面的安全查检，机械设备严禁带故障运行。推土机、装载机和挖掘机作业时，应设专人指挥，以防砸伤人员等。按规定对施工机械和电力设备进行定期检验及保养、试验、日常检查，凡是不符合要求的严禁使用。

㉔ 坠落、物体打击安全要求：高边坡作业主要易造成施工人员坠落及坡面危石对人员的打击。因此坡面施工人员在施工过程中必须穿戴好个人安全防护用品，活动范围小的施工人员还要系好安全绳；针对上下运送材料人员，运送材料通道还应加设安全网进行防护。所有进入工地人员，必须按规定佩戴安全帽，遵章守纪听从指挥；加强安全保卫工作，禁止闲杂人员进入施工现场。对坡面危岩和松动的岩石，应派专人进行清除，并由专人进行指挥。清除人员必须系安全绳，站在其上方稳固、安全的位置，采用撬棍清理。

㉕ 施工现场安全文明施工要求：施工现场场内危险悬崖、陡坡、危石等，应有防护设施或危险警告标志（包括安全提醒标志和安全标志等），机械设备行走便道拐弯、陡坡、狭窄等隐患地段设置提示标志。

㉖ 严格执行安全检查制度：必须执行日常和定期安全检查制度。项目部专职安全员坚持每日的安全巡视检查，对违反各种安全规定行为人进行教育和处罚，对安全隐患进行排查，发现问题责令施工队进行整改。组织定期安全检查，指导和督促施工队搞好安全管理工作。

㉗ 特种技术工人技术培训：施工的特种技术人员，按照《特种作业人员安全技术考核管理条例》规定的特种作业包括：电工、爆破员、起重机、架子工、锅炉工等，从事特殊工种作业前必须经专业培训，考试合格后方准操作，并持上岗证，严禁酒后上岗作业。

四、安全组织机构

1. 项目部成立安全领导小组，全面监督、指导并推进工程顺利开展。

组　　长：×××

副组长：×××

组　　员：×××　×××　×××　×××

2. 建立安全岗位责任制

工区经理部逐级签订安全生产责任状，把安全生产纳入承包考核内容。建立健全各级人员安全岗位责任制，明确各自职责。建立奖惩制度，对个别由于失职、渎职造成事故的责任人员要按有关规定给予严肃处理直至追究刑事责任。

（1）施工负责人安全职责　对本管区的安全工作负全责。认真贯彻执行党和国家有关安全生产的法律、法规和政策以及建设单位对安全生产的指示，组织制订本管区的安全生产规章制度。负责组织对职工进行安全生产教育，提前安排特殊工种的培训计划，总体推广安全管理先进经验。负责组建立安全生产管理机构，配备合格人员，对安全管理部门的工作进行督促、检查。

（2）工区技术负责人安全职责　协助项目经理做好安全管理工作，对本项目施工技术安全负责。组织编写安全技术操作规程、规则，指导安全技术教育，组织专业安全技术培训，进行安全检查。组织编制审核施工安全技术方案，并向施工人员进行安全技术交底。

（3）安全生产部部长安全职责　根据上级指示要求制订本项目的安全规章制度。具体组织安全教育、定期组织安全检查，及时发现安全隐患，并采取纠正整改措施。对安全工作进行计划、布置、总结、评比，提出奖罚意见，统计上报安全统计报表。

（4）施工队队长安全职责　组织对施工人员进行安全教育，对所属的施工设备、机具的安全状况进行检查，对施工环境的安全状况进行监控。定期或不定期组织安全检查，发现问题及时处理，不留隐患，确保全队施工安全。

(5）安全员安全职责　协助队领导制订、审查、修订本队的安全施工规章制度，督促施工人员严格执行。佩带标志跟班作业、检查，对违章作业及时制止，对危及施工安全和人身安全的苗头及时发现并立即采取措施。

五、环境保护措施

项目部进场后立即做好安全面规划，对环保工作进行综合治理，并与地方环保部门取得联系，按环保规定，做好施工现场的环境保护工作，建立环保体系，具体措施如下：

1. 建立环保机构，以项目经理任组长，项目总工和环保部长为副组长，各施工班组负责人及现场管理人员为组员的环保领导小组，并设立环保人员1~2名，负责整个合同段内的环保工作，由项目经理赋予一定行政职权，充分发挥环保人员的作用。

2. 加强环保学习和宣传教育：

① 购买环保书籍，加强学习环保知识、法律法规，开展环保知识宣传，开工前对参建人员进行《中华人民共和国环境保护法》和文明施工教育，提高全体职工的环境保护意识。

② 以墙报、简报、宣传标语的宣传形式开展环保宣传工作。

3. 合理布置施工场地，合理布置各种施工设施，尽量减少对自然景观、植被和原始地面线的破坏。施工中的废渣排放在指定的污水处理地点和化粪池进行处理。对于可视部位的植被采取严格的保护措施，树立明显的严禁开挖、践踏、攀折的标志，对于必须开挖的地段采取移植方法加以保护。

4. 对于不可避免的高填深挖路段，采取植被、铺草皮、护面墙、护坡等措施来掩蔽人工开挖痕迹，并选择一些造型优美的结构物使之与公路融为一体；对于弃土场选择在植被覆盖较少的地段，完工后恢复弃土场的植被。料场的布置以不破坏环境为先决条件，在砂、碎石加工过程中洒水以免灰尘污染大气环境。

5. 本项目土石方及砂石材料流动量较大，利用乡村道路作为运输线路，在进行土石方及材料运输时加高车厢挡板，在公路上避免掉渣。不向河道、农田弃土，规划区弃土也要平整，并砌挡土墙作挡护。

6. 减小施工中噪声和振动，避免对周围居民造成干扰，对来自施工机械和运输车辆的施工噪声，为了保护施工人员的健康，应严格遵守《中华人民共和国环境噪声污染防治法》合理安排工作人员轮流操作机械，减少接触高噪声的时间，或穿插安排高噪声的工作。对距噪声源较近的施工人员，除取得防护耳塞或头盔等有效措施外，还应缩短其劳动时间。同时，注意对机械的经常性保养，尽量使其噪声降低到最低水平。为保证施工现场附近居民的夜间休息，对距居民区150m以内的施工现场，施工时间要加以限制。对施工便道经常洒水养护，减少粉尘，树立良好的外部形象。

7. 本项目竣工后，采取有效措施修整和复原施工过程中被破坏的环境。

8. 保护农田排灌系统。当路线经过农田灌溉区域时，在施工时应采取必要的临时措施以保证不影响或中断农田的排灌作业。修建临时设施应保证不影响当地农田的高峰排灌作业。在软土地区施工时，注意在施工中路堤沉降对水源和排灌系统的影响。

9. 要保护农民饮用水源、水渠，做到不断水、不污染。

10. 掌握施工区域环保特点，开展施工区域的环保工作，最大限度减少施工对环境的破坏。

11. 植被保护：加强对植被的长久保护，最大限度减少对植被的破化。对迫不得已破坏的，应尽可能予以恢复。

12. 生活垃圾、施工垃圾的清除。对生产、生活环节产生的废水采用沉淀池，或药物净化后排放，对生活垃圾一律运到地方环保部门指定地点掩埋。

13. 水土保持、生态环境保护措施：

① 路基开挖地段，应选择对地形、地貌和植被影响最小的施工方法。边坡挖边后，及时做好防护工程，防止水土流失，减少植被破坏。

② 山地、台塬切坡时尽量采取机械作业，滑坡地区不准放爆；筑好挡土墙后再切坡，禁止顺坡弃渣毁坏河道、农田和造成严重水土流失。

③ 路堑和高路堤边坡，筑路开挖形成的裸露土地及集中弃土、渣的地区要及时种植花草、树林，岩质边坡栽植蔓生植物。深挖、高填路基边坡采用浆切片石和绿化种植相结合方式护坡。

④ 清理场地的废料和土石方工程的废渣。按图纸规定或监理工程师指示在适当地点设置弃土场（堆），弃土堆要求少占地，并结合改地造田。

⑤ 在施工期间修建一些临时排水渠道，并与永久性排水设施相连接，且不得引起淤积和冲刷，始终保持工地良好的排水状态。

六、临时用电安全措施

1. TN-S、三级配电、两级保护　TN-S接地、接零保护系统是指在施工用电工程中采用具有专用保护零线（PE线）、电源中性直接接地的220/380V三相四线制低压电力系统。

（1）电力变压器低压侧中性点直接接地，接地电阻不大于4Ω。

（2）电力变压器低侧共引出5条线，其中除引出3条分别为黄、绿、红的绝缘线相线（火线）L1、L2、L3（A、B、C）外，尚须于变压器二次侧中性点（N）接地处同时引出2条零线，一条叫做工作零线（浅蓝色绝缘线）（N线）另一条叫做保护零线（PE线）。其中工作零线设备接零（N线）与相线（L1、L2、L3）一起作为三相四线制工作线路使用；保护零线（PE线）只作电气设备接零保护使用，即只用于联接电气设备正常情况下不带电的金属外壳、基座等。两种零线（N和PE）不得混用，为防止无意识混用，保护零线（PE线）应采用具用绿/黄双色绝缘标志的绝缘铜线，以与工作零线和相线区别。同时，为保护接地、接零保护系统可靠，在整个施工现场的PE线上还应作不少于3处的重复接地，且每处接地电值不得大于10Ω。

（3）施工用电采用三级配电、两级保护进行设置，并根据"一机、一闸、一漏、一箱"要求，每台设备设置各自专用开关箱，而每一个开关箱只能用于控制一台用电设备。总配电箱、分配电箱内开关电器可设若干分路，且动力与照明分路设置以提高用电安全。按照总配电箱、分配电柜、开关箱进行三级配电，分配电柜和开关箱均必须经漏电保护开关保护。第一级漏电保护设置在总配电箱内各回路开关电器的末级，其漏电动作电流与漏电动作时间符合规定要求。第二级漏电保护设置在开关箱内各回路隔离开关的负荷侧，与第一级漏电保护配合，形成分级选择性保护，漏电动作电流不大于30mA，漏电动作时间不大于0.1s。

2. 施工现场临时用电责任制：

① 施工现场临时用电责任人：×××

② 从临时用电工程竣工开始，定期对临时用电工程进行检测，主要内容是：接地电阻值，电气设备绝缘电阻值，漏电保护器动作参数等，以监视临时用电工程是否安全可靠，并

做好检测记录。

③ 加强日常和定期维修工作，及时发现和消除隐患，并建立维修工作记录，记载维修时间、地点、设备、内容、技术措施、处理结果、维修人员、验收人员等。

④ 工程竣工后，临时用电工程的拆除应有统一的组织和指挥，并须规定拆除时间、人员、程序、方法、注意事项和防护措施等。

⑤ 对临时用电工程各部位的操作、监护、维修分片、分块、分机落实到人。

案例二　桥涵工程高空作业专项安全施工方案

一、工程概况

×××桥涵工程为高空作业主要项目。施工内容包括：墩台（墙）身、梁（顶部）部施工等。

二、编制依据

按照《公路工程施工安全技术规程》、《公路水运工程安全生产监督管理办法)》的要求和其他安全施工的规定进行。

三、安全目标

工程施工完全按照《公路工程施工安全技术规程》《公路水运工程安全生产监督管理办法》的要求和其他安全施工的规定进行。

1. 杜绝因工死亡。

2. 不发生高空坠物伤人事故。

3. 不发生施工人员高空坠落、脚手架攀爬失手事故。

4. 杜绝因施工造成的道路交通中断，管道、通信、电力管线损坏等施工责任事故。

四、现场组织机构设置及职责

1. 组织机构

组　长：×××

副组长：×××

组　员：×××　×××　×××　×××

针对×××工程项目施工时间短、施工任务重的特点，成立了以项目经理为组长的安全生产专项领导小组，确保对各种工序施工安全进行有效的控制。项目部和各作业班组均签订了安全生产目标责任书。工程生产目标责任书明确安全生产目标，有针对性的安全保证措施、双方责任及奖罚办法。建立项目部各级、各部门和各人员安全生产考核制度，考核均用书面记录，定期进行评议。施工现场配备一名专职安全工程师，负责管理安全生产工作。项目部技术人员、检测人员、各施工队队长、工班长为兼职安全员，协助安全工程师做好安全生产工作。

2. 主要职责

（1）项目经理

全权负责所承担工程的生产、安全、质量和经营合同管理，具有人、财、物的独立调配、使用、奖励权及对职工的处罚辞退权。

项目经理是本合同工程安全保证的第一责任人，负责指导和督促建立健全安全生产保证体系与措施，建立和实施安全生产责任制，确保各项安全活动的正常开展。

（2）项目副经理

协助项目经理负责安全工作管理，对本合同工程生产安全承担一定义务。主要负责现场安全生产管理，在施工中抓好施工生产计划落实，处理施工中出现的具体问题；严把安全、质量生产关，抓好安全、质量工作，把安全质量生产责任制落实下去。

（3）安全工程师

制订本合同工程的安全管理工作规划；负责安全综合管理，编制和呈报安全计划、安全技术方案和具体安全措施；组织每周、每月安全大检查，发现事故隐患及时督促整改；负责安全检查、督促，对危险源提出预防措施，定期对施工队进行安全教育；对关键工序及危险地段施工提出安全施工防护措施并进行技术交底。负责工程施工过程所需安全材料的采购、保管、发放、调配及使用、回收和人员的培训、日常安全事务处理、对外联络及后勤管理、宣传教育工作。负责整个工程的保安工作，制订工地保安值勤制度，维护工地正常的保安秩序。

（4）安全员

负责现场的安全综合管理，呈报具体的安全计划和具体的安全措施；发现事故隐患，及时督促整改；对危险源提出预防措施，对员工进行不定期的安全教育。负责工程施工过程中领取所需安全材料及发放、调配、使用、回收和日常安全事务处理工作，维护工地正常的保安秩序。

五、高空作业危险源的分析

1. 高空作业施工人员坠落

导致高空作业人员坠落有 2 种方式：一种是导致伤者高空坠落原因不是由于物质不稳定而引起，而是伤者本人身体失稳造成坠落称为直接高空坠落；另一种是由于物质变形、移位、打击使身体失稳而导致坠落。

（1）直接高空坠落形式

① 行走中被障碍物所绊而失足。

② 在脚手架、爬梯上下攀爬失手而坠落。

③ 在管道、小梁行走时脚步不稳（如打滑、踩空）身体失控坠落。

（2）直接高空坠落原因有

① 高空作业思想不集中或开玩笑、追逐、嬉闹。

② 酒后进行登高作业。

③ 因睡眠、休息不足而精神不振。

④ 现场孔洞及高处边缘缺乏栏杆或盖板。

⑤ 高空作业不戴工具袋手抓物件而失足坠落。

⑥ 高空作业不扎安全带。

（3）间接高空坠落表现方式

① 踩中易滚动或不稳定物件而坠落。

② 操作中用力过猛或猛拉猛甩不受力物件。

③ 脚手架上的脚手板、架子管因变形、断裂而失稳导致人员坠落。

④ 工作中梯子折断或倾倒导致人员坠落。

⑤ 触电、物件打击或其他方式导致人员坠落。

(4) 间接高空坠落原因

① 高空作业地点无栏杆。

② 通道上摆放过多物品。

③ 操作人员操作不当。

④ 脚手架不按规定搭设,梯子摆放不稳。

2. 高空落物伤人事故

高空落物原因分析:

(1) 起重机械超重或误操作造成机械损坏、倾倒、吊件坠落。

(2) 各种起重机具(钢丝绳、卸卡等)因承载力不够而被拉断或折断导致落物。

(3) 用于承重的平台承载力不够而使物件坠落。

(4) 起吊过程吊物上零星物件没有绑扎或清理而坠落。

(5) 高空作业时拉电源线或皮管时将零星物件拖带坠落或行走时将物件碰落。

(6) 在高空持物行走或传递物品时失手将物件跌落。

(7) 在高处切割物件材料时无防坠落措施。

(8) 向下抛掷物件。

六、高空作业施工的安全要求

1. 担任高处作业人员必须身体健康。对患有精神病、癫痫病、高血压及心脏病等不宜从事高处作业病症的人员,不准参加高处作业。凡发现工作人员有饮酒、精神不振时,禁止登高作业。

2. 高处作业均须先搭建脚手架或采取防止坠落措施,方可进行。

3. 在立柱、盖梁、箱梁以及其他危险的边沿进行工作,临空一面应装设安全网或防护栏杆,否则,工作人员须使用安全带。

4. 在没有脚手架或者在没有栏杆的脚手架上工作,高度超过 1.5m 时,必须使用安全带或采取其他可靠的安全措施。

5. 安全带的挂钩或绳子应挂在结实牢固的构件上,或专为挂安全带用的钢丝绳上。禁止挂在移动或不牢固的物件上。

6. 高处作业应一律使用工具袋,较大的工具应用绳拴在牢固的构件上,不准随便乱放,以防止从高空坠落发生事故。

7. 在进行高处工作时,除有关人员外,不准他人在工作地点的下面通行或逗留,工作地点下面应设有围栏或装设其他保护装置,防止落物伤人。如在格栅式的平台上工作,为了防止工具和器材掉落,应铺设木板。

8. 不准将工具及材料上下投掷,要用绳系牢后往下或往上吊送,以免打伤下方工作人员或击毁脚手架。

9. 上下层同时进行工作时,中间必须搭设严密牢固的防护隔板、罩棚或其他隔离设施。工作人员必须戴安全帽。

10. 在 6 级及以上的大风以及暴雨、打雷、大雾等恶劣天气,应停止露天高处作业。

11. 禁止登在不坚固的结构上工作。为了防止误登,必要时要在不坚固的结构物处挂上警告牌。

七、高空作业的安全防控措施

1. 防止高空作业人员坠落的安全防控措施

（1）高空作业场所禁止非施工人员进入。

（2）脚手架搭设符合规程要求并经常检查维修，作业前先检查稳定性。

（3）高空作业人员应衣着轻便，穿软底鞋。

（4）患有精神病、癫痫病、高血压、心脏病及酒后、精神不振者严禁从事高空作业。

（5）高空作业地点必须有安全通道，通道不得堆放过多物件，垃圾和废料及时清理运走。

（6）距地面1.5m及1.5m以上高处作业必须系好安全带，将安全带挂在上。

（7）遇有6级以上大风及恶劣天气时应停止高空作业。

（8）严禁人随吊物一起上落，吊物未放稳时不得攀爬。

（9）高空行走、攀爬时严禁手持物件。

（10）垂直作业时，必须使用差速保护器和垂直自锁保险绳。

（11）及时清理脚手架上的工件和零散物品。

2. 防止高空落物伤人安全措施

（1）对于重要、大件吊装必须制订详细吊装施工技术措施与安全措施，并有专人负责，统一指挥，配置专职安全人员监护。

（2）非专业起重工不得从事起吊作业。

（3）各个承重临时平台要进行专门设计并核算其承载力，焊接时由专业焊工施焊并经检查合格后才允许使用。

（4）起吊前对吊物上杂物及小件物品清理或绑扎。

（5）从事高空作业时必须佩工具袋，大件工具要绑上保险绳。

（6）加强高空作业场所及脚手架上小件物品清理、存放管理，做好物件防坠措施。

（7）上下传递物件时要用绳传递，不得上下抛掷，传递小型工件、工具时使用工具袋。

（8）尽量避免交叉作业，拆架或起重作业时，作业区域设警戒区，严禁无关人员进入。

（9）切割物件材料时应有防坠落措施。

（10）起吊零散物品时要用专用吊具进行起吊。

八、高空作业安全保障措施

1. 基本要求

（1）高处作业中所用的物料，均要堆放平稳，不妨碍通行和装卸。

（2）高处作业必须按规程搭设安全网；作业人员佩戴安全帽、系安全带等防护用具。

（3）高处作业人员必须精力集中，不得嬉闹，酒后严禁高处作业。

（4）工具要随手放入工具袋；作业中的走道、通道板和登高用具，要随时清扫干净；拆卸下的物件及余料和废料均要及时清理运走，不得任意乱置或向下丢弃。高处作业所有料具应放置稳妥，传递物件禁止抛掷。

（5）严禁人员跟随起重物上下。

（6）高处作业采用统一规程的信号等与地面联系。

（7）高处作业时应与输电线路保持安全距离，遇有恶劣天气停止作业。

（8）上、下交叉作业必须采取隔离措施。

（9）防护用品穿戴整齐，裤脚要扎住，戴好安全帽，不穿光滑的软底鞋，要佩戴有足够强度的安全带。

（10）夜间不宜进行高处作业。

（11）遇有6级风力时，禁止露天高处作业。

2. 高处作业安全防护

（1）攀登作业安全防护：

① 攀登用具，结构构造上必须牢固可靠，移动式梯子，均按现行的国家标准验收其质量。

② 梯脚底部应坚实，不得垫高使用，梯子的上端有固定措施。

③ 立梯工作角度以75°±5°为宜，踏板上下间距以30cm为宜，并不得有缺挡。折梯使用时上部夹角以35°~45°为宜，铰链必须牢固，并有可靠的拉撑措施。

④ 使用直爬梯进行攀登作业时，攀登高度以5m为界宜，超出2m加设护笼，超过8m，设置梯间平台。

⑤ 作业人员从规定的通道上下梯子时，必须面向梯子，且不得手持器物。

⑥ 攀登的用具，结构构造上必须牢固可靠。当梯面上有特殊作业，重量超过上述荷载时，应按实际情况加以验算。

（2）悬空作业安全防护：

① 悬空作业处有牢靠的立足处，并视具体情况，配置防护栏网、栏杆或其他安全设施。

② 悬空作业所用的索具、脚手板、吊篮、吊笼、平台等设备，均需经过技术科验证后方可使用。

③ 吊装中的大模板、预制构件等面板上，严禁站人和行走。

④ 支模板应按规定的工艺进行，严禁在连接件和支撑件上攀登上下，并严禁在同一垂直面上装、拆模板。支设高度在3m以上的柱模板四周应设斜撑，并设立操作平台。

⑤ 绑扎钢筋和安装钢筋骨架时，搭设脚手架和马凳。绑扎立柱和盖梁钢筋时，不得站在钢筋骨架上或攀登骨架上下，绑扎3m以上的柱钢筋，必须搭设操作平台。

⑥ 浇注离地2m以上结构时，设操作平台，不得直接站在模板或支撑件上操作。

⑦ 特殊情况下如无可靠的安全设施，必须系好安全带并扣好保险钩。

⑧ 预应力张拉区域应标示明显的安全标志，禁止非操作人员进入。张拉的两端必须设置挡板，挡板距所张拉钢筋的端部1.5~2m，且应高出最上一组张拉筋0.5m，其宽度应距张拉钢筋两外侧各1m。

⑨ 进行预应力张拉时，要搭设站立操作人员和设置张拉设备用的牢固可靠的脚手架或操作平台。雨天张拉时，还要架设防雨篷。孔道灌浆要按预应力张拉安全设施的有关规定进行。

⑩ 进行高空焊接，气割时事先清理火星飞溅范围内的易燃物或采取可靠的隔离措施才能施工。

九、文明施工

1. 凡是从事特种作业人员，必须经过培训，考试合格后持证上岗。
2. 凡是进入施现场的人员，必须佩戴安全防护用品。
3. 各类施工人员都熟悉本岗位的操作规程、规章制度和岗位责任制，无违章行为。

4. 施工人员严禁穿拖鞋、高跟鞋、易滑的硬底鞋上班和酒后上班,以及上班时嘻笑打闹。

5. 施工工地四周连续设置彩旗围挡,施工现场悬挂安全生产宣传和警示牌,特别是主要施工部位设置醒目的安全警示牌。

案例三 隧道工程安全技术专项施工方案

一、工程概况

1. 工程概况

本标段隧道工程比重大、数量多、地质复杂,隧道进、出口多位于浅埋、偏压、风化破碎带地段,且连续段落长,进洞与出洞施工难度大、工期长;隧道一级防水质量标准高。隧道Ⅳ、Ⅴ级围岩长度累计7842m,占隧道总长的51%,开挖后围岩自稳能力差,容易产生失稳和变形,特别是遇到地下水发育时更容易发生坍塌。因此,软弱破碎围岩条件下隧道开挖是本标段隧道施工的重难点,也是易于造成安全事故和环境灾难的重要因素。

2. 地震、气象与水文

根据《中国地震动参数区划图》(GB 18306—2001)附录《中国地震动峰值加速度划分图》,地震动峰值加速度为0.10g(地震基本烈度为Ⅶ度)。最冷月平均气温:-0.9℃。隧道区土壤最大冻结深度0.51m。隧道区地下水为基岩裂隙水,主要赋存于岩石节理裂隙及风化裂隙中,无稳定的水面,在裂缝带发育时可能富水。隧道区位于低山区,该区大多地段岩石裸露,地表岩体节理裂隙发育,为大气降水渗入创造了良好条件。隧道区地下水排泄方式主要有以下2种:蒸发排泄和地下径流排泄。

3. 地层岩性

沿线出露地层有新生界第四系全新统人工堆积填筑土、杂填土及素填土;冲洪积黏性土、粉土、砂类土及碎石类土,局部夹淤泥质土;坡洪积层粉土、粉质黏土,局部夹砂类土及碎石类土;风积粉、细砂、中砂;海积粉、细砂;第四系上更新统冲洪积黏性土、砂类土。中生界白垩系上统王氏群砂岩、砂砾岩、泥岩、玄武岩;下统青山群火山角砾岩、凝灰岩、凝灰质角砾岩、泥质粉砂岩、流纹岩、玄武岩、潜英安玢岩、潜石英闪长玢岩;下统莱阳群砾岩、砂岩、页岩、砂砾岩、泥灰岩。下元古界粉子山群变粒岩、大理岩、黑云母片岩、长石石英岩;元古界荆山群及粉子山群变粒岩、黑云片岩、片岩、大理岩、斜长角闪岩。并发育有中生代晋宁期侵入岩细粒二长花岗岩、片麻状细粒二长花岗岩、片麻状细粒黑云二长花岗岩、片麻状含斑中粒二长花岗岩、条带状片麻状细粒黑云二长花岗岩、片麻状细粒含磁铁矿二长花岗岩、片麻状中粒角闪花岗闪长岩及印支期中粗粒二长花岗岩。

4. 不良地质

隧道主要的工程地质问题为围岩失稳、塌方。隧道开挖后,由于围岩应力出现重分布现象,会在洞室周边局部形成应力集中,如果围岩岩体承受不了应力重分布的应力作用,就可能发生塑性变形或破坏。隧道局部岩体呈破碎状态,开挖后受应力重分配及水的作用的影响,极易出现塌方掉块的想象。

二、周边环境

线路位于胶东半岛,地貌主要为冲洪积平原、剥蚀平原、滨海平原、丘陵低山区等。地形起伏较大，河流、沟谷发育，大部分地段基岩裸露，间有丘间宽谷、河谷阶地及小型滨海平原。

三、风险事件专项安全实施方案

1. 岩爆地段安全专项施工方案

隧道穿越了坚硬的灰岩、石英砂岩等地层时，隧道在开挖过程中有可能产生岩爆现象，施工中加强预测预报，对岩体的岩性特征，岩石的物理力学性质，地应力特征等进行综合分析，预测可能出现岩爆的具体地段及岩爆等级。

对于岩爆地段主要采取以下措施：

（1）超前预报

采用以超前钻孔为主，结合开挖面及其附近的观察，通过地质的观察、素描，分析岩石的"动态特征"，主要包括岩体内部发生的各种声响和局部岩体表面的剥落情况等，作出预报。

（2）施工措施

① 针对岩爆发生的特点和规律，采取超前钻应力释放孔加速原岩应力释放，降低开挖后岩爆烈度。在开挖前，钻超前锚杆，释放部分原岩应力，通过超前锚杆与围岩的共同作用，提高其开挖后的整体性，缓解应力集中，避免出现大块岩石爆落。

② 优化开挖措施，采用浅孔爆破，降低一次爆破用药量，尽可能减少爆破对围岩的影响，采用短进尺、多循环的作业方式；严格采用光面爆破技术，使开挖断面轮廓圆顺，尽量避免局部出现大的超欠挖，造成应力集中而引发岩爆。

③ 采用分步开挖，使应力逐步释放，以便降低开挖后的围岩应力。

④ 开挖后，在发生强烈岩爆的部位喷射高压水，降低岩石表面脆性，钻集中应力释放孔。

⑤ 加强初期支护，二次衬砌紧跟。采用喷混凝土、挂网、径向锚杆防护，严重地段架设格栅拱架。

（3）安全措施

隧道施工中一旦发生岩爆，应立即采取以下措施：

① 彻底停机待避，同时进行工作面的观察记录，如岩爆的位置、强度、类型、数量以及山鸣等。

② 岩爆后加强找顶工作，在工作面、边墙及拱部，每一循环内进行2～3次找顶，清除危石，确保施工安全。

③ 采用能及时受力的摩擦型锚杆。

④ 加强初期支护，二次衬砌紧跟。

⑤ 延长通风时间。

⑥ 对管理人员和施工人员加强岩爆知识教育，严格执行隧道施工的安全规定，强化个人防护意识。

⑦ 加强人员和机械的保护。

⑧ 已完成开挖的岩爆地段设立明显的警示标志，并由安全员加强对该施工段的巡视工作，确保通行人员、车辆的安全。

2. 隧道坍塌安全专项施工方案

隧道隧址区内地质复杂程度为中等、复杂和简单，岩性为片麻状黑云二长花岗岩，破碎岩体可能引起坍塌或掉块，隧道洞室穿过破碎带时容易引起坍塌、冒落，施工时应引起重视。

（1）施工原则

岩体破碎段严格按"早预报、先治水、前支护、短进尺、弱爆破、强支护、快封闭、勤量测，步步为营，稳步前进"的原则组织施工。

（2）超前地质预报

采用开挖面地质素描、TGP12地震反射法和超前钻探进行超前地质预报。对围岩的破碎和富水程度进行预测和验证。及时进行信息收集、处理、反馈，以调整施工方案和施工方法。

（3）施工方法

根据超前地质预报所揭示地质断层及地下水的水量情况按设计采取超前预注浆、局部注浆、开挖后径向注浆和超前小导管注浆等注浆方式，确定注浆的范围。注浆结束后，对注浆效果进行检查，是否进行补注浆，是否可以开挖。

① 开挖 根据现有资料针对不同断层采取不同的开挖方法，在开挖过程中根据实际情况适时进行调整。断层及破碎带施工主要采用弧形开挖预留核心土法、台阶法开挖施工。

② 初期支护 采用喷、锚、网、喷支护紧跟、钢架支护。喷射混凝土厚度符合设计要求，加强监控量测工作，根据位移量测结果，评价支护的可靠性和围岩的稳定状态，及时调整支护参数，确保施工安全。钢架紧跟开挖施作，及时封闭成环，对双侧壁导坑法、七步台阶法施工地段，辅助钢架支护在衬砌前逐段拆除。辅助支护施工措施根据实际进行设计变更以及现场施工安全需要进行施作。

③ 仰拱超前，衬砌适度紧跟 仰拱超前施工，衬砌适度紧跟，形成封闭结构，提高衬砌结构的承载力；施工缝、沉降缝作特殊处理，一方面为了防水，另一方面可减弱地层活动性对衬砌结构的危害。

3. 隧道洞口失稳安全专项施工方案

隧道进口、出口洞口位于浅埋段，洞口施工将会对土体扰动导致洞口山体失稳，为保证施工安全，应加强施工过程中的监控和管理。

洞口开挖安全注意事项：

（1）洞口边仰坡开挖前，先在明洞边仰坡开挖线外布置观测点，严密观测洞顶围岩变化。观测点应布置在仰坡顶5~10m范围，间距每5m一个。还应根据岩层走向、厚度、顶部位置具体设置，应保证能观测到顺层岩体的位置变化。根据观测数据，分析洞顶围岩变化，当洞顶沉降出现突变，产生较大的横向、竖向位移时，应实地观察洞顶地表有无出现裂缝，并加强观测。如果观测数据有继续加大，裂缝宽度变大或者数量增多，则洞口可能出现失稳，需要停止进洞进行处理。

（2）洞口段正洞施工

① 进洞开挖，开挖方式应采用三台阶七步开挖法或者三台阶临时仰拱法。遵循"短进尺、弱爆破、早封闭、勤量测"的施工原则，每循环进尺以一榀拱架间距为宜，尽量采用预裂爆破。

② 观察记录工作面的工程地质与水文地质情况，作地质素描。观察开挖面附近初期支

护状况,判断围岩、隧道的稳定性和初期支护的可靠性。由地质组进行,其他技术人员协助。

③ 地表量测:在Ⅴ级围岩且埋深小于40m的地段沿隧道轴向每隔5~10m布设。同时在横向依据实际情况,选定主断面,沿主断面布设测点,以了解地表沉降的横向影响范围。

④ 洞内量测:按照设计及规范要求,对隧道进行拱顶下沉及围岩收敛量测,发现围岩变化异常立即采取加固措施,确保施工安全。

4. 地表失水专项施工方案

对隧道上方及周边影响范围的水源及泉点进行建点观测,并对隧道内出水量进行对比分析,一旦发现洞内渗水过大或地表水源干涸,必须立即变更隧道施工方案,对隧道渗水进行注浆封堵,减小隧道洞内出水,对隧道上方因隧道施工而造成生产、生活用水影响的进行调查、走访,并进行适当补偿。

5. 过岩溶地段突水涌泥专项施工方案

隧道穿越可溶岩地段,位于垂直循环带,存在岩溶、突泥、突水的可能;隧道通过断层,岩体破碎,易发生暗河及岩溶突水,危及施工安全,同时也可能造成地表失水,影响居民生产生活用水,拟采取如下措施:

(1) 前地质预测预报

岩溶地段要根据设计要求进行超前地质预测、预报,采用地质素描、地质调查、地质雷达、TGP长距离超前地质预报、长距离超前钻孔、炮眼超前钻孔和地质素描等综合方法进行预报,准确判定前方岩溶形态、地下水分布情况和储量,为制订施工方案提供依据。

(2) 超前预注浆堵水

对可能发生大规模的突水、突泥的岩溶段施工,需要维系岩溶水通畅时,上报监理和设计单位进行变更,采取预注浆加固措施,预注浆加固前先采取引排措施,然后进行注浆。

(3) 开挖、支护、二衬

帷幕注浆结束后先施工超前管棚然后开挖,根据围岩级别分别采取CD法、双侧壁导坑法或CRD法开挖,开挖后及时进行初期支护并封闭成环,仰拱和二衬及时紧跟,以"管超前、严注浆、短进尺、弱爆破、强支护、勤量测"和"分步开挖"的原则组织施工。

(4) 开挖后隧道周边岩溶发育情况探测

开挖完成后及时采用TGP12对隧道的拱顶、边墙及隧底岩溶发育情况进行探测,当发现异常时采用5m钻孔进行钻探验证,如发现隧道周边5m以内有溶腔必须进行填充和加固。

(5) 隧道周边径向注浆

开挖后及时对隧道周边进行径向注浆,封堵地下水,控制地下水排量,如果隧道洞顶有住户,要严格控制地下水流失,采取"以堵为主,限量排放"的原则。

(6) 溶洞处理

① 溶洞处置的主要原则 隧道遭遇到发展和衰亡阶段的岩溶中的大型溶洞、暗河时,通用原则为确保隧道的衬砌结构有足够的安全保证、在可预见期内洞穴的稳定性有保证、原有水流通道不会被阻断、方案比较经济适用。

② 溶洞处理主要方式 隧道过溶洞处置方式有内增设边墙梁及行车梁、托梁、支墩、悬臂梁承托纵梁、拱桥、加大隧道净空宽度跨度跨越岩溶或对隧道周边岩体进行封闭、注浆加固、支顶加固、加强衬砌等。

a. 溶洞跨越处理　当溶洞规模较大、溶洞内充填物松软，基础处理工程修建困难、耗资巨大，或者溶洞虽小但水流较大时，可根据具体条件采用相应的梁跨、板跨等形式跨越岩溶地段。此方式一般采用钢筋混凝土梁跨越，梁体采用抗侵蚀混凝土。当隧道衬砌断面需要开挖围岩才能满足净空要求时，应先开挖围岩，再施工跨越结构，以确保安全，同时应注意不同受力结构间的断缝设置及连接措施设置。

b. 封闭处理　已停止发育的干溶洞，在考虑有效的过水通道后，可采用混凝土、浆砌片石或干砌片石堵塞、充填溶洞。

c. 锚杆、钢管加固处理　为防止洞穴岩壁或顶板坍塌，在清除松动岩石困难的情况下，可采用锚杆或大钢管、钢轨加固岩体。此时隧道衬砌应考虑抗冲击措施，一般是采用明洞衬砌，衬砌顶部设置回填体，其表面设置护面结构，回填体以上空间的溶洞洞壁采用锚杆、钢筋网、喷射混凝土封闭支护；若溶洞较大，可设置横向钢轨横或设人字形钢轨栅架。

d. 支顶处理　当隧道穿过的溶洞由碎、块石及淤泥土充填，充填物的松散密实程度不一时，隧道底部应考虑采用钢筋混凝土底板，清除底板下松散体，回填碎石，并在底板下加设钢筋混凝土桩进行支顶。

③ 岩溶水的处理原则　对岩溶水的处理通常原则是以"通"为主，截、堵、排、防相结合的综合处理措施。"通"是指尽量保持原有过水通道，不能因为隧道的修建发生大的变化；"截"是指截断原有地下水通道，改走其他通道；"堵"是封死相交的地下水通道；"排"是特指引入隧洞，通过排水沟排走；"防"是指防止地下水进入隧道即可。岩溶水处理的较大工程措施有泄水洞和涵洞两类，采用泄水洞排水属于"排"和"截"的范围，采用涵洞过水属于"通"和"截"的范围。

a. 泄水洞排水　当预测到隧道区域的岩溶水量大、水压大，而隧道确实无法避开时，需考虑专门设置排水隧洞，达到排除岩溶水，降低地下水位，保持隧道干燥和施工安全的目的。泄水洞应位于地下水来向的一侧，为防止岩溶水突然袭击，施工中要采用超前钻孔探测，预备足够的抽水设备。

b. 涵洞、倒虹管吸过水　隧道断面与岩溶水相交时，为保证岩溶水畅通，在隧道底部设钢筋混凝土圆涵，或倒虹管，同时涵洞出入口周边至隧道边墙外缘采用浆砌片石回填密实。

④ 洞穴堆积物及地表塌陷处置　洞穴堆积物的特点是松软、下沉量大、强度低、稳定性差。当隧道必须穿越洞穴堆积物地段时，可采用桩基、换填、注浆等加固岩体的处理措施。隧道中地下水渗流排泄，导致岩溶地面塌陷，使地质环境遭到破坏，造成隧道开挖时塌方、涌水、涌砂及突泥等危害。施工中可采用化学注浆和管棚支撑开挖，同时从地表高压注浆，固结塌陷松散体，避免出现突泥现象。

(7) 地下水环境保护

对隧道洞顶有住户的，要严格控制地下水流失，采取"以堵为主，限量排放"的原则。施工中应根据地质超前预测预报及隧道环境监控实施情况，按设计采取相应的超前帷幕注浆堵水、开挖后径向注浆堵水、全环防水、抗水压衬砌等防堵水措施，以免给当地居民的生产生活及生态环境造成影响。

(8) 综合评价　溶洞处理完成后进行综合评价，对处理效果和对隧道耐久性的影响，必要时再采取加强措施，确保不留隐患。

（9）应急预案

存在突泥、突水可能的岩溶隧道，在进洞施工前事先制订出超前探水与预注浆堵水方案，制订突发安全事件应急预案，配备安全防护及安全逃逸设施，明确逃逸路线，进行紧急逃生的培训与演练，施工中严格按照既定方案进行实施。岩溶隧道暴雨后不施工、连续降雨后观察施工。

四、施工方案及施工方法（略）

五、安全施工保证措施

1. 综合保证措施

（1）建立以岗位责任制为中心的安全生产逐级负责制，制度明确，责任到人，奖罚分明。

（2）坚持安全学习和教育，加强对施工人员安全教育和管理。

（3）编制详细的安全操作规程、细则、制度及切实可行的安全技术措施，分发至工班，组织逐条落实。

（4）特殊工种都配备专业培训过的人员，并持有专业主管部门签发的合格证上岗。

（5）建造符合安全要求的易燃、易爆危险品保管仓库，配备有足够的消防设备，24小时专人值班。

（6）进行定期和不定期安全检查，及时发现和解决不安全的事故隐患。

2. 施工现场安全技术措施

（1）施工现场的布置符合防火、防爆、防洪、防雷电等安全及文明施工的要求。

（2）施工现场设立安全标志。危险地区必须悬挂"危险"或"禁止通行""严禁烟火"等标志，夜间设红灯警示。

（3）加强爆破器材领用、运输、使用、退库管理，严禁爆破器材流失。

（4）施工场地的油库、料库、变电站、通风设施及其他所有临时设施均设置防雷设施，定期检查接地电阻，防止雷击。

3. 施工机械的安全保证措施

（1）各种机械操作人员和车辆驾驶员必须取得操作合格证，对机械操作人员要建立档案，专人管理。

（2）操作人员必须按照机械说明规定，严格执行工作前的检查制度和工作中注意观察、工作后的检查保养制度。

（3）保持机械操作室整洁，严禁存放易燃易爆物品。不酒后操作机械，机械不带病运转，不超负荷运转。

（4）进洞所有设备都进行防爆改造。

4. 高空作业安全保证措施

（1）所有高处作业必须设置安全防护设施，工作人员应戴安全帽，栓好安全绳，严禁重叠作业。

（2）高挖路基地段防护工程施工人员应按规范施工，防止坡顶危石下落造成伤害。

（3）吊装设备、提升系统由专人定期检查，操作人员严格按操作规程操作。

5. 隧道施工安全保证措施

（1）加强监控量测，及时反馈信息，通过量测指导施工，确保安全。

（2）隧道开挖过程中配备有经验的地质工程师，24小时轮流值班，及时发现地质变化，监控指导现场施工。

（3）在洞口安设"进洞安全须知"标牌：所有进洞人员必须戴安全帽。施工人员，尤其是电工、电焊工、混凝土喷射手等严格按规定佩戴好防护用品。

（4）加强洞内通风。

（5）加强突水涌水的超前预探预报。

6. 隧道不良地安全保证措施

（1）投入有岩溶隧道、粉尘隧道、深埋隧道施工丰富经验、能征善战的专业化整建制队伍。

（2）配备地质超前预报、监控量测、粉尘检测、隧道通风、隧道注浆专业队伍及相应设备和仪器。

（3）制订科学合理、切实可行的施工方案，加强教育培训和技术交底；投入先进高效配套的机械设备，提高施工速度。粉尘段采用防爆设备，洞内配备双回路电源，并自备应急发电机。

（4）配备大功率风机，进行专业化的通风设计，配备专业人员进行通风管理，确保通风效果。

（5）制订突发事故应急预案，配备应急设备和物质，明确逃逸路线，加强抢险救援及安全逃逸演练。

（6）岩溶地段在开挖前必须先进行超前地质预测预报、超前探水、超前预注浆堵水，开挖后及时进行径向注浆、溶腔封堵、及时支护和二次衬砌。

（7）隧道深埋段施工要加强超前地质预测预报、加强监控量测、硬岩段加强围岩应力监测、软岩段加强隧道变形监测，如发现岩爆或隧道变形过速过量，及时采取措施进行处理。

（8）断层、软质岩地段施工，加强超前地质预测预报、加强监控量测、先采用大管棚或小导管注浆对围岩进行超前支护，然后采取CRD法、CD法、大拱脚台阶法分步开挖、控制开挖进尺、及时支护并封闭成环、仰拱二衬及时紧跟，防止塌方，确保安全。

7. 防洪与防火

（1）防洪

① 坚持"加强检查、消除隐患、以防为主、积极抢险"的防洪原则。

② 现场成立以项目经理为组长的防洪领导小组，负责领导协调本工程的防洪工作。

③ 防洪期间加强与地方政府、水利部门、气象部门的联系，及时掌握汛期气象预报和防洪动态。

④ 进入雨季后，对所有排洪设施进行检查，对排洪沟渠进行疏通。

（2）防火 本工程防火遵循"预防为主，消防结合"的方针，采取以下防火措施：

① 工程开工前，对全部人员进行消防安全培训和演习，制订消防专项措施。

② 定期进行消防检查和宣传教育。

③ 施工期间的生产、生活营地及靠近山林草木的地方均设置高压水管等消防设施，配备足够的灭火器及其他消防工具，设置醒目标牌。

④ 林区及易燃品堆放处严禁带入火种，消除火灾隐患。

六、应急预案

1. 应急预案领导小组

隧道进、出口分别成立风险应急预案领导小组，由现场第一责任人任组长，其他组员由作业人员组成，应对现场突发事故的抢险工作。

2. 应急物资

为保证现场突发事故时能有足够的物资救援，工点在平时就必须备足抢险物资，根据隧道风险情况，需配置如下抢险物资：装载机、抢险车辆、拱架、医用药品、担架、编织袋（沙袋用）、注浆设备、注浆材料、抽水机、水鞋、雨具等。

3. 应急预案

（1）过岩溶地段突水涌泥应急预案

突泥涌水是指地下工程（如隧道）施工中遇到暗河、溶洞、承压水等不良地质情况发生较大（以上）规模的涌水、涌泥事故，一般以水、淤泥、泥砂为载体迅速突出，是隧道施工特别严重的地质灾害之一，一般地质条件下不易发生，但由于其具有较强的隐蔽性和不可预见性，极易造成严重的经济损失，甚至造成人员伤亡。因此，在地下水、岩溶水发育的软弱破碎围岩隧道施工中应特别注意。当遇到有突泥、涌水先兆或无法保证安全特别危险时，现场负责人（如现场领工员、工班长、值班安全员等），应立即组织人员及施工机械撤离至安全位置，停止施工等待处理。在地下水发育，围岩软弱、破碎的隧道施工时，应采取有效的超前地质探测预报措施，提前预知前方围岩地质情况，根据所测地质情况预测判断是否具有突泥、涌水可能，防止灾害事故的发生。若超前探测有突泥、涌水可能，现场应采取果断施工技术措施，同时上报监理部、设计院，设计相应的支护或处理措施，防止突泥涌水的发生。当发生突泥涌水时，现场领工员、工班长、值班安全员，应立即组织人员火速撤离施工现场，并确保人员全部安全撤离，当发生人员伤亡时，应根据现场突泥涌水实际情况，在确保抢险人员生命安全的情况下，及时采取有效的抢救方案，减少人员伤亡程度，降低灾害损失，积极组织人力、物力、财力全力抢险救灾，处理突泥涌水，尽快恢复正常施工生产。

应急处理措施：

① 当发生突泥涌水突发事故时，在场值班领导、领工员、工班长或安全员，应立即组织人员迅速撤离危险区域，无法立即撤离的机械不予撤离，以人为主，确保施工人员生命安全。

② 撤离危险场所（一般撤离至洞外）后，立即清点现场施工人员数量，查看有无人员未逃离现场，并立即上报有关情况给工区领导。

③ 领导小组接到通知后，应立即启动应急救灾程序，组织人力、物力全力抢险救灾，减少降低灾害损失。

④ 当发生人员伤亡时，按紧急抢险方案及时进行救援工作。在确保救援工作人员无生命安全威胁的情况下进行抢救工作，若自身无救援能力时，及时上报地方政府或相关部门进行救援，同时做好相关配合救援工作。

⑤ 当抢救出伤员时，根据伤员人数、受伤程度，由医务人员在现场采取相应的急救措施后，按照"先重后轻"的原则，及时将伤员送到医院进行抢救、治疗。

⑥ 现场采取安全警戒线或隔离措施，防止其他人员进入危险区域，避免灾害损失的扩大。

⑦ 根据灾害损失情况，按照国家和地方各级政府有关法律、法规及条文的相关规定，及时上报上级机关或相关部门，等待下一步的调查处理。

（2）隧道岩爆事故应急和响应预案

隧道岩爆是指岩体中聚积的变形能在地下工程开挖中突然猛烈释放，导致岩石爆裂并弹射出来的现象，容易引起岩石岩片爆落、弹射伤人及设备等事故，是隧道施工中较为常见和严重的地质灾害之一，一般情况下会造成较大的经济损失，有时还会引起施工人员的伤亡，给施工单位造成无法弥补的损失，因此在施工中应引起工区及分队高度重视。当隧道埋深达800m或有轻微岩爆发生时，应及时采取相应的施工技术措施，以防止隧道岩爆带来的严重损失，做到防患于未然，确保不发生任何隧道岩爆事故；当发生隧道岩爆时，应尽量保证避免人员伤亡；若发生人员伤亡时，应采取积极的抢救措施，控制隧道岩爆带来的损失，减少人员伤亡程度，最大限度降低事故的损害程度，积极组织人力、物力、财力弥补岩爆损失，尽快恢复正常施工生产。

应急处理措施：

① 当发现岩爆时，发现人应及时发出警告信号，在危险区域的人员立即撤离，同时禁止其他工作人员接近或进入危险区域。

② 工作人员撤离至安全位置后，及时清点现场施工人员数量，查看有无人员伤亡情况。

③ 现场负责人或值班安全员、工班长等立即报告工区领导，并立即启动应急抢险程序。

④ 当发生人员伤亡时，立即采取紧急救援工作，救援时必须2人以上进行防护，在确保救援人员无生命安全威胁的情况下进行抢救工作；若岩爆继续无法救援时，则在安全位置守候待命，以便及时进行抢救，抢救过程中一定要保证抢救人员的生命安全，防止岩爆损害进一步扩大。

⑤ 当抢救出伤员时，根据伤员人数、受伤程度，由医务人员在现场采取相应的救治措施，采取"先重后轻"的原则及时将伤员送到医院进行抢救、治疗。

⑥ 现场采取与岩爆程度及范围相对应的施工技术措施，控制岩爆的进一步发展。在确保施工人员安全的环境下，积极进行岩爆处理，尽快恢复正常施工生产。

⑦ 根据伤亡程度及时向上级机关汇报岩爆损害情况，等待上级指令或进一步调查、处理。

（3）隧道坍塌事故应急预案

隧道坍塌是指隧道施工中遇软弱或破碎围岩发生突变时引起的较大及以上规模的土石塌方事故，是隧道施工中较为常见和严重的地质灾害之一，一般情况下会造成较大的经济损失，有时还会引起施工人员的伤亡，给施工单位造成无法弥补的损失，因此在施工中应引起工区及分队高度重视。当遇软弱破碎围岩或地质条件发生突变时，应及时采取相应的施工技术措施，以防止隧道坍塌带来的严重损失，做到防患于未然，确保不发生任何隧道坍塌事故；当发生隧道坍塌时，应尽量保证避免人员伤亡；若发生人员伤亡时，应采取积极的抢救措施，控制隧道坍塌带来的损失，减少人员伤亡程度，最大限度降低事故的损害程度，积极组织人力、物力、财力弥补坍塌损失，尽快恢复正常施工生产。

应急处理措施：

① 当发现坍塌时，发现人应及时发出警告信号，在危险区域的人员立即撤离，同时禁止其他工作人员接近或进入危险区域。

② 工作人员撤离至安全位置后，及时清点现场施工人员数量，查看有无人员伤亡情况。

③ 现场负责人或值班安全员、工班长等立即报告工区领导，并立即启动应急抢险程序。

④ 当发生人员伤亡时，立即采取紧急救援工作，救援时必须2人以上进行防护，在确保救援人员无生命安全威胁的情况下进行抢救工作；若坍塌继续无法救援时，则在安全位置守候待命，以便及时进行抢救，抢救过程中一定要保证抢救人员的生命安全，防止坍塌损害进一步扩大。

⑤ 当抢救出伤员时，根据伤员人数、受伤程度，由医务人员在现场采取相应的救治措施，采取"先重后轻"的原则及时将伤员送到医院进行抢救、治疗。

⑥ 若坍塌特别严重，自身救援能力有限时，应立即上报地方政府或相关救助部门，请求紧急救援，同时做好相关配合救援工作。

⑦ 现场采取与坍塌程度及范围相对应的施工技术措施，控制坍塌的进一步发展。在确保施工人员安全的环境下，积极进行坍塌处理，尽快恢复正常施工生产。

⑧ 根据伤亡程度及时向上级机关汇报坍塌损害情况，等待上级指令或进一步调查、处理。

（4）粉尘爆炸应急预案

粉尘与空气混合，在高温下急剧氧化，并产生冲击波的现象，就形成了粉尘爆炸。一旦发生粉尘爆炸将会产生相当严重后果，不但造成经济损失，更会造成多人伤亡的灾难性事故。

应急处理措施：

① 当听到或看到粉尘爆炸时，应面背爆炸地点迅速卧倒，如眼前有水，应俯卧或侧卧于水中，并用湿毛巾捂住鼻口。距离爆炸中心较近的作业人员，在采取上述自救措施后，迅速撤离现场，防止二次爆炸的发生。

② 粉尘爆炸后，应立即切断通往事故地点的一切电源，马上恢复通风，设法扑灭各种明火和残留火，以防再次引起爆炸。

③ 所有生存人员在事故发生后，应统一、镇定地撤离危险区。遇有一氧化碳中毒者，应及时将其转移到通风良好的安全地区。如有心跳、呼吸停止，立即在安全处进行人工心肺复苏，不要延误抢救时机。

（5）洞口失稳应急预案

隧道进口由于存在顺层岩层，上覆黏土层较厚，下层强风化岩层间黏聚力较小。一旦遇降雨在洞口开挖过程中极易形成顺层滑坡，将会对隧道结构造成破坏，造成巨大经济损失，甚至造成人员伤亡。

应急处理措施：

① 通过监控量测，一旦发现土体失稳，立即停止掌子面及土体范围内所有作业，减少施工扰动。

② 对土体范围内拉上警示标识，严禁人员、机械进入范围。

③ 立即报告监理、设计及建设单位，制定具体施工措施，通过减载、增设抗滑桩或钢管桩等措施，对不稳定土体进行加固，确保隧道结构安全。

（6）地表失水事故应急预案

地表失水是指隧道开挖形成较大的集水廊道，对隧址区水文地质条件产生影响，在影响半径范围内出现地下水水位降低、地表部分井、泉干枯及地表岩溶塌陷等现象,进而影响隧道地表村民的生产及生活用水的事故,是隧道施工中较为常见和严重的地质灾害之一,一般情况下会造成较大的经济损失,给环境造成无法弥补的损失,因此在施工中应引起工区及分队高度重视。当隧道开挖过程中出现股状出水时,应及时采取相应的施工技术措施,以防止地表失水带来的严重损失,做到防患于未然,确保不发生任何地表失水事故;当发生地表失水时,应采取积极的补救措施,控制地表失水带来的损失,最大限度降低事故的损害程度,积极组织人力、物力、财力弥补地表失水损失,尽快恢复正常施工生产。

应急处理措施:

① 当发现地表失水时,发现人应及时向隧道施工负责人汇报。

② 对现场失水范围进行踏勘、调查。

③ 调整隧道施工方案,对隧道洞内渗水采取以堵为主,防止地表失水情况进一步加大。

④ 若地表失水影响居民生产生活用水,应积极采取相应措施,协调解决。

⑤ 根据地表失水程度及时向上级机关汇报地表失水损害情况,等待上级指令或进一步调查、处理。

小 结

本单元只提供了路基开挖、桥涵工程高空作业、隧道工程施工安全方案,以期对其他项目的施工安全方案提供参考。

参 考 文 献

[1] 刘燕、李红镝、万先进.《公路工程施工安全管理手册》[M].北京：人民交通出版社，2010.
[2] 瞿义勇；《公路工程安全培训教材》[M].北京：中国建材工业出版社，2005.
[3] 文德云；《公路施工安全技术》[M].北京：人民交通出版社，2003.
[4] 《公路工程施工安全技术规程》JTJ 076—1995.北京：人民交通出版社，1995.
[5] 王玮.《公路工程施工安全生产指南》[M].北京：人民交通出版社，2003.
[6] 中国安全生产协会注册安全工程师工作委员会、中国安全生产科学研究院.《安全生产技术》[M].北京：中国大百科全书出版社.2011.
[7] 孟超.《全国注册安全工程师执业资格考试必读》[M].北京：中国劳动社会保障出版社，2008.